社会治理现代化研究丛书

本书出版得到重庆市"三特行动计划"特色专业建设项目（行政管理）、中央财政支持地方高校发展专项资金项目（公共管理）资助。

中国行政成本省际差异及其原因研究：

基于1993—2006年的数据分析

ZHONGGUOXINGZHENGCHENGBENSHENGJICHAYI
JIQIYUANYINYANJIU:
JIYU1993—2006NIANDESHUJUFENXI

张 岚◎著

中国出版集团

世界图书出版公司

广州·上海·西安·北京

图书在版编目（CIP）数据

中国行政成本省际差异及其原因研究：基于 1993—
2006 年的数据分析 / 张岌著 . — 广州：世界图书出版
广东有限公司 , 2016.8

ISBN 978-7-5192-1748-8

Ⅰ . ①中… Ⅱ . ①张… Ⅲ . ①国家行政机关—行政管
理—研究—中国—1993—2006 Ⅳ . ① D630.1

中国版本图书馆 CIP 数据核字 (2016) 第 203462 号

中国行政成本省际差异及其原因研究：基于 1993—2006 年的数据分析

策划编辑　孔令钢

责任编辑　黄　琼

出版发行　世界图书出版广东有限公司

地　　址　广州市新港西路大江冲 25 号

http:// www.gdst.com.cn

印　　刷　北京振兴源印务有限公司

规　　格　710mm×1000mm　1/16

印　　张　11.75

字　　数　203 千

版　　次　2016 年 8 月第 1 版　2016 年 8 月第 1 次印刷

ISBN　978-7-5192-1748-8 / D・0146

定　　价　36.00 元

目　　录

第一章 导 论

第一节 研究问题：帕金森苑围下行政成本省际差异

1993 年，中国发动了迄今为止最为重要的改革：构建市场化的经济体制。它不仅包括将市场引入进来，还包括各级政府机构的重塑与变革以提供多样化的公共产品和服务。在"一部分地区先富起来"的口号下，经济特区在改革早期被树立为先锋典型，首先进行机构重组以适应刚建立起的市场经济体制。如上海、顺德等地纷纷实施行政改革理性化，控制政府规模，其成功的经验也被反复宣传，广为人知。相反，其他地区不及发达地区控制政府规模的速度，有些甚至采取原地踏步、隔岸观望的态度。当市场渐进发展、地方政府改革压力逐步增强时，在成功的改革经验传播下（如上海），其他地方也开始改革创新、压缩行政成本，调整政府和市场的关系。例如，湖北省武汉市就废除了 5 个市级工业部门，打破行政界线、调整部门功能结构（Yang，2004：36）、压缩行政成本。但是，就全国范围而言，类似的改革并不普及，其行政成本的控制效果也呈现出地区不平衡的状态。有学者指出，这种现象的产生是因为国家政策实施都是建立在大量的地方试验基础之上，缺乏整体的蓝图（Dickson & Chao，2001）。它主要遵循这样一个逻辑：首先倡导单一的地方改革创新，在成功之后，中央将其树立为全国典型，并作为学习目标，进行地区推广，以达到共同改革的目的。这种模式对于采取先驱改革的地区而言，可以在政治竞争中提高自身的显著性（Yang，2004：35），而对于中央而言，改革代价较轻。因为一个地区的失败对于全国经济的影响微乎其微，而一个地区试验的成功却对其他结构相似的地区有着重大启示（钱颖一、许成钢，1997：45）。最终，这种单一地区实验成功推广的模式激发了地区政府之间的不断竞争。由于先天条件的不同，如自然资源禀赋差异，这种竞争又使得改革在各个地区实施的过程和结果上存在着极大的差异性（Dickson & Chao，2001：5），以行政成本控制最为突出。

在市场化发展不平衡、经济资源禀赋各异、财力情况不一、支出不同的情况下，各省行政成本控制必然会呈现出不同的态势。根据 1993—2006 年财政部预算司编制的《地方财政统计资料》进行测算，各省行政成本情况如图 1-1 所示。

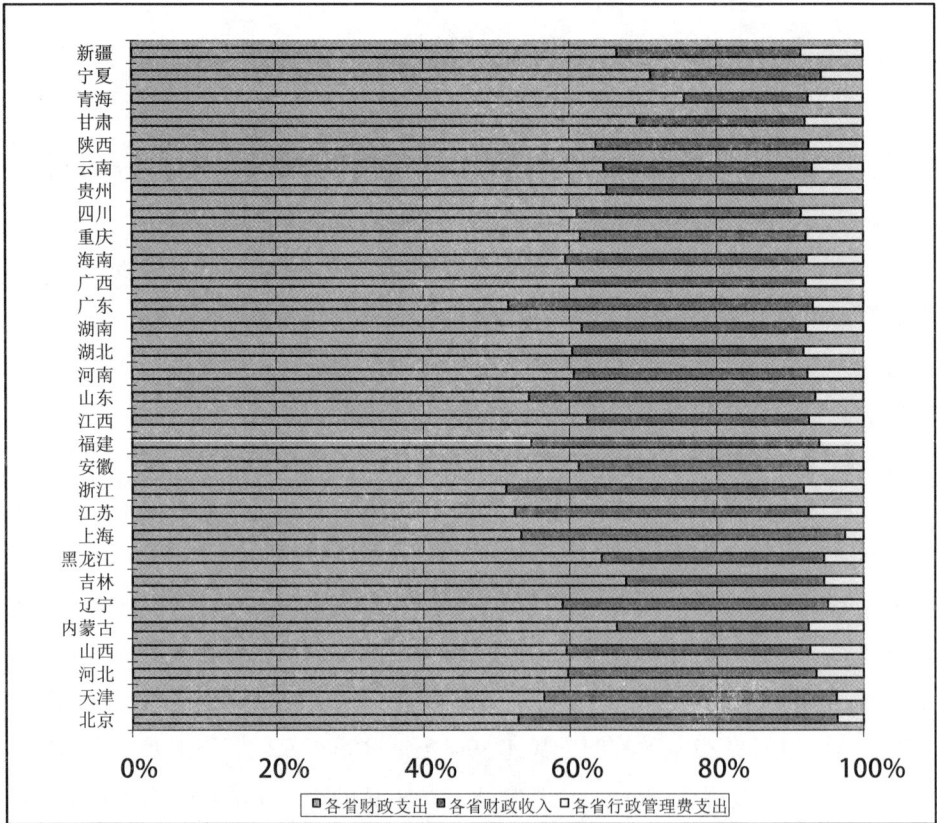

图 1-1　1993—2006 年各省行政管理费支出、财政收入、财政支出比照图

上海、北京、天津的行政管理费支出最小，且相对于财政收入和支出而言，它们比例也最小。贵州、新疆等西部地区，无论是行政管理费支出，还是相对于省财政收入、省财政支出比例，都是最高。这样的差异势必会导致地方公共服务供给不均衡。事实上，在 1994 年分税制改革以后，中央财政"两个比重"① 提高，支出责

---

① 两个比重指全国财政收入占 GDP 的比重，以及中央财政收入占全国财政收入的比重。

任下移。随着地方政府财政权力大幅度提高的同时，中国地区间财政支出差距却在不断地扩大（陈诗一、张军，2008）。在省层面上，由于各省以下的财力分配框架不同，经济、社会、政治环境差别从而导致各省公共部门支出不同，进而在行政成本上表现各异。分税制所导致的地方政府收入下降、支出责任下移使得"吃饭财政"的地区开始吃紧，支出项目严重失衡。财政资金往往只能保证人员和公用，有时连这两项都难以保证，工资缺口很大。根据湖南预工委的访谈，财政资金分配下来以后，直接填补工资、公用支出的漏洞。医疗、教育、环保、卫生等社会事业方面的资金极度紧张，几乎每年都存在着超支的情况。这种"预算饥饿"[①]导致了行政成本高涨，挤占了社会支出，也延缓了社会的发展。虽然在行政改革的过程中，财政压力较大的地方政府也采用一系列创新性的手段以降低行政成本，缓解社会压力。如财政紧缩的贵州、中等收入的四川和湖北允许政府雇员带薪（基本工资）离岗，鼓励他们经商，不再回到公共部门中。或是采用轮岗的方式来缓和行政成本压力。但是这些创新手段（离职和轮岗）只是权宜之计，并没有即刻减轻政府雇员数量，仅仅只是延缓了财政结算的时日（Yang，2004：47）。于是，欠发达地区的行政成本问题没有得到根本解决。相反，东部沿海地区，如福建的行政改革却初见成效，行政成本控制良好，如福建省（郭俊华，2008）。

以成绩斐然的朱镕基政府改革为例。从1999年中期开始，中央大幅促进省级政府规模的削减，计划将省级政府机构从大约53个减少到40个（不发达地区、人口很少的地区以及自治区要减少到大约30个）（Yang，2004：44）。虽然，大多数省份在原则上都接受了中央的政府规模削减政策，并相信它们会最终"瘦身"成功（如湖北省）。但是，在执行过程中，只有很少的省份同意削减。特别是在金融危机的影响下，大部分省份担心政府削减会造成不稳定和社会冲突，尤其是内陆省份，如四川，超过1 900个部门递送请愿书给中央以抵制政府规模的缩减（Yang，2004：44-45）。尽管如此，在中央持续不懈的努力下，各省终于在2001年全部接受了这次改革，并取得了一定的成效，削减了官员和机构，从而缩减了行政成本规模。但根据杨大利（Yang Dali，2004）的观察，由于各省在行政改革上的程度不一，

---

① 预算饥饿描述了这样一种经验性现象：行政部门对财政资金总是处于一种经常性的渴望和不满足状态。当然，这既可能源于行政部门的自利倾向（争取部门预算最大化），也可能由于某种社会公众对行政干预的需求拉动（上海财经大学课题组，2005：521）。

效果不同，所以其削减在各省中也存在着差异，如广东削减了约 49.3% 的编制，而海南只有 20%。在重建的过程中，各省执行中央改革目标的程度也不一而足。总体而言，发达省份削减了约 53% 的人员规模，而不发达地区和自治区只削减了大约 30%（Yang，2001：40）。此外，在省级改革之后，各省推行乡镇机构改革。但是，直到 2002 年 3 月，只有包括北京、江苏、安徽在内的 15 个省基本完成了乡镇机构改革削减。其中，江苏省的改革较为显著，从 1 974 个乡镇机构削减到 1 351 个（Yang，2004：48）。

统计数据也充分说明了这一点。2003 年武汉市行政支出占财政支出的 19.27%，而高收入国家这一比例平均为 9%。武汉市财政供养人数高达 28 万余人，相当于 39 个人供养一个吃财政饭的，这个数字大大高于南京、杭州、青岛等东部发达城市水平（徐双敏、梅继霞，2005）。张光（2007）对 2004 年的行政成本进行了分省测算。31 个省级行政区的行政管理费占财政总支出的比重均值为 9.9%，标准方差为 2.5%，差异相当之大。西藏、四川、贵州、新疆和重庆是行政成本指数最高的五个省级行政区，其中西藏高达 18%，接近全国平均水平的 2 倍。上海、天津、北京、宁夏和吉林是行政成本指数最低的五个省级行政区。其中，上海只有 4%，不及全国平均水平的一半[①]。此外，根据《中国统计年鉴》的统计，2000—2004 年，四川、浙江、新疆、江苏、广东、辽宁、北京、上海 8 个省市行政管理费占财政支出比例的平均数分别是 12.1%、10.6%、10.5%、10.1%、9.8%、7.4%、5.3%、4.0%（廖雄军，2006）。西部的四川排在了前面，而北京、上海等发达城市的行政管理费规模明显小于四川。

综上，中央所倡导的行政改革在地方层面方兴未艾、如火如荼地进行，各省也在积极主动地控制行政成本。但是，各省的控制效果并不均衡。地方政府在削减行政成本规模上的承诺不一致导致地区差距较大。有的省控制得好，有的省控制得差。而这种差异又是否会伴随着中央的经济改革和行政改革而消失呢？

---

① 引自张光《中国行政管理成本决定因素实证分析——兼论"缩省论"的合理性》，他将行政管理费占财政总支出的比重作为行政成本指数。

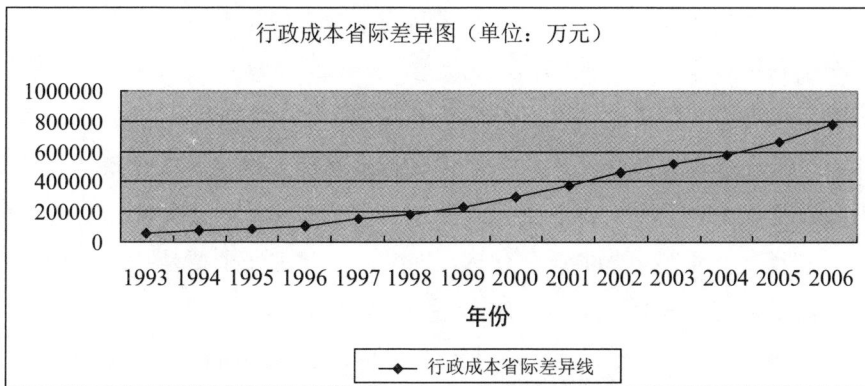

图 1-2　1993—2006 年行政成本省际差异趋势

由图 1-2 可知，答案是否定的。行政成本省际差异并没有伴随着改革而缩减，反而更加恶化了。可见，在市场化的持续压力和行政改革的号召下，各省控制行政成本的承诺和力度并不一致。为什么会出现这样一种情况？是各省的自然禀赋不一样造成的吗？是由于各省市场化水平不均所导致的吗？和行政改革的实施又有着何种关系？就成为一系列有待回答的问题。

第二节　核心概念界定：行政成本

伴随着市场化进程，地方政府改革虽然呈现出各式各样的创新，但是，各省在行政成本控制上的差异较大，步伐不一。基于此，本研究的主要问题可以细化为：（1）1993—2006 年，公共部门行政成本分省模式具体表现是什么？（2）在时间序列上，这种模式呈现怎样的变化？（3）为什么呈现出这样的模式，是哪些因素造成这种情况？为了回答这些问题，就必须厘清一个重要的概念，即行政成本。目前，有关行政成本的内涵众说纷纭，标准混乱，并不统一。根据笔者对现有文献的整理，发现一共有五种定义，三种角度。

一、行政成本定义

第一，政府成本①包括两个方面：一是所有社会成员为了政府的存在而为之付出

---

① 桑玉成《政府成本论》中一概使用"政府成本"这一词来进行研究。经过本研究的文献评估，认为有关行政成本的研究其概念不统一，"政府成本"、"行政管理支出"、"行政成本"、"行政支出"等一些词汇混用。但基本上代表了对政府行政成本的一种看法和衡量。在评估后，本研究会进行行政成本概念的统一。

的权力的或精神的损失；二是所有社会成员为了政府的生存及其正常的活动而必须为之付出的钱财（桑玉成，2000）。此概念主要从政治学的角度来探讨，强调了政府运行的所承担的社会成本。

第二，行政成本可以定义为政府组织在行政管理工作中有效行政，以及为社会提供公共服务，生产公共产品的活动过程中投入的人力、财力和物力资源，可以用货币来进行衡量（卓越，2001；焦建国，2002）。此定义主要是从政府职能的角度来考察，借用企业管理中投入产出的定义予以界定。

第三，行政成本即行政管理机关进行活动所需要的预算费用，包括行政支出（含国家机关经费和人民团体活动补助费）和外交支出（何祥舟，2000）。主要从财政支出角度进行考察。

第四，从狭义上看，政府行政成本是指政府的公共支出，如用于公共安全、公共机构、公共服务、公共工程、公用事业等方面的费用；广义的行政成本是指国家权力机关的执行机关在一定时期内，为履行其行政职能、实现行政目标，在行政管理活动中所支付费用的总和，包括政府在行政过程中发生的各种费用，以及其所引发的当前和未来一段时间内的间接负担（朱文兴，2004；朱慧涛、王辉，2008）。这个定义涵盖了所有政府对内和对外活动，以及动态过程。

第五，行政成本是指政府为行政管理工作中为完成一定的有效行政行为，维持运转、履行职能而进行的各种活动过程中所消耗的资源（王庆仁，1999；郭婕，2006）。它主要强调政府内部运作成本。

二、行政成本的划分

除对行政成本定义进行梳理之外，还需要对行政成本内涵进行细化和分解，才能更好地理解行政成本问题。在文献中，行政成本的划分主要存在三种角度：

第一，财政预算管理的角度。将政府行政成本划分为预算内行政成本和预算外行政成本（罗振宇、幸宇，2008）。众多研究均在此角度下进行。

广义预算内行政成本可以定义为政府组织在一定时期为所辖区域内居民提供公共产品和行政管理、建立和维护公共秩序等的活动过程中投入的人力、财力和物力资源的总和，应当包括政府最终消费支出、社会公共产品支出（主要指教育、卫生设施等事业支出），以及政府垄断控制和社会不愿投资领域的那部分投资支付（罗振宇、幸宇，2008）。

中义的预算内行政成本，是指政府为维持社会秩序和提供公共劳务而安排的支出。具体来说，就是财政用于国家各级权力机关、行政管理机关和外事机构行使其职能所需要的费用支出，包括"一般预算支出决算总表"中的行政管理费、外交外事支出、国防支出、公检法司支出、武装警察部队支出（罗振宇、幸宇，2008）。（何翔舟，2000）的实证研究主要采用此定义。

狭义的政府预算内成本仅指政府行政中的各项支出，仅仅是"一般预算支出决算总表"中的行政管理费一项。（郭婕，2007）、（张光，2007）的研究基于此定义。狭义行政会计成本按照具体用途可分两块：一块为人员支出（即公务人员的工资、奖金、福利、培训和医疗保健等）；另一块为公用支出（即办公费、差旅费、会议费、招待费、办公设备和交通工具购置费、物质能源等）（罗振宇、幸宇，2008）。

地方政府预算外资金在行政成本上的体现：一是大多数单位都用或多或少的预算外资金补助机关工作人员的收入，以至于一些地方的机关人员预算内的标准工资低于作为预算外的津贴补助；二是许多地方政府运用预算外资金建设豪华办公楼，购置高档车辆和设备，补充差旅、会议、接待等公务开支；三是地方政府工作人员的受贿金额；四是其他隐性行政成本（罗振宇、幸宇，2008）。

第二，成本发生过程的角度[①]。行政成本可分为机构成本、运行成本、专门成本（刘华富，2006）。机构成本＝（建筑物的修建费＋建筑物的维修费）＋（办公设施购置费＋修理费）＋（交通工具购置费＋油料费＋保险费＋车船使用税＋维修保养费＋其他杂费支出）＋（通讯工具购置费＋通讯使用费）（刘华富，2006）。运行成本＝行政办公费＋人员工资、奖金＋政府支付的医疗费＋其他福利费＋水、电、气费＋人员培训费＋各种差旅费＋其他费用开支（刘华富，2006）。专门成本：政府进行某些特定的行政活动时，还要专门消耗一些资源，如为了加强国防建设，需要组建国家军队、进行军事科学研究、修建军事工程、购买军事装备；政府制定某项政策，需要进行大量的调查研究、分析论证；政府举办某项工程，需要专门投资，等等（刘华富，2006）。但是，没有人对此进行实证研究。

第三，政府行为的角度[②]。行政成本可以分为决策成本、机会成本、风险成本和

---

① 罗振宇、幸宇（2008）、郭婕（2006）也从资金流量和存量的角度区分为可变成本和固定成本。可变行政成本是指当年财政的流量资金投入，主要用于行政人员的工资福利以及行政所需的日常办公品等项目。固定行政成本是指财政投资所形成的存量资产在每年的摊销费用，它是一种沉没成本，主要包括修建政府行政办公大楼、培训中心、土地占用等固定资产项目。基本上，其所涵盖的内容是上述内容的一部分，所以不再专门列举。

② 综合了何翔舟（2001）、沈瞿和（2004）、刘华富（2006）、罗振宇、幸宇（2008）的研究整合而成。

社会成本。行政决策成本＝设计成本、推行成本和调整成本①；机会成本是指选择某种行为时所放弃的另一行为可能带来的收益；风险成本是指政府行为中可以测定的事务发生损失的可能性叫作政府风险。政府风险可能给社会及公众带来多方面的不利影响，政府一旦面作政府风险成本（罗振宇、幸宇，2008）。社会成本是指由于政府行为所造成的社会、经济以及生态方面的损失。由于数据缺乏，细化难度较大，也没有实证研究在这一角度下展开。

总之，在以上五种定义、三种角度中，可以发现有关行政成本的界定仍然十分模糊。各种实证研究均以"行政管理费"这一个指标代替行政成本，并不能完全说明行政成本的趋势。本研究在行政成本定义上采用类似第五种，即维持机构运作的支出来说明行政成本，并采用财政预算的角度，对行政成本进行全面的观察。

第三节　研究意义

威尔逊（1887）在《行政学研究》开篇即提出公共行政学研究的目标包括两个方面：第一，什么是政府可以正确的并成功做的事情；第二，这些正确的事情怎样在成本花费最小的情况下最大化的达成。第一个目标涉及政府职能界定问题；而第二个目标则说明了政府效率最大化、成本最小化的问题。本研究关注第二个问题，具体细化：为什么有些省份在行政成本控制上较好，而有些省份较差这样一个问题。它主要有两个方面的意义。

一、现实意义

第一，有助于了解当前各省公共部门行政成本现状、趋势及其效用，帮助地方政府改革实践。随着市场经济的建立和国家财政收入的增加，各行各业的人们也越来越重视成本意识。人们对钱如何花、怎么花都有了更高的要求。可是，预算编制

---

① 其一，设计成本＝信息收集成本＋政策（或某一方案）制定成本＋参与成本。信息收集成本包括信息收集人员的费用支出（如差旅费、补贴），交通、通讯使用费等；制定成本包括支付会议费、专家咨询费、差旅费、各种补助等项开支；参与成本视其参与形式不同而形成的费用开支也有差异。其二，推行成本＝试点成本＋推广成本。试点成本包括宣传费、人员培训费、各种资料费、会议费、调研专项支出等费用开支。调整成本是指行政决策在推行过程中，若有不足之处，必须进行及时调整和修正；新政策在贯彻执行中，行政系统内部的上下左右的关系也必须进行新的协调配合，而这些修正、调整、配合需要投入人力、物力和财力形成的成本支出。其三，调整成本＝修正成本＋协调成本。修正成本从内容上说，包括前述的信息收集成本、制定成本和参与成本；协调成本也包括前述的会议费，差旅费，交通、通讯费等费用开支。设计成本、推行成本和调整成本可以统称为行政决策成本（刘华富，2006）。

及其执行的不透明导致了支出随意，许多资金被用来维持机构本身"高标准"营运
而非整个社会福利。中山大学课题组（2007：2）的《建立公共财政，提高社会公共
服务水平——基于广州市的调研报告》研究成果表明，行政管理支出占财政支出的
比重很大，且增长迅速；虽然社会保障和福利支出在低起点上也有快速增长，但行
政事业单位是最大的受益者。相较于行政管理费，文教科卫支出总体水平偏低。于是，
在构建节约型社会的今天重谈行政成本话题似乎更有意义。根据郭俊华、肖林（2008）
的研究，全国情况最好的是福建省，既有效控制了行政成本的增长，又保持了行政
成本的低比重；北京、上海、天津三个直辖市虽然行政成本增长速度快，但行政成
本的比重控制得当。于是，一系列有待回答的问题出现：在行政成本普遍升高的情
况下，分省模式是怎样的？为什么有些省行政成本失控？为什么有些省控制得好呢？
这些问题的研究、解决会增进人们对各省公共部门行政成本了解，为地方政府理性
化改革提供依据。

　　第二，有助于提高行政效率，促进各省经济健康发展。莱恩（2004：86）认为，
让一个组织最小化自己的成本而达到投入和产出之间可能达到的最高比率的技能就
是 X- 能力（X-capacity）。而官僚制组织只会不断地呈现出 X- 无效率的趋势，也
就是说"它的单位成本总是比必需的单位成本高"。这是因为官僚制存在一些固有
的缺陷，如依赖长期的合同，这与机会主义行为、信息不对称一起，为逃避责任提
供了可能性。所以，官僚机构在成本上基本是无效率的，运转缓慢，并导致浪费。
中国规模庞大、纷繁复杂的政府机构体系加剧了这种现象的产生。杨大利（Yang，
2001：20）认为，由于中国的决策强调一致性，于是需要繁衍大量的协调组织，其
结果是行政机构的大批量产出。而这种现象却被地方政府所复制。朱光磊、张志红
（2005）也指出，政府间关系中存在着"职责同构"[①]的现象。它导致了行政机构的
"乘数"效应，即行政人员和机构数量在短时间内大规模增加、翻倍，致使地方政
府行政成本上升，机构运转不畅。于是，在中国所进行的一轮又一轮的机构改革中，
一个重要的措施和目标就是精简机构，消除无效率状态，因为只有"瘦身"才能更
好地服务社会。可是改革到了今天，行政成本还在"精简—膨胀—精简"中不断地
徘徊，难以跳出帕金森定律的范围。于是，对行政成本分省模式的经验研究，有助
于了解复杂的机构运作现实，为今后改革提供些许建议。

---

　　① 所谓"职责同构"，是指中国不同层级的政府在职责、职能和机构设置上高度统一、一致，即
上级政府设置了什么机构，下级政府也必须设置相应的机构。最典型的是从中央到县，各级政府一律设置
党委、政府、人大常委、政协常委和纪委五套班子（张光，2008）。

二、理论意义

第一，进一步深化对官僚行为理论的理解。在古典公共行政理论中，官僚制的建立是通过非人格化的工具理性和有序的层级来达到组织的高效率。官员是中性的、原子化的个体，不具有自身利益的考虑，而只是"一部机器中的螺丝钉"。但是，公共选择流派颠覆了这一假设。他们认为，官员具有自利的本性，即使在公共部门中，这一本质也不会改变。于是，公共组织中的官员也会追求个人利益，并以在其任职期间内使官僚机构总预算最大化为实现自身利益的途径（Niskanen，1971：24）。尼斯坎南（1994）认为，这些利益效用包括：工资、办公室津贴、公众声誉、权力奖金等。于是，在实现利益效用预算最大化的同时，必然会不同程度地促使官僚机构行政成本扩张。因为，在花费别人的钱财时，没有人会像花费自己的钱财那样精打细算（Mitchell，1983：89）。此外，除去官僚个人利益以外，政府机构本身也存在着机构利益（威尔逊，1989：96）。因为，没有集团利益就没有集团（Bentley，1908）。这两方面的利益共同推动了官僚机构的运转。中国情况正好印证了上述观点。在分税制改革后，中国地方政府财政收入减少，而支出责任加重。地方政府不仅承担着上级政府下达的发展目标和改革任务，还要兼顾本机构和本地的发展建设、公共服务目标。于是，许多资金空缺和支出任务都通过摊派、税费等强制方式索取资源加以实现。因而，预算软约束①的现象随之产生。在这种情况下，如何花纳税人的钱，几乎取决于政府官员的个人偏好。这样一来，地方政府的目标设置和组织行为已经建立在软预算约束的预期之上了（周雪光，2005）。这种自我利益的追逐导致政府机构自我扩张，势必会阻碍行政管理体制和机构改革的进行（涂小芳，2002）。于是，官僚行为是否符合这种模式？在财政压力的情况下，资金的钱是否会首先会用于机构运作？多少会用于机构运作？财政资金充足的省份是否也会有这样的困扰？他们也会这样行为吗？这一系列的问题有待回答。本研究采用的大样本数据可以帮助我们回答这些问题。即了解地方财政资金的流向，找出导致各省行政成本问题的原因，加深对官僚行为的理解。

---

① 此概念始于科尔奈（1979）所发现公有制企业在经济活动中缺乏硬性预算约束的现象，即企业在生产过程中一味追求产出，不注重效率，力图突破预算限制；在出现亏损或资源短缺时，可以不断地向上级部门索取资源来弥补亏空。换言之，这些"预算"条件对企业行为没有产生有效约束，甚至常常形如虚设，从而表现出"软预算约束"的现象。在中国，地方政府的摊派行为受到政府官员追求的目标及其组织能力的驱使，旨在攫取和动员资源，为其提供超出预算计划的财政收入和扩张。这些不断突破已有预算限制的行为、预期和冲动表现出软预算约束的特征（周雪光，2005）。

第二，可以补充、检验公共支出增长理论和政府效率理论。佩恩（Payne，1991）认为，研究公共支出增长的理论有三个角度，其中一个就是瓦格纳定律，即随着富裕程度的增加，必然会导致公共开支增加。它由瓦格纳于1871年提出。瓦格纳列举了各种公共支出的需要：基础设施、人口密度、文化、安全、社会正义等，以此来解释他的定律（莱恩，2004：45）。在1993年市场化改革之后，中国的经济已经迈入高速增长的渠道。那么，瓦格纳经典定律：经济增长是否会扩张政府规模？已经成为我们必须要面对的问题。由于作为中国公共支出的重要一环——行政管理费（维持性支出）并未放在公共支出增长的框架内予以检验。所以，通过对中国行政成本问题的考察可以更好地检验包括瓦格纳定律在内的公共支出增长理论在中国的适用性。除公共支出增长理论外，政府效率也涉及了行政成本问题。例如，帕金森定律①。但是，政府效率的研究者们往往忽视了预算资金分配和使用。因此，本研究所试图回答的一系列问题，诸如行政成本的分省模式（地区差异），以及分省上的行政成本的动态发展，都为公共支出增长和政府效率的相关研究揭开冰山一角。

第四节 结构概览和创新

一、结构安排

本研究共分为七章，试图回答在市场化建立以后，各省怎样以及为什么会在行政成本控制上表现各异。由于数据的限制，研究时间跨度为1993—2006年，涉及14年31个省。本研究的篇章结构安排如下：

第一章导论主要包括研究问题的提出、行政成本概念、研究意义以及全文结构概览和创新四个部分。在中央政府的强力行政改革下，地方政府始终难以摆脱帕金森苑围。综观各省行政成本，出现了增长与差异并存的局面。这些增长差异究竟在1993—2006年间是如何表现的？它们是如何被影响的？市场化和行政改革又是否造成行政成本省际差异。除经济和行政改革之外，还有什么因素导致了行政成本的省际问题？这都是迫切需要回答的问题。在提出研究问题之后，笔者对核心概念进行了界定。将行政成本定义为维持公共部门运作的资金，且采用财政预算的角度进行

---

① 帕金森定律（Parkinson's Law）主要描述了行政机构、人员膨胀、人浮于事的问题。其认为，在行政管理中，行政机构会像金字塔一样不断增多，行政人员会不断膨胀，每个人都很忙，但组织效率越来越低下。

量化测量。随后探讨了研究的实践意义和理论意义。

第二章文献评估和理论综述对行政成本的相关文献进行了回顾和评估。立足于本研究问题，对行政成本分省研究情况、公共支出理论、行政成本测量和行政成本测量及其原因（X 和 Y）、相关数据收集与分析现状进行了分类和梳理。基于此，笔者对本研究的知识推进进行了说明。

第三章研究方法和理论框架探讨了所采用的方法论，并发展了理论框架。包括行政成本测量指标和供需解释框架，借此探讨行政成本省际差异原因。为了精确、多角度地测量行政成本，本研究利用行政成本相对支出规模、人均行政成本负担和行政成本结构规模（人员相对支出规模、公用相对支出规模）四个指标对 Y 量化。同时，在供需框架内，笔者发展了人均 GDP、城市化水平、市场化、地区特色、行政区划、官民比、工资规模、预算外规模、转移支付规模和行政改革作为自变量 X 对行政成本指标 Y 进行因果检验，并据此确立计量解释模型。

第四章对 1993—2006 年行政成本省际差异情况进行了描述性分析。在第三章所确立的行政成本测量指标的基础之上，分别采用分年、分省的方式描述了行政成本相对支出规模，人均行政成本负担，行政成本结构（包括人员相对支出规模和公用相对支出规模）14 年的省际差异。并进一步区分东、中、西部地区，以小样本的方式探讨差异趋势。最后，对 1993—2006 年间的行政成本省际差异现象进行总结，并依据第三章提出的市场化变量数据对市场与行政成本之间的关系进行了简单描述。

第五章运用第三章所提出的计量模型，检验了影响行政成本省际差异的原因。

第六章探讨了中国迄今为止最为深刻的、力度最大的一次行政改革，即 1998 年朱镕基总理执政后所推行的改革。为了纠正第五章市场化测量的问题，模型采用樊纲指数矫正了对市场化变量，更为精确地对市场化因素进行了测量。

第七章结论和政策建议对本研究的所有章节进行了回顾，指出本研究的知识推进，总结了本研究的局限。针对第五章和第六章市场化和行政改革数据所揭示的结果，笔者进行了详细的说明。总之，本研究的所有证据都表明，无战略性的经济改革和行政改革相互牵绊，最终导致了政府规模的扩张。

其行文逻辑图如下：

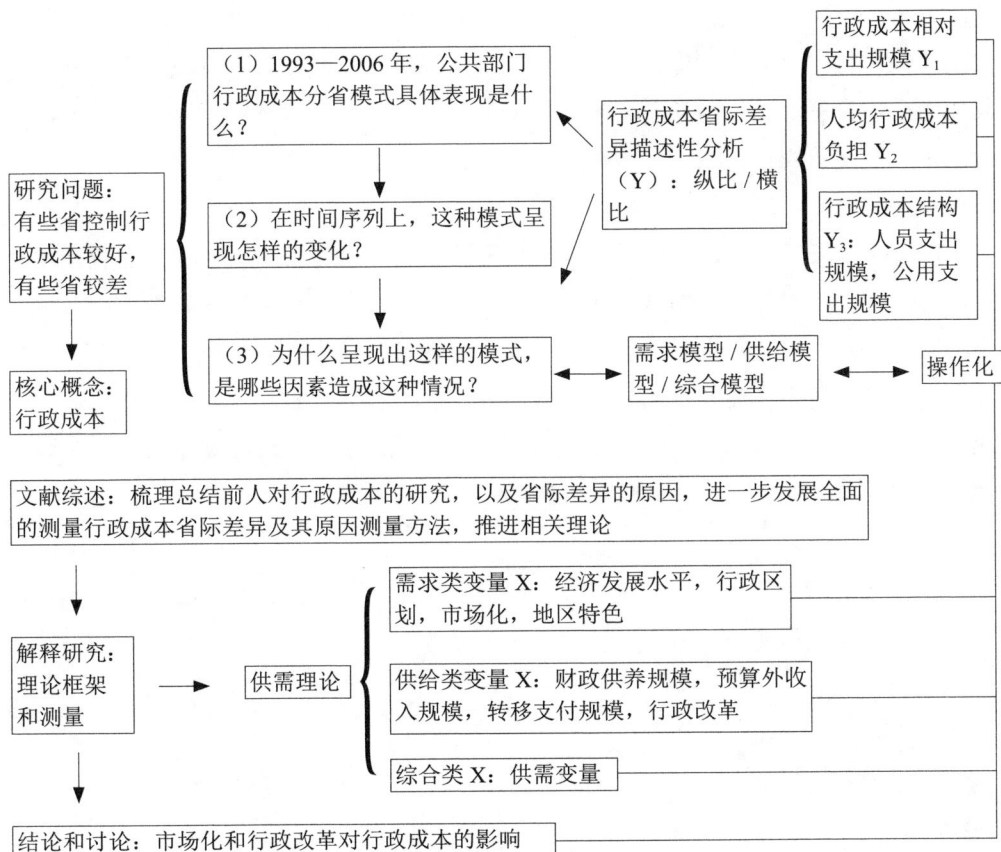

图 1-3　行政成本省际差异研究行文逻辑图

二、创　新

在研究方法上，本研究采用定量研究的方法对 31 个省、直辖市、自治区进行行政成本差异的因果检验。利用更加详细的《地方财政统计资料》，辅之以《中国财政年鉴》、《中国统计年鉴》建立数据库，揭示行政成本分省差异的全貌，细化其背后的原因。笔者采用面板数据分析得出经验结论，以期弥补相关研究的空白。

在研究内容上，虽然行政成本问题研究众多，但是涉及省际差异的研究非常稀少，在原因解释上更是屈指可数。本研究针对这些问题，发展了因果模型。建立供需理论框架发展了经济发展水平、行政区划、市场化水平、地区特色因素、财政供养规模、预算外收入、转移支付规模变量对行政成本省际差异原因进行测量分析，厘清背后的逻辑，验证理论。

在变量选择上，本研究除沿用了前人的变量操作化以外，也将以往研究提出来但没有操作化的变量进行操作化，进行因果关系检验，探讨影响行政成本省际差异的原因。如自变量的行政改革和市场化变量。此外，本研究发展了四个因变量，行政成本相对支出规模、人均行政成本负担、行政成本结构（人员相对支出规模、公用相对支出规模）多角度、全面地观察、衡量、分解行政成本。

在研究结果上，本研究推翻了现有研究结论。面板分析结果表明，随着市场化的发展，行政成本并没有削减反而不断增高。此外，几次政府换届和行政改革都只是抑制了人员相对支出规模，而非整个行政成本相对支出规模和人均行政成本负担。相反，在改革的当年和随后两年，行政成本反而上升，且省际差异扩大。这表明，在1993—2006年，尽管伴随着行政改革，中国市场化的发展还是有强有力的大政府作为支撑。这和现在行政成本的观点存在着差异。

第二章　文献评估和理论综述

　　针对第一章提出的行政成本省际差异问题，本章对行政成本分省研究进行综合评述，总结前人相关研究，开拓、发展行政成本的测量指标及其因果关系模型。本章对所有规范[①]和实证研究中有关行政成本问题的文献进行评述、梳理整合。首先，总结地方行政成本（包括省级和市县）研究现状。其次，对公共支出文献以及国内行政成本文献进行分析，梳理、厘清文献中影响行政成本的因变量和自变量。再次，梳理地方行政成本（包括省级和市县）研究中的资料收集和分析。最后，总结相关研究的空白和缺陷，围绕研究问题提出本研究的发展。

第一节　行政成本分省研究综述

　　根据笔者对现有行政成本文献的梳理，发现存在一个普遍的结论：行政成本确实过高，并且具有省际差异性。卓越（2001）、焦建国（2003）、谭桔华（2005）等研究者主要对总体行政成本持续增长进行了说明，并论证了原因，提出了对策。何翔舟（2006）使用《中国统计年鉴》数据测算1978—2006年中国财政预算支出的行政管理经费增长变化情况与其他有关社会经济发展指标的增长变化情况后，认为，中国行政成本存在着过度增长的现象。OECD（2006：43）研究也表明，1998—2003年，政府在维持运作上的行政管理费增长了28.4%，2003年占财政总支出的比重为22.5%。采用相同的数据和方法，郭婕（2007、2008）的研究也支持了上述观点。总的说来，这类研究只是对行政成本进行了总体的现象、趋势描述，并未涉及分省情况，也很少对其所提到的因果关系进行经验检验。

---

　　① 由于大部分相关行政成本研究采用规范研究的方式，研究层级并不分明（很多研究并未表明中央、省或市县行政成本），所以，界定了省级研究的文献并不多。

　　除了对行政成本的整体考察之外，有些研究也对行政成本分区趋势进行了详细的说明。根据郭俊华（2008）年的研究，虽然，中国东西部地区的行政成本都保持快速增长的势头。但是，资金充裕的东部地区增长速度更快，而且行政成本相对于财政支出、财政收入、地区生产总值的合理程度优于资金缺乏的西部地区。这种差异势必会扩大了地区发展态势，拉大经济发展速度。所以，行政成本省际差异问题需要细致的研究。目前，张光（2007）、王义（2007）、郭俊华、肖林（2008）以及上海财经大学课题组（2008）的研究弥补这一缺陷。根据张光（2007）对 2004 年分省行政成本的测算，31 个省级行政区的行政管理费占财政总支出的比重均值为 9.9%，标准方差为 2.5%，差异相当之大。王义（2007）的研究基本和张光一致，但只是粗略进行分析，仅限于广东、山东、江苏、浙江四个省，无论从范围、年份还是指标上均不能很完善地说明行政成本省际差异的情况。随后，郭俊华和肖林对全国 31 个省（自治区、直辖市）2001—2006 年的行政成本状况进行了分析，其结果和张光、王义的研究有些出入。其研究表明，总体而言，全国各地的行政成本都保持了快速增长的势头，绝大部分地方的行政成本增长率都高于同期的财政支出增长率及地区生产总值增长率；虽然在行政成本合计占地方财政支出合计的比重上，六年来各省之间的差异并不显著；但在行政成本合计占地方财政收入合计的比重、行政成本合计占地区生产总值合计的比重上，各省之间存在明显的地区差异，东部地区明显优于西部地区。倪海东、安秀梅（2008）的规范研究也说明了这点。上海财经大学课题组（2008：486）也对行政支出[①]总量和人均行政支出水平进行了测量，认为，无论是行政支出总量还是人均行政支出水平，中国各省之间都存在较大的差距，从而也导致了各省之间行政管理和服务水平的较大落差。

　　综上，文献中对行政成本分省情况的描述主要集中在这几个方面：

　　第一，全国各省的行政成本都保持了快速增长的势头，绝大部分地方的行政成本增长率都高于同期的财政支出增长率及地区生产总值增长率（数据中国，2005；廖雄军，2006；王义，2007；郭俊华、肖林，2008；赵小燕，2008；倪海东、安秀梅，2008）。

---

　　① 上海财经大学课题组采用"行政支出"来进行研究，并在其研究成果《公共支出评价》中将其与"行政成本"进行了区别，认为后者包括的范围更大，除了所耗费的各种财政性资源以外，还包括政府行政部门通过行政管制（包括行政性垄断）而产生的各种社会成本。（2008：494）。

第二，2004 年 31 个省级行政区的行政管理费占财政总支出（行政成本指数[①]）的比重差异相当之大（张光，2007；王义，2007）。

第三，从 2001—2006 年来看，各省（自治区、直辖市）行政成本合计占地方财政支出之间的差异并不显著；各省行政成本合计占地方财政收入合计的比重、行政成本合计占地区生产总值合计的比重并不高，但各省之间存在明显的地区差异，东部地区明显优于西部地区（郭俊华、肖林，2008）。

第四，人均行政管理费[②] 的增长快于人均财政支出的增长；经济发达省市人均行政经费大大超过经济欠发达省市的人均行政经费支出（倪海东、安秀梅，2008；上海财经大学课题组，2008）。

第五，部门间人均行政管理经费分配苦乐不均，不同部门人员经费和公用经费支出标准存在着较大差异，有行政收费权的部门和没有行政收费权的部门存在较大差异（倪海东、安秀梅，2008）。

以上五个方面基本上涵盖了现有行政成本分省研究的结论。但是，这些描述十分矛盾，存在分歧。例如第二点和第三点。那么，行政成本的省际差异究竟是一种什么样的情况呢？就需要再验证回答。而完善行政成本的说明、解释，以及经验检验也呼之欲出。基于此，本研究利用新的数据（《地方财政统计资料》）来重新描述上述问题，以期展现一个对各省行政成本模式全面、一致的描述，揭示各省行政成本模式的全景。

第二节　公共支出理论综述

根据财政部（2004）划分的标准，公共支出分为经济建设支出、社会文教支出和维持性支出（主要指行政管理费类）。本研究定位于研究公共部门维持性支出，属于公共支出中的重要一环。于是，除对国内行政成本文献进行梳理外，须再对公共支出文献进行梳理，以帮助建立分析框架。穆勒（Mueller，1989：391）认为，既然已经对政府规模膨胀和政府支出增长给出了解释，逻辑上同样应该解释为什么一个国家具有给定的规模，另一个国家政府则不是这样的问题，即为公共支出规模差

---

① 引自张光《中国行政管理成本决定因素实证分析——兼论"缩省论"的合理性》，他将行政管理费占财政总支出的比重作为行政成本指数。

② 倪海东、安秀梅在《政府组织规模与行政成本的财政思考》中利用行政管理费来作为行政成本的一个指标。

异性解释。同理，我们可以借鉴公共支出增长影响因素发展的自变量，通过考察这些自变量在各省的高低、优劣等差异，来推断出行政成本呈现省际差异的原因。基于此，本节首先归纳公共支出增长理论，然后对其理论框架进行归纳说明，再对国内行政成本研究中的测量指标，包括变量和数据进行整理，以帮助提炼出能够观察解释行政成本省际差异的自变量（X）和因变量（Y）。

一、公共支出增长理论：公共选择、政治文化和官僚制

目前，学术界对公共支出水平的研究主要聚焦于对公共支出增长理论和实践的探讨，即什么因素影响了公共支出水平，公共支出膨胀带来了哪些问题。在解释这些问题上，主要有三种代表性的理论。

（一）公共选择理论

公共选择理论引入经济学中"市场"的概念，把政治过程看成一种与市场交换过程相类似的活动。并且，在这个基础上提出了"政治市场"的概念，即人们在参与政治活动的时候，同其他政治个体和组织相互发生关系的场所。政治市场与经济市场相类似，它由供需双方决定。在政治市场上，公共机构不会被简单地视为仅依据上级指示而提供服务的官僚单位。相反，它被视为一种分配决策能力的方法，以便通过提供公共产品与服务来回应不同社会情境中个别偏好的需要（奥斯特罗姆，1971：207）。从根源上说，公共选择途径严重地依赖于一个类比：政治被视为市场行动，它是经济市场的延伸。每个市场都有需求方和供给方的行动者（Dunleavy，2004：274）。根据标准的公共选择理论，需求曲线是中等选民的代表，供给曲线是公共部门垄断（杰克逊，2004）。换言之，公民通过选举、投票等反映自身的偏好、需要，然后公共部门供给政策、支出、法令等产品。和市场交换一样，公共部门的运作也可以看作是一种政治交换。那么，由政治过程所决定的公共支出水平也可以看作供给和需求模式决定。

在需求层面，主要由选民人数、收入、公共产品和私人产品相对价格、选民意识倾向来衡量。如果选民的实际收入增加，其余商品（互补性的私人商品）的相对价格下降或者是关于公共和私人商品混合的意识倾向发生变化，那么需求将会增长，从而导致公共支出的增加（杰克逊，2004）。于是，官僚所面临的问题落脚在投票（问题）上：官僚的人数越多，他们手上的选票就越多，官僚机构就会变得越庞大。

而且政府的规模越大，它的行政管理费用所占的比例也就越高（威尔达夫斯基、斯瓦德洛，2010）。此外，压力集团也是一个非常重要的因素。图洛克（Tullock，1959）将公共支出看作是许多小集团为了自己的利益而进行的资金分配过程。他认为，每一个小的集团都有一项计划，并力求使该计划能够在公共支出中得以实施，为自己的利益集团谋利，即使这项计划的总花费超过实际的总收益。这种为了获取实质性利益再分配的计划，驱使各个集团相互结盟以借助各自力量来实现彼此的计划。但是，压力集团也有可能在扩展公共服务的同时缩减公共部门的规模。人们也希望在压力集团之间形成竞争，并且通过竞争达成一个规范性的协议。然后借助这项协议使那些能够促进效率的集团在博弈中有效控制那些阻滞效率的政治压力集团（哈姆林，2004）。

　　除需求层面外，公共选择理论在决定公共开支形成的供给性因素方面，主要聚焦于对政府和官僚代理机构不受约束权力的解析上（哈姆林，2004）。公共选择理论倡导者们将政府看作是垄断者，和受制于市场需求曲线一样，它只受制于政治需求曲线，并在这种强制需求的制约下为满足自己的利益而履行它不受约束的权力（哈姆林，2004）。所以，官员行为偏好会对公共产品供给产生影响。哈姆林（2004）认为，从传统意义上讲，公共雇员会自觉维护和拓展自己的部门，并因而会更加大肆鼓吹与该部门相关的政治战略，以此为部门确定新任务。于是，既是选民又是压力集团成员的公共雇员，被更多地希望利用政治过程来建立和维护一个庞大的公共部门，而不是使工作达到核心绩效标准。

　　总之，公共选择理论采用方法个人主义，将单个个体作为研究对象，即供需双方单个行动者，其中个体需求的综合就是全社会的需求。通过对个体选举压力集团的运作、寻租、非限制性权力的利用、宪政制度的作用和其他政治过程方面的详细讨论，为我们理解公共开支形成过程提供了大量的有效分析（哈姆林，2004）。图2-1简单展示了公共选择理论框架。

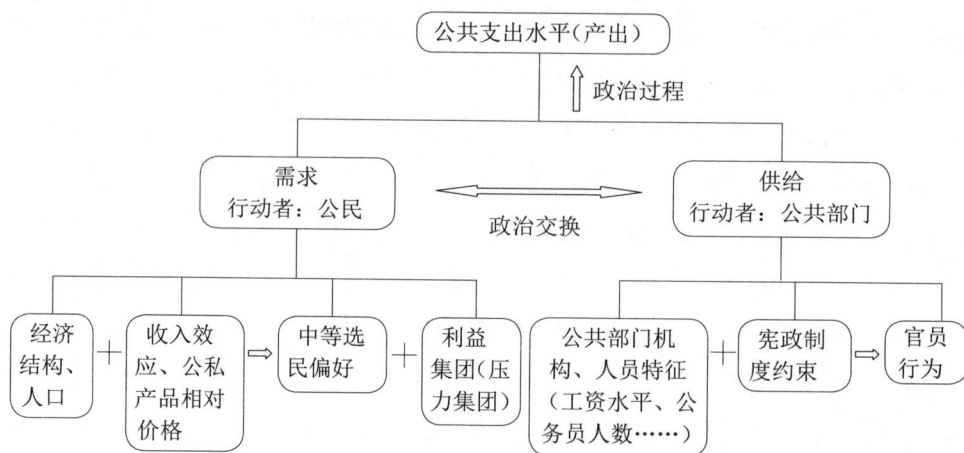

图 2-1　公共选择理论框架下公共支出水平影响因素概念图

（二）政治文化理论

这个理论强调预算过程即政治过程。威尔达夫斯基（2006：49-50）对美国的预算过程进行考察后认为，公共预算，包括支出和收入，都是政治行为的表现。美国早期的公共预算决策模式可以归纳为基数加增长，即预算编制各方，包括立法和行政部门在支出的大小、范围和分配问题上达成协议。冲突也局限于此，而这些冲突往往是这个地方多一点、那个地方少一点的问题。在各个派别相互期待基础上适度的收入增长是维持预算过程基本制度不变的决定因素。所以，政治共识的达成是当时预算编制的基础。威尔达夫斯基（2010）曾写道："联邦预算过程是一个在没有协调者的情况下实现了协调的不可思议的例子。在没有中央调控的情况下，支出大体等同于收入，并呈现出缓慢平稳的增长态势。在这个逐渐增长的过程中，（我们）可以对其增长的步伐进行调节，而又不会引起什么麻烦。"但是，在 20 世纪六七十年代以后，由于两党的意识形态分歧，且在过去二十年内，这种分歧已越来越制度化（何达基、张岌，2012），导致了政治共识的瓦解，以至于这种协调机制，即平衡预算的理念、国家政策党派、国会的凝聚力、一个能够让项目和项目支持资金共同增长的缓慢发展步伐——全部消失或者是减弱了。在一代人的时间里，财政支出直线飙升，而且没有人知道该怎么让它减下来（威尔达夫斯基，2010）。

除了美国政治过程对预算的形态和趋势产生影响以外，各种文化价值观也导致了预算规模的扩张。威尔达夫斯基、斯瓦德洛（2010）指出，美国主要存在有三种主要的文化价值观：集体主义、个人主义和自由主义，而与这三种价值观相对应的三种政治体制则分别是等级制度、市场制度和宗派制度。在预算领域，等级主义者注重依照一定的形式，主张通过严格按时征税和支出来维持其政治体制。他们偏好增加支出来维护各自的阶级地位。而与此相反，宗派主义者则偏好没有行政指令，减少政府支出，并尽可能在繁荣时期获得更多的税收。在预算类型的选择问题上，宗派主义者主张严格按照人数和项目制定详尽的预算，以防止铺张浪费。市场主义者则不注重形式和指令，他们比较看重的是每一份投入（包括政府支出）都应该有所回报。除了投资那些被他们认为是有利可图的项目外，他们偏好减少税收和支出。总之，在支出水平的问题上，由于个人主义者和自由主义者都偏好节约型政府，政府支出水平因此会比较低。能促进社会平等的支出会吸引自由主义者，而个人主义者则偏好增加支出以促进商业化。集体主义者则偏好增加支出来维护各自的阶级地位（威尔达夫斯基、斯瓦德洛，2010）。

（三）官僚制理论

这个理论主要强调官僚机构对公共支出增长的影响。在很大程度上，官僚机构的增长是自发性的（self-generating）（Tulloch，1977）。由于官僚机构并不按照单位价格来销售服务，所以，资助者批准的预算构成了官僚机构的全部财政来源。在一般情况下，官僚机构会以竞争价格购买所有的要素。供给这一服务的所有必要支出，都在单一预算时期制定出来（尼斯坎南，2004：45）。如果集体组织代表着对服务的需求是既定的，所有官僚机构的预算和产出，都将大于使资助者净值最大化的预算和产出（尼斯坎南，2004：49）。换言之，官僚机构供给的产出应该满足在预算必须等于或大于最低总成本的条件下，使得批准的预算最大化（尼斯坎南，2004：60）。由于官员会追求薪金、工作环境等，于是，他们会促使公共部门扩张来满足这种需求，其预算规模往往会被推高两倍（尼斯坎南，1971）。而改革的问题和管理一个官僚机构的个人负担，常常会随着预算水平的提高而增加，但是，通过提高总预算却可以减少问题和减轻负担。这个后果形成了一个相互影响的因徒困境，并使得官僚竭力提高总预算水平，直到他们把稳定的较高的预算的管理责任转移到一个新的官僚身上。这就会导致这样一个循环模式：当预算稳定时，那些热衷于变革的官僚就会辞职；其替代者将满足于高预算的其他报酬，或者努力进一步提高预算，或者可能削减预算，以便为将来进一步提高预算做准备（尼斯坎南，2004：37）。在通常的情况下，最终限制官僚机构规模的约束，是官僚机构在一般情况下，必须根据资助者对于官僚机构的预算批准，供给资助者预期的产出。一个不断许诺比其供给更多的官僚机构，将会受到这样的惩罚：人们会对他的许诺逐渐不感兴趣，并使他的预算水平降低。相反，一个比预期做得好的官僚机构，就可能得到较高的未来预算回报。当大多数官僚机构的产出（有时，甚至是概念性的产出）不能被准确地决定时，就会有围绕着预期产出的实质性变动（尼斯坎南，2004：42）。

尼斯坎南的官僚模型拥有众多的支持者，也面临着许多非议。如敦利威对尼斯坎南的官僚模型进行了批判，他认为理性的官僚基于四点原因不会去追求预算最大化。第一，官僚组织内部存在集体行动问题，即官僚们可能会在追求预算最大化上采取搭便车的策略。第二，官僚效用和预算增长相联系的程度取决于预算的不同组成部分，这意味着不是所有的预算成分都可以被用来增加官僚的效用。官僚的效用和预算增长相联系的程度还随着官僚机构的不同而变化，其中一个非常重要的原因就是不同的官僚机构有着不同的预算组成。第三，即使某些理性的官僚仍然追求预算最大化，但是，他们也仅仅在一个内部最优化的水平上追求预算最大化。第四，资深的高级官僚更可能追求与工作相关的而不是与金钱相关的效用。在这种情况下，高级官僚是选择"官僚机构重塑"还是"预算最大化"的策略完全取决于所处的机构类型（马骏，2004：106）。也就是说，不同的机构、不同的官僚会对预算产生不同的需求，而非一味地扩张机构规模和预算。

二、理论关系：确定供需框架

虽然公共选择理论、政治文化理论和官僚制理论从不同的方向对公共支出增长进行了解释。但是，这三种解释路径并不能涵盖公共支出水平解释框架。根据相关研究者的观点，影响公共支出水平和规模的分析框架可以总结为以下四种：

一是汉蔻，斯凯内德和威瑟斯（2004）将公共支出增长和公共部门规模变迁理论分析角度总结为三种：第一，收入效应和经济结构理论，瓦格纳定律假设政府活动的增长可以被视为对政府服务需求的正的高收入弹性的函数。工业结构本身的变化，而不仅仅是收入本身的变化，促进了收入增长相关的政府增长。第二，官僚和利益集团理论。第三，稳定性或意识形态理论[①]。在他们对澳大利亚公共支出水平的研究中，他们假设劳动党政府会依据包含在其政纲中的社会主义原理来扩展政府活动。而其他政党是非社会主义的，因而会奉行较小的政府规模原则。

二是佩恩（Payne，1991）认为当前文献对公共支出增长原因的讨论主要有五个：

---

① Lindauer & Velenchik（1992）认为，基本上，意识形态可以解释各种层面的政府支出差异和在政权变更后的政府支出份额变化。

第一，瓦格纳定律，可以将公共支出增长看成社会复杂性日益增长的结果（Mann，1980；Lowery & Berry，1983）。因为"公共部门、政府、活力增长的规律"即可以看作是国家财政需求增长的规律。在中央政府充分授权以及地方政府高效运作的情况下，整个国家甚至地方的需求也会不断增长。政府公共支出增长的动力来自于社会进步压力以及私人和公共经济发展所带来的变化（吉麦尔，2004）。第二，选举制度运作以及投票人和候选人关于支出成本和效益的认知（Friedman，1962；Goetz，1977；Bennett & DiLorenzo，1983；Stockman，1986；Garand，1988）。一般选民出于对公共物品和服务方面开支的有限关注，会在选择不同支出标准上具有单方优先权。而不同的政党亦会选择选民们最为倡导的支出标准，以投其所好，力求在主要的选举中增大获胜的把握。在这种模式中，中层选民的选择多是比较坚定的，因此他们在支出选择上的偏好构成了公共开支的有效需求。这种选民们满意的开支水平实际上往往是众多分配标准的"骑墙式"中庸选择（哈姆林，2004）。第三，收益增加和发生支出活动的经济条件（Sharkansky，1968；Lowery，Konda & Garand，1984）。第四，政党控制（Downs，1960；Winters，1976）。第五，政府内部文化和意识导向（Webber，Wildavsky，1986；Savage，1988）。威尔达夫斯基、斯瓦德洛（2010）认为，在任何一个特定社会，政府规模都是政府功能与政治文化相结合的产物。他们分析了不同政治体制下的预算策略，发现社会公平改善的速度要快于公共支出占国民总产值比例的增长速度。宗派主义政治文化的增强将导致政府再分配欲望的膨胀。

三是杰克逊（2004）在对所有有关公共支出增长的文献进行总结后认为，所有的关于公共支出的研究都可以归结到一种综合的公共选择方法上。第一，结构变量的研究；意识形态的影响；人口统计；结合收入；集团压力等（奥卡纳，1971；魏兹曼，1980；凯莫林，1978）。第二，宪政结构的研究；游戏规则的影响；宪政体的性质；中央和地方政府的影响（斯考克鲍尔，艾曼塔，1985）。第三，公共产出需求的研究；选民倾向的影响；需求；价格和收入变量等（保斯丁、迪肯，1972；博格斯汤姆、古德曼，1973）。第四，创造和供给的决定因素研究；官僚对提供公共物品的影响（尼斯坎南，1971；毕尔，1978；杰克逊，1982）。

四是缪勒（1989）从公共选择的角度总结了五个解释类型：第一，政府作为公共物品提供者和外部性消除者。影响公共支出水平的变量包括中等选民收入、偏好等。第二，政府作为收入和财富的再分配者，公共支出水平的增长取决于收入再分配的形式。第三，利益集团。政治过程中存在着诸多的利益集团。这种利益集团模式的最基本运作机制其实就是互相利用、相互博弈。通过这种协调机制，许多小的利益集团可以在公共开支方面有效表达自己的需求，以使自己能在集团消费中获益。他们也可以采用寻租的方式，这种行为虽然对社会而言是一种浪费，但在保证政治分配性的利益和租金方面确是有效的（哈姆林，2004）。第四，官僚体制。第五，财政幻觉。即由于税制的复杂性，导致人们过低地估计赋税，而选择较大的预算，立法者就能够利用纳税人不能正确地估价其赋税这一事实而获利。同时，由于预算制度的弹性会导致作为国民生产总值的政府规模增长，从而产生特殊的财政幻觉，即货币幻觉。即若人们更关注税率而不是税额，或更关注税法的增加而不是由于通货膨胀引致的按累进所得税的税额自动增加，那么，货币幻觉就会产生（安德森、斯特曼，2004）。

五是莱恩（2004）提出公共支出的分析须考虑供给和需求两方面的影响。莱恩（2004：46-48）认为，瓦格纳定律是需求面因素占统治地位的理论，它试图阐明，在工业经济中生活的人们，需要更大规模的公共部门。但是 20 世纪以来，随着社会经济的转型，公共部门的迅速扩张，瓦格纳定律也面临着挑战。人们普遍认为，公共部门支出之所以迅速膨胀，并不像瓦格纳定律所表明的那样，不是因为公共服务的数量戏剧性地增加了，而是因为公共服务价格的上涨。公共服务的数量相当稳定，但是，单位成本却上升了。这种现象的发生，关键原因是长期的生产率消极发展的趋势，公共部门雇员做的越来越少，却成功第争取到越来越高的工资，这种现象称为"鲍莫尔死亡"。这一观点完全是政府扩张的供给面理论，强调提供公共服务的人们的谈判力量。受到供给面因素驱动的公共部门扩张，意味着公共部门将挤出私人部门。这两种理论对 20 世纪公共部门增长的解释可能都反映了部分的真理。一种趋势是要求政府做更多的事情，而另一种趋势则是因为单位成本增加。当然，莱恩也并没有完全将瓦格纳定律当作需求面因素的唯一理论解释，莱恩（2004：50）在《新公共管理》一书中指出，还有许多分析导致公共开支规模扩大条件的理论补充了占统治地位的需求面理论——瓦格纳定律。其中一些理论认为，宽泛意义上的政治，包括工会的力量是推动公共开支膨胀的因素。因为对大规模公共部门的偏好，可能源于社会主义政党和工会运动的左翼意识形态，或者基督教民主意识形态。而另一些理论则认为，不论用怎样的政治方式表达，公共部门扩张的深层次根源是平等主义文化，即那些具有平等主义偏好的公民会推动公共部门的扩张。但是，如果由诸如保守党或信封自由主义的"市场派"等其他政治力量掌权，公共部门的扩张就会终止。

综上，公共支出增长解释框架总结如表 2-1 所示：

表 2-1　公共支出增长理论框架总结表

年份	分析框架提出者	公共支出研究框架总结
1989	缪勒	公共选择框架：第一，政府作为公共物品提供者和外部性消除者，第二，政府作为收入和财富的再分配者，第三，利益集团，第四，官僚体制，第五，财政幻觉
1991	佩恩	第一，瓦格纳定律，可以将公共支出增长看成社会复杂性日益增长的结果；第二，选举制度运作以及投票人和候选人关于支出成本和效益的认知；第三，收入增加和发生支出活动的经济条件；第四，政党控制；第五，政府内部文化和意识导向。
2004	汉蔻，斯凯内德，威瑟斯	收入效应和经济结构理论，官僚和利益集团理论，稳定性或意识形态理论
2004	杰克逊	综合的公共选择框架：第一，结构变量的研究；意识形态的影响；人口统计；结合收入；集团压力等。（奥卡纳，1971；魏兹曼，1980；凯莫林，1978）第二，宪政结构的研究；即游戏规则的影响；宪政体的性质；中央和地方政府的影响。（斯考克鲍尔、艾曼塔，1985）第三，公共产出需求的研究；选民倾向的影响；需求；价格和收入变量等。（保斯丁、迪肯，1972；博格斯汤姆，古德曼，1973）第四，创造和供给的决定因素研究；官僚对提供公共物品的影响。（尼斯坎南，1971；毕尔，1978；杰克逊，1982）
2004	莱恩	需求和供给框架

注：上述观点均为前人对公共支出水平研究视角的总结。

值得注意的是，在这些不尽相同的公共支出增长理论框架的总结中，我们可以做进一步的归纳。具体而言，表 2-1 中第一、二个观点可以并入杰克逊（Jackson，2004）所提出的综合的公共选择框架。正如杰克逊（2004）和 莱恩（2004）提出的观点，也即可以利用供需关系来构建。例如，第一、二种观点中所提的瓦格纳定律、收入效应、经济结构、收益增加和发生支出活动的经济条件都可以列入需求类变量中，因为它们反映了社会经济、选民对公共部门规模的财政需求；而政府内部文化和意识导向、选举制度和候选人关于成本利益的认知、官僚影响都可以看作是供给层面的因素，因为它们反映了公共支出的提供者，即公共部门所涉及的情况。

于是，通过考虑供需层面经济政治影响因素，即可以考察支出水平。具体到行政成本而言，公共部门维持性支出的供需方可以看作是整个社会需求（个体需求的综合）和公共部门本身。各省的人口、收入、经济发展、市场化水平等是社会、经济发展的衡量指标，普遍假设认为，人口越多、经济越发展、市场化水平越高，造成的个体需求也就越多，这些需求势必对公共部门运作提出财政需求，刺激支出，因为公共部门的运作规模同社会经济规模相适应；同样，各省提供行政成本的公共部门，其官员人数、工资、机构数量等是和公共部门运作消耗相联系的。在供需双方的影响下，公共部门在政治系统中做出维持性支出究竟是何种水平的决策。

第三节　行政成本测量及其影响因素综述（XY）

公共支出增长理论帮我们初步厘清了行政成本省际差异的分析框架。为了更好地在供需框架下发展变量，笔者对国内行政成本文献进行梳理和归纳，发现，因变量行政成本（Y）有绝对指标和相对指标两种测量方式，五种变量操作化方法，而影响行政成本省际差异的自变量（X）主要有六种表现形式。

一、行政成本（Y）测量

第一，绝对指标。主要包括两种：一是直接采用行政管理费（Y）。行政管理费包括地方党委、政府、人大、政协、纪检五套班子及其直属部门的事业支出，此外还包括财政对工会、妇联、共青团、民主党派的事业支出（张光，2007：17）。如王利（2007）、何翔舟（2006）的研究直接采用行政管理费来测量行政成本。二是人均行政支出（Y= 本地区行政经费 / 本地区居民人数）[①]。如上海财经大学课题组（2008）的研究。该研究表明这一个变量主要用于衡量本地区居民的行政成本或受益分摊情况。

第二，相对指标。行政管理费占 GDP 百分比（经济总量中用于政府消耗的经济资源），行政管理费占财政收入百分比，行政管理费占财政支出百分比（Y= 行政管理费 /GDP，行政管理费 / 财政收入，行政管理费 / 财政支出）。此变量可以反映地方财政在行政成本上的负担。张光（2007）采用行政管理费占财政支出比重作为行

---

① 上海财经大学课题组行政经费包括了地方政府的行政管理费、公检法支出、武警部队支出和外交外事支出等，并区别了行政管理支出和行政成本，认为后者除了运作成本外，还包括政府的管制成本。但是本研究并不采用这种定义，只考察公共部门运作成本，将公共部门运作成本看作是行政成本，在第一章第二节核心概念界定中有谈到这个问题。

政成本指数进行衡量。王义（2007），倪海东、安秀梅（2008）、郭俊华（2008）也用这些指标作为行政成本变量，在时间序列上考察行政成本趋势。此外，李树林、田瑞华（2006），郭婕（2007），褚燕（2007），叶战备、姚鹏（2007），郭俊华（2008），赵小燕（2008），何翔舟（2006）也采用过后两个指标进行行政成本的趋势测量。

　　总之，上述类型基本上涵盖了所有文献对行政成本这个因变量的识别情况。但是，它们都围绕着行政管理费这一核心，行政事业费、接待费等其他运作费用并没有列入考虑。而且，许多文献将变量混合使用，缺乏统一的标准。于是，本研究致力于消除这些缺陷，以补充和发展行政成本变量，更好地、全面地衡量行政成本。

二、行政成本影响因素（X）：经济发展与行政改革

　　在有关行政成本的研究中，对于行政成本增长原因的探讨并不多见。大多数研究主要运用行政成本变量，在对行政成本现状进行基本描述后，提出简单的、可能的原因，而对变量的进行识别以及他们之间的关系并没有详细统一的说明。经过梳理，基本上有以下几个影响因素：

　　第一，经济发展水平、公共管理人员的相对工资水平、公共管理人员占人口比重、人口规模和行政区面积。张光（2007）对全国 31 个省做省际差异分析提出了这四个变量作为自变量进行因果关系检验。他认为，经济发展水平最具有显著性，是影响其行政成本省际差异最为重要的因素。经济比较发达的省，较之经济欠发达的省，把较大的预算份额用于提供公共服务，较小的份额用于维持政府自身的运营；反过来，经济落后的省，其财政用于公共服务的财政比重较小，用于自身的行政管理开支比重较大。此外，公共管理人员相对工资水平、公共管理人员占人口比重对行政成本产生正影响。即随着工资的增长，行政成本会上升；官民比高的地区行政成本越高。安秀梅、徐静（2008）的研究支持了张光的结论，揭示了官民比和财政供养压力无形中拉升了行政成本。最后，人口规模、行政区面积和行政成本也呈现正关系。这和赵小燕（2008）的研究一致。她选取了东西部各四个省份进行研究，发现宁夏行政成本在西部地区较低，并将此也归因于其行政区划过小。

　　第二，机构改革（何翔舟，2006；郭婕，2007；郭俊华，2008）。何翔舟（2006）的研究提出了机构改革的影响。他测量了机构改革前后年，发现具有显著性的差异。即改革的年份及其之后一年，政府行政成本比其他年份的增加速度还要快。但他并没有明确说明和操作化机构改革变量。赵小燕（2008）的研究也表明，由于近年来

福建省大力推行行政效能改革，其行政管理费的增长比率全国最低（14.42%），行政管理费占地方财政支出的平均比重在全国也算低水平（8.16%，居全国第 7 位）。其他研究者只是在对策或原因解释中提到，没有进行系统的说明，所以也未进入到操作化建模阶段。

第三，政府与市场关系。何翔舟（2006）的研究反复强调这一点。他认为，合理界定政府管理"半径"与管理"密度"，才是控制行政管理成本的重要途径（半径，包括政府管理横向半径与抽象半径。政府所管辖地域的大小称为政府管理的横向半径，把政府管理事务的多少称为政府管理的抽象半径。密度，即为政府合理职能范围内所需要管理内容的多少）。李树林、田瑞华（2006）在对内蒙古的行政成本研究中也反映了此点。其研究认为，政府提供公共产品越多，相应的行政成本也就越高。张雅林（2001）、金玉国和张伟（2008）等的研究同样也表明，市场化程度的提高会导致行政成本减少。

第四，预算外资金。王义（2007）认为，庞大的预算外资金脱离监督，游离于体制之外，成为地方行政管理费用支出的监督黑洞。这种不受监督的资金会造成公共部门行政成本的扩张。

第五，财政支出和收入。郭俊华（2008）、赵小燕（2008）的研究表明，东部财政收入高的地区在行政成本上的控制要优于西部财政收入低的地区。

第六，地区特色因素。即考虑少数民族地区的影响。王利（2006）研究证明，西部少数民族地区的行政民族性导致了行政机构和行政文件增多，简单的行政管理职能配置显然完成不了相对复杂的自治地方事务，导致行政成本增加。李树林、田瑞华（2006）对内蒙古全省的行政成本研究也印证了此点。

总之，大多数自变量并没有经过因果经验检验，而只是在规范研究中被提及。因变量的测量标准也未统一。所以，学术界目前缺乏对行政成本省际差异的经验性解释。虽然，张光（2007）从实证的角度发展了影响行政成本决定因素的回归模型，确定了经济发展水平最具有解释力的变量，是影响其行政成本省际差异的首要因素；其次是人口规模、行政区面积以及官员规模和工资水平。但是，其研究的数据仅限于 2004 年，对于整个趋势变化没有做出系统的说明，于是，难以把握行政成本省际差异的整个趋势和模式。基于此，本研究会对前期文献中的变量及其关系进行统一测量，并延长测量时限。

第四节　行政成本分省研究数据收集和分析述评

数据资料的收集和分析是研究中关键的一步。而定性研究和定量研究之间的不同之处正是资料本身的性质（纽曼，2007：181）。根据本研究所讨论的研究问题：行政成本省际差异。本节主要讨论有关行政成本省际研究定量研究的资料收集（市县研究不在此列）。根据现有文献的整理，资料的搜集一共有四种方法：

第一，利用较长时间跨度的全国性数据。如郭俊华、肖林（2008）利用2001—2006年五年的数据对全国31个省进行了分析。

第二，利用较短时间跨度的全国性数据。如张光（2007）利用2004年的数据对全国31个省进行行政成本指数测算。

第三，利用某几年、某几个省的数据。如王义（2007）通过对"十五"期间（2001—2005）广东、山东、江苏和浙江四个经济大省行政管理费用支出进行统计分析；赵小燕（2008）也选取了2001—2006年，广东、山东、江苏、浙江、甘肃、青海、宁夏、西藏五年八个省进行东西部行政成本差异研究。

第四，利用一段时间序列上某省的数据。如李树林、田瑞华（2006）对1978—2002年内蒙古行政成本的统计分析；褚燕（2007）利用1978—2006年行政管理费的统计数据对青海省进行分析；阎磊、刘澈元（2008）分析了甘肃省1978—2005年的行政成本情况。

上述研究的数据主要来自于《中国统计年鉴》。在李树林、田瑞华（2006）的研究中还加入了《新中国五十年统计资料汇编》中的数据。

在资料分析上，通过现有的规范性文献很难总结出其资料分析方法（因为这类文献只报告结果，对于方法的描述和分析很少）。根据本研究的需要，笔者将会重点评估行政成本定量研究的资料分析方法，以期能添补、增进现有的研究结论。通常，定量研究者往往使用统计分析来检验假设与回答研究问题（纽曼，2007：453）。统计分析包括描述性统计和推断统计两种。根据笔者对现有文献的梳理发现，大部分文献只停留在描述性统计阶段，而且主要是对单变量的描述。如王义（2007）、郭俊华和肖林（2008）的研究利用行政管理费、行政管理费占财政支出来展示频数分布、集中趋势测量（均值）以及变异测量（方差）。其他有关地方行政成本研究也遵循这种套路。在多变量分析上，只有张光（2007）利用多元回归分析进行分析。基于此，本研究先对行政成本省际差异进行描述性统计，以期对早先研究进行再验证。然后，在因果解释上向前推进一步，利用推断统计建立完善的行政成本省际差异因果关系。

第五节 本章小结

根据相关文献的评估结果，行政成本研究并不完善，特别是实证研究的缺乏导致人们难以观察中国行政成本控制得时间趋势和区域差异。具体而言，在行政成本研究之中，定量研究极少，而涉及省际问题的定量研究就更少了。即使在少量的定量研究之中，大多数文献也都只停留在问题描述（有些研究结果具有分歧）、变量识别和变量之间关系的确定。因变量和自变量测量相当模糊，缺乏统一的标准，衡量单一。在因果关系上，也只是尝试提出影响行政成本的可能性因素，很多假设并未经过经验检验。在数据收集和分析上，数据资料来源单一，研究时间和研究对象狭窄。总之，行政成本省际差异的状况和原因还需要进一步深入。基于此，本研究会在以下三个方面向前推进：

第一，在概念的界定上，本研究将行政成本定义为维持性运营所消耗的资源。在行政成本测量上，采用财政预算的角度，利用狭义的行政成本会计分类（人员和公用）进行操作化分析，并用支出的形式予以表示。此外，鉴于既存文献仅限于对政府的研究，本研究将研究对象拓展为公共部门，涵盖人大、政府机关、政协、共产党机关、民主党派部门，全面系统地展现行政成本全景。

第二，在整个研究上，会推进到因果关系的界定和检验上，并努力往下两个研究阶段推进，即为政策的形成而控制变量和评估替代性政策。同时，笔者确定供需理论框架，除采用前人的变量，如经济发展水平、行政区划、地区特色、预算外收入、官民比、工资规模、转移支付进行测量外，还发展新的变量，如行政改革等，对行政成本及影响其省际差异的原因进行全面系统的测量。

第三，在资料收集和分析上，本研究利用《地方财政统计资料》、《中国统计年鉴》、《中国财政统计年鉴》对行政成本分省情况进行描述和分析。笔者突破前人单变量描述方法，利用行政成本相对支出规模、人均行政成本负担、行政成本结构（人员相对支出规模、公用相对支出规模）多重指标对行政成本进行描述，全面、综合和细致地观察行政成本总体趋势及其结构变化，并采用新的变量指标构建行政成本省际差异的因果关系模型。在测量方法上，笔者会采用描述统计（用归纳性的数值对一组数据进行概括）和推断统计（从样本信息概括出总体数量特征的统计技术）一同进行分析。在描述统计上，基本上不会突破先前研究所采用的方法，会采用频数分布、集中趋势测量以及变异测量来进行。在推断统计上，笔者会采用面板数据对所要研究的问题进行因果分析。

第三章　研究方法和理论框架

本章试图讨论合适的研究方法，以阐释、统合有关的理论，发展出研究问题的分析框架，更好地揭示行政成本省际差异现象背后的逻辑。首先，第一节论述研究方法，讨论为什么选择定量的方法来对行政成本分省差异进行阐释。其次，针对第二章文献综述的结果，即众多研究者并未详细验证行政成本省际差异纷繁复杂的因果关系，第二节致力于扩展文献视野，寻求更具解释力的变量和假设，深化对自变量（X）和因变量（Y）之间关系的探讨。在承接第二章文献评估的基础上，笔者会进一步考察公共支出增长文献，逐步从中借鉴、推导核心假设、各种子假设关系，及其逻辑，建立因果关系计量模型。

第一节　研究方法

根据之前章节的阐释，行政成本省际差异研究立足三个子研究问题：（1）1993—2006年，公共部门行政成本分省模式具体表现是什么？（2）在时间序列上（1993—2006年），这种模式呈现怎样的变化？（3）为什么呈现出这样的模式（差异形式），是哪些因素造成的这种情况？

一、为什么选择定量研究

目前，社会科学中主流的研究方法主要包括定性与定量两种。定量研究主要描述和解释观察所反映的现象而使用的数值表示和处理方法（巴比，2005：386）。而定性研究方法，是一种将观察者置于现实世界之中的情境性活动。它由一系列解释性的、使世界可感知的身体实践活动所构成。这些实践活动转换着世界。它将世界转化成一系列的陈述，包括实地笔记、访问、谈话、照片、记录和自我的备忘录。

在这种程度上，定性研究包含着一种对世界的解释性的、自然主义的方式。这意味着定性研究者是在事物的自然背景中来研究它们，并试图根据人们对现象所赋予的意义来理解或解释现象（邓津、林肯，2007）。

表 3-1　定量研究类型和定性研究类型比较表

定量研究类型	定性研究类型
测量客观事实	建构社会现实、文化意义
焦点是变量	焦点是互动的过程、事件
信度是关键	关键在于货真价实
价值中立	价值无所不在、而且分外明显
不受情境的影响	受情境限制
多个个案、受试者	少数个案、受试者
统计分析	主题分析
研究者保持中立	研究者置于其中

资料来源：纽曼，《社会研究方法——定性与定量的取向》，北京：中国人民大学出版社，2007。

定量研究依赖于实证主义取向的社会科学。他们运用技术主导的观点"建构逻辑"，并且遵循线性研究路径，使用"变量和假设"语言进行表述。他们强调精确的测量变量和检验假设，使其与普遍的因果解释相联系（纽曼，2007：182）。根据纽曼（2004）的研究，定量研究相较于定性研究有这样几个特点：

第一，强调技术主导。技术主导的观点对应于实证主义。研究的目的是发现和证明旨在提高效率的普遍规律（纽曼，2007）。通常采用统计的方法来对观察的现象进行描述和解释。因为统计学具有强大的功能来系统地描述一个整体的数据或信息。其他办法在完成这一任务时都无法与统计的精确性和数量性相媲美。而且统计方法的运用可以同时对数不清的计量特征和属性（称作变量）保持追踪，从它们复杂关系中找出有意义的东西（迈耶、布鲁德尼，2001：3-4）。

第二，更多的建构逻辑。研究者从事社会研究的方式，通常遵循两大逻辑：建构逻辑和实践逻辑。定量研究偏向于前者，即以高度组织化的，而且是以理想化的、正式的和系统的形式重新加以陈述的逻辑（纽曼，2007：183）。

第三，遵循线性路径。定量研究奉行一套固定的步骤程序，基本按照这样一个顺序：研究问题，概念操作化，变量、理论假设，经验检验。

第四，强调客观性。所有的研究者都期望在研究过程中公正、客观、诚实、不带偏见。相比较于定性研究强调利用研究者的个人洞察力而言（完整性），定量研究更偏向于客观性和较为机械化的手段（纽曼，2007：184）。即需要利用标准化的程序来进行数字的测量和分析。

第五，问题是预先计划的。定量研究不具有弹性，其选题主要描述几个变量之间的关系，而且早在资料收集阶段之前就已经完成。

以上五个特点也正是本研究所需要呈现的。具体而言，采用定量研究方法，主要是基于以下几个考虑：

第一，本研究涉及三届政府下的中国行政成本省际差异，即涉及一定历史时期内（1993—2006 年）的 31 个省。拥有 434 个面板数据，牵涉到多个个案和受试者，所以定量研究能更清晰地帮助我们厘清这些数据背后的逻辑。

第二，本研究试图探讨中国地方政府行政成本控制得差异及其原因，只涉及对某一特定现象的说明和解释而非对"人"的研究。也不描述和解释各省公共部门运作的过程、参与者及其策略。本研究更希望找到影响省际差异的普适化因素和变量关系，以建立精确的、可观察的解释模型，并对数据所阐明的含义进行预测，以便于指导今后的地方行政改革。定性研究无法做到这一点。

第三，由于行政成本问题的研究涉及公共部门众多的敏感问题，预算、支出过程均不透明，所以，调研难度和范围相当之大。采用定性研究的方法反而会使研究陷入被动，难以揭示背后的真正原因。于是，本研究采用定量研究的方式。一方面是弥补国内对此问题定量研究的空白；另一方面则是为了更好地从支出的角度测量和解释行政成本省际差异的原因。

二、数据收集与分析

（一）数据资料的收集与方法选择

在资料收集和分析上，每一位研究者都会使用一种或多种技术来搜集资料，定性是以文字或图片的形式搜集资料，定量则是以数字的形式搜集资料（纽曼，2007：46）。相对于定性研究而言，定量研究的数据资料的收集和分析较为简单，有一贯的套路可循。根据纽曼（2007）的总结，定量研究资料搜集包括四种：第一，实验研究。使用自然科学研究中所发现的逻辑与原理。实验研究可以在实验室中或真实世界中进行。他们通常只涉及少数几个人，并处理一个相当明确的研究问题。

第二，调查研究。调查研究者以书面问卷（邮寄或当面递交）向受访者询问，或在访问的过程中问受访者问题，然后记录答案。研究者不会操作任何情境或条件，受访者也只是单纯地回答问题。第三，内容分析。检验在书面或符号资料（例如，图画、电影、歌词）中的信息或内容的一种技术。使用内容分析法，研究者首先确定准备分析的资料（例如，书、报纸、影片），然后建立记录其特定方面内容的系统（巴比，2005）。这个系统包括计算某些字眼或主题出现的次数。最后研究者记录下这个资料中所发现的信息。他经常以数字来测量内容中的信息，并以图表的形式加以呈现。第四，现有统计资料。从事现有统计资料研究，研究者要找出前人所收集的信息来源，它们通常是以政府报告或是以先前做过的调查形式存在。然后研究者以新的方式重新组织或组合这些资料，来处理研究问题。有时候现有的定量资料是由保存下来的调查或其他资料所构成的，于是，研究者需要使用不同的统计技术加以重新检验。每种数据来源都各有优缺点。本研究采用第四种，即现有统计资料《地方财政统计资料》、《中国财政年鉴》、《中国统计年鉴》作为数据的来源。

在定量数据分析上，统计可以被视为一种处理资料的方法，此定义强调这样的观点：统计是一种关心收集、组织和分析数字化事实或观察的工具（Runyon & Harber，1980：6）。于是，本研究将围绕因变量和自变量的量化指标建立数据库，进行描述性和推断性统计分析。

（二）研究对象：总体和抽样框、时间维度

抽样框是总体要素的列表或准列表。要想保证样本对总体的代表性，抽样框就要包含所有的（或者接近所有的）总体成员（巴比，2005：192）。在研究的总体和抽样框上，本研究的总体确定为地方公共部门（31 个省）数据；抽样框界定为《地方财政统计资料》中的各省的数据。

一个研究最为关键的是分析单位，即研究什么和研究谁。在社会科学研究中，主要分为个体、群体、组织和社会人为事实（巴比，2005：92）。据此，本研究层级主要定位于省，但是并非是省一级的行政成本研究，而是对全省总的行政成本研究。于是，本研究的分析单位为各省公共部门中的行政成本。

时间维度主要是指选择某一个时点或一段时间进行观察。我们将发现事件与状况的时间顺序在因果关系当中的确定至关重要。因为时间因素影响到对研究发现的概化。譬如，某种描述和解释到底是否能够代表十年前或十年后的情形？还是仅代表了现今的状况（巴比，2005：99）？针对研究设计中的时间问题，主要有截面研究（对一个代表某一时间点的总体或现象的样本或截面的观察）、历时研究（一种跨时段观察同一现象的研究方法）、趋势研究（对一般总体内部历时变化的研究）、世代研究（对亚总体或世代历时变化的研究）、近似历时研究（由于历时研究很多时候并不可行，也缺乏实际操作的手段，我们可以通过截面资料，对历时的过程做出大致的结论）四种方法（巴比，2005：99-103）。其中，趋势研究也可以称作为一种历时研究，它需要收集不同时间点的数据，并且，其总体的某些特征一直得到研究（巴比，2005：100）。本研究即采用趋势研究的方式，对 1993—2006 年各省行政成本省际差异情况进行研究，并对此进行解释。之所以选择这个时间段，主要是因为 1993 年开始全面实施市场化改革，这一年也正是新一届政府（江泽民当选为主席，李鹏为总理）开始执政的起始年，以 1993 年为基础阐释行政成本省际差异的整个动态趋势比较具有代表性。由于受到本研究主要数据资料《地方财政统计资料》的限制，数据搜集和检验只到 2006 年为止。所以，后续年份的各省行政成本发展趋势变化难以考察。

综上，本研究将时间维度定为 1993—2006 年，并依据此，建立 31 个省 14 年的数据库资料。

（三）信度和效度

信度与效度是所有测量的中心议题，两者均关注具体的测量是怎样与概念相连的，它们是确立发现是否真实、可靠或可信的重要标准。

1. 信度（reliabilty）

信度是指可靠性或一致性，这意味着在完全一样或类似的条件下，相同的结果被重复或再现。反过来，缺乏信度，测量过程就会产生反复无常、不稳定或不一致的结果。它包括稳定性信度（stability reliability）、代表性信度（representative reliability）以及等值信度（equivalence reliability）三种。稳定性信度是跨越时间的信度。它触及的问题是：如果在不同的时间下使用同一个测量工具或指标进行测量，会获得相同的答案吗？代表性信度是跨越次总体或子群体的信度。它触及的问题是：如果使用同一个测量工具或指标对不同的团体进行测量，会获得相同的答案吗？等值信度用在研究者使用多重指标之时—也就是说，在操作化某个构想时，使用多个特定的测量工具（例如，问卷中有数个题目全都是测量同一个构想）。它触及的问题是：不同的指标会得出一致的结果吗（纽曼，2007：228）？纽曼（2007）提出，有四条增进信度的原则：第一，清楚地概念化所有的构想；第二，增加测量层次；

第三，使用多重指标来测量一个变量；第四，使用前测、测试研究和复制。

在本研究中，笔者在参考有关文献的基础上，根据《地方财政统计资料》、《中国统计年鉴》、《中国财政年鉴》中有关数据概念对所有的因变量和自变量进行定义和解释，并采用绝对指标（人均行政成本支出，公用经费，人员经费）和相对指标（行政成本相对支出规模，包括行政管理费占财政收入和财政支出）两种类型的指标来不同程度地测量因变量。同时，自变量也分类具体化到各个指标进行测量。为了更加准确地描述其情况，增加其信度，本研究的自变量在操作化经济发展水平变量和公务员规模变量时均使用了两个变量：人均 GDP 和城市化水平；官员和人口比例以及公务员平均工资规模分别予以衡量。此外，笔者还查阅并总结了相关文献中的测量方法和研究者使用的测量工具，在复制前人测量工具的基础上发展自身的测量方法。如张光（2007）对 2004 年 31 个省的行政成本省际差异进行因果检验，通过线性回归确定了因变量——行政管理费占财政支出的比重和自变量——工资、官民比、行政区划、经济发展水平等因素之间的关系。而笔者在本研究中也复制了此种方法进行测量。

除变量选择外，为了更好地增进信度，本研究还单独列出 1998—2003 年，即行政改革力度最大的一届政府改革时期来进行案例分析。在采用普遍接受、历经检验的樊纲指数来替代单一市场化指标的基础上，还对混合 OLS 模型、随机效应模型和固定效应模型进行了 F 检验、LM 检验和 Hausman 验证，以考察最优模型选择。

2. 效度（validity）

效度意味着真实性，即一个构想，或研究者用定义概念化某个观念的方法与测量之间的匹配。它指一个有关现实的概念与真的现实之间的合适程度。简而言之，效度处理问题时，通过研究测量到的社会现实与研究者用来解释它的构想之间匹配得是否良好（纽曼，2007：228）。同样，效度可以分为表面效度、内容效度、效标效度和建构效度四种。表面效度（face validity）是科学共同体所做的判断，认为某个指标确实能够测量到某个构想。换句话说，它所触及的问题是：从表面看来，人们相信定义与测量方法相符吗？内容效度（content validity）实际上是表面效度的特殊类型。它所涉及的问题是：测量工具将定义下的所有内容都代表出来了吗？效标效度（criterion validity）使用某些能够精确的指出某个构想的标准或效标，检验一个指标的效度是把该指标与对同一个构想实施的研究者有把握的测量进行比较，主要包括同时效标效度和预测效标效度两个次类型。建构效度（construct validity）针对的是多重指标的测量工具。它涉及的问题是：如果这个测量工具有效度，不同的指标会产生一致的结果吗？主要包括趋同效度和区别效度两个效度。

在本研究中，为了保证效度，在设计变量指标时，查阅了所有的相关文献，最后确定的测量变量指标大部分和前人一致，有些发展的新指标和变量也是从文献中推导出来，是具有表面效度的。在内容效度上，本研究总结了所有的前人文献以后，对行政成本及其影响因素概念化和操作化，基本上涵盖了所有本研究定义的内容。而后两个效度需要经过数据模型检验才能证实，所以会在所有检验结果出来后再进行，如若不行，会对模型进行调试、修正。

第二节　行政成本省际差异解释框架：供需模式

瓦格纳定律表明，随着富裕程度的增加，必然导致政府支出的增加。于是，会出现这样一种情况：一个地区经济发展水平的提高，会提高城市化和工业化水平，而且在这种经济发展过程中，出于招商引资或是其他的发展需要，政府会降低经济中的交易费用，提高效率，增加了政府的各类契约执行和城市管理的支出，造成了行政管理成本的不断增长（North，1985：48）。莱恩（2004）认为，瓦格纳只是在需求层面上讨论了政府规模扩大的问题，而没有考虑供给层面的因素。为了解释公共部门中某些部门成本激增的原因，我们需要同时考虑需求和供给两方面的因素。

具体而言，瓦格纳（1871）试图阐明，在工业经济中生活的人们，需要更大规模的公共部门。他列举了各种公共开支的需要：基础设施、人口密度、文化、安全、正义等，希望以此来解释他的定律。按照这种看法，在经济运行过程中，政府应该在创造良好的基础结构，推动富裕程度的提升和不断满足人们新的"更高级的"需要这两方面扮演一个重要的角色（莱恩，2004：45）。那么，在中国经济发达、市场化程度高的东部省份，需要更大规模的公共部门来满足更高层次的需求，因为经济和市场化的发展会进一步催生出许多的需求，所以运作的盘子较大，反之，经济欠发达的省份则公共部门规模较小，因为它的需求较小。标准的需求理论须将相对价格、收入和人口规模设为解释性变量（汉蔻、斯凯内德和威瑟斯，2004：263）。张光（2007）正是遵循了这种诉求，按照这些变量来对经济发展水平影响进行验证。他的研究结论表明，经济发展水平最具有显著性，是影响其行政成本省际差异最为重要的因素，经济比较发达的省，较之经济欠发达的省，把较大的预算份额用于提供公共服务，较小的份额用于维持政府自身的运营；反过来，经济落后的省财政用于公共服务的财政比重较小，用于自身的行政管理开支比重较大；人口规模和行政区面积则是位于其次的影响因素，即人口规模较大的省份行政成本会较高；最后是官员规模和工资水平。换言之，行政成本的高低并非完全是公共机构特性所驱动的，而是经济社会发展的需求。

鲍默尔定律可以从供给层面上阐释公共部门增长的原因，进而可以推导出各省行政成本差异。鲍默尔理论认为，存在一种成本障碍，即公共部门受私人部门生产率增长所决定的工资增加的约束，它会相对较低地估计公共部门的生产率增长速度。具体而言，在 20 世纪，公共部门支出之所以迅速膨胀，究其原因，并不像瓦格纳定律所表明的那样，不是因为公共服务的数量戏剧性增加了，而是因为公共服务价格上涨。公共服务的数量相当稳定，但是，单位成本却上升了。这种现象的发生，关键的原因是长期的生产率消极发展趋势，公共部门雇员做的越来越少，却成功地争取到越来越高的工资（莱恩，2004：46）。同时，尼斯坎南（1971）也表明，公共机构人员会趋向于预算最大化并用于自身目的，如工资、工作环境等，这种情况无疑会推高行政成本。因为在政府部门内部，公务员可能接受一个稳定的收入或较低的收入，在此情况下，官员行为必然无效率，于是，他们更倾向于追求更多的财政收入回报（Grindle，1997：15）。

此外，如果要研究地方政府支出行为，中央政策也必须纳入供给层面予以考虑。但是，国内利用政策来解释省际差异的研究非常之少。何翔舟（2000）和郭俊华（2008）都以行政改革政策为时间节点描述了行政成本趋势和省际差异，但是他们却未将两者关系进行统计检验。达瓦森（Dawson，1963）认为，中央政策对地方政府行为的影响非常重要。如美国 50 个州享有相同的制度框架和社会结构，但它们在特定的经济、社会结构、政治活动以及公共政策方面也存在差异。因此，它们提供了大量的政治和社会的单元。在这些单元中，一些重要的变量保持不变，而另一些变量则不断变化。许多人对一些变量，如经济社会结构和行政成本之间关系予以了积极的关注，却忽略了公共政策的影响，而政府规模正是公共政策的产物（Lewis-Beck & Rice，1985：7）。里维斯·贝克和赖斯（Lewis-Beck & Rice，1985：1）的研究整合了政策过程以及供需因素，发展出混合模型，揭示了美国公共支出增长的原因。其结果表明，美国政府的膨胀是对国防、外贸、经济困难期、人口变化，民主政治以及公众防范风险政策的回应。但是他们只是对美国公共支出整体情况进行研究，没有具体到地方政府层面来探讨政策对政府规模差异的影响。那么，各省在行政成本上的改革效应究竟有多少呢？是削减了人员支出还是公用支出？还是都未得到削减？它是否是行政成本膨胀的推动力呢？就成为本研究所不能回避的问题。

基本上，对行政成本影响因素的讨论零散存在于上所述的供给和需求的框架之内。洛瑞和贝瑞（Lowery & Berry，1983：688）认为，现存的有关政府增长的解释主要是大量的独立的模型，基本上很少或没有对理论进行整合。于是，本研究试图发展供需框架对影响行政成本省际差异的原因进行整合。这个理论框架通过研究中国各省行政成本控制得好或差究竟是供需中的哪一方发挥作用，来进一步理解行政成本膨胀的原因及其模式，即它是呈现供给驱动的模式？还是需求导向的模式？

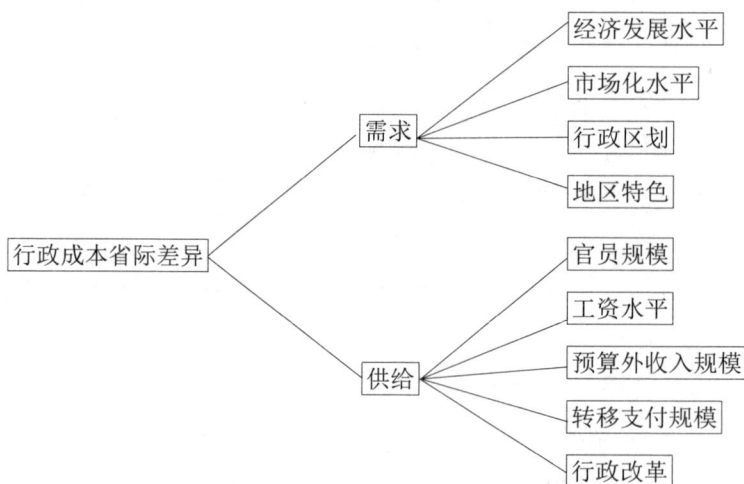

图 3-1　行政成本省际差异影响因素分析框架图

第三节　理论假设：行政成本省际差异的影响机制

一、自变量（X）和因变量（Y）之间关系

根据第一、二节所述的分析框架以及第二章的文献评估，笔者主要梳理出如下几类变量来构建影响行政成本差异模型。自变量（X）和因变量（Y）之间的理论假设和逻辑如下：

　　需求层面变量：本类变量主要衡量各省不同的需求是否显著影响了各省的行政成本。

　　（一）经济发展水平

　　经济发展水平是决定 31 个省级行政区行政成本高低的最重要、最基本的因素。关于它对行政成本的影响存在两种相反的结论。第一种观点表明，针对行政成本总体趋势而言，经济发展水平的提高会导致相对行政管理成本的增加，即经济发展水平对行政管理成本具有正影响（金玉国、张伟，2008）。而刘俊英（2008）持相反意见。他在研究了公共支出和经济增长之间的关系后，发现政府维持性支出和经济增长之间也存在显著负相关性。这一发现基本符合瓦格纳定律。即在一个贫穷的国家中，人们忙于满足自己最基本的温饱和居住需要，而在一个发达的经济中，人们在满足了这些最基本的需要之后，就有可能转而追求实现其他更高级的需要：教育、健康和文化。于是，可以做如此推论，经济发达的地方更少用于维持自身运营的支出而投入于教育、健康等文化的需要，而经济欠发达的地区则相反。张光（2007）的研究也支持了这个结论。其结果发现，经济发达的省份相对于经济欠发达的省份，会将公共支出用于公共服务项目，维持机构运营的支出较低，即呈现出负相关性。因为沿海地区一般具有较好的经济发展条件，可以比内陆地区更早实行以市场为导向的工业化。面对较大要素流动和日趋竞争激烈的竞争环境，沿海地区的地方政府必须在改善投资环境上多加努力，即创造软环境，吸引更多的投资，从而创造更多的收入，用于未来进一步的发展。相反，在资源禀赋较差的经济欠发达地区，要素流动水平较低（或在市场压力下，生产要素会从本地外流向其他更发达地区），地方政府缺乏长远的目光，总是将关注的重心放在保工资而不是长远投资上（Yang，2008：23）。加之在东部省份财政支出和收入均大于中西部地区的情况下，用于公共部门自身运营上的资金所占的比例必然要小得多。以此推论，东部沿海发达地区行政成本低于中部地区，而中部地区又低于西部地区。

　　（二）行政区划

　　张光（2007）认为，行政区划类变量和行政成本之间是存在着显著的正关系。即行政区划面积越大，人口规模越大，行政成本比例越高。王利（2006）、李树林和田瑞华（2006）对少数民族自治区的研究也指出了此点，但没有经过经验性的因果关系检验。李树林、田瑞华（2006）分析了内蒙古和其余 30 个省的行政成本后认为，内蒙古自治区地域辽阔，地广人稀，与人口稠密、交通便利、信息畅通的地区相比，只有耗费更多的人力、物力、财力才能保证行政组织的有效运行，从而提供相同的公共服务和公共物品要耗费更多的社会资源。鉴于内蒙古行政区划大而管辖人口少的情况，政府的机构设置和组织构建却不少于其他地区，具有同样的机构规模意味着行政组织的开支比重大，其结果是稀少的人口要去供养庞大的行政管理机构，创造价值的比重小，而分割价值的比重大，加重了政府的财政负担。据他们的分析，内蒙古自治区各项公务支出高于东部地区 8—12 倍。

（三）市场化水平

在计划经济体系下，经济的大幅度增长都应归因于隶属于政府的企业活动（Goodman，2001：133）。因为国有企业变成政府机构的隶属部门，导致企业承担了政府的职能，变成了企业经营小社会（enterprise running small societies），而政府通过对产品设定定额，劳动数量和工资，直接干预国有企业产品，运营和管理（Lin，2001：157）。在 20 世纪 90 年代初、中期，几乎所有的国家部门，从军事、武装部门到司法部门和党的宣传部门都建立并拥有了自己的国有企业，以补充其财政预算的不足（Yang，2004：25-64）。在传统计划经济条件下，企业不但是经济组织，而且是行政组织，政府承担的部分社会管理职能由企业承担（企业办社会），而政府统管企业。这种政企不分的状况导致政府的行政管理支出相对庞大。随着计划经济体制向市场经济体制的逐步转型，政企分开，企业变成纯粹的经济组织（Yang，2004），政府职能迅速缩减。市场经济要求社会经济运行更加规范化、法治化，改变计划经济一手包办的局面，放手市场。繁荣发展的市场会促使地方政府更加注重政府绩效的改善，通过行政审批制度改革、政府组织及业务流程再造、外包业务、提高公务员素质等多种方式，提高效率，控制成本，为市场营造良好的治理环境，如东部地区。而西部的经济发展与管理水平明显落后于东部地区，在推进市场化改革上与东部地区有一定的距离（郭俊华，2008）。于是，随着市场化的推进，地方政府的财政收入和财政支出也会逐步增加，其东部行政成本相对支出规模必然小于西部地区。

（四）地区特色

李树林、田瑞华（2006）对内蒙古行政成本的研究表明，作为民族自治地方，内蒙古自治区不论哪一级地方政府及其所属职能部门，事实上都承担着双重行政管理职能。一方面，作为一级地方政府及其所属部门，其行政管理职能配置与一般地方是一样的，按照国家的统一配置，承担并履行管理本地区政治、经济、社会事务的职能；另一方面，作为一级自治地方政府及其所属部门，除了服从国务院和上级国家行政机关的领导，行使一级地方国家行政机关的职权，履行其职能职责外，还拥有行使宪法、民族区域自治法、自治条例和自治单行条例转化而来的特殊职权，同时也就承担着依照宪法、民族区域自治法、自治条例和自治单行条例规定的特殊权力而赋予的特殊行政管理职能。这种双重性，要求内蒙古自治区政府及其所属部门在进行行政管理职能定位和履行这些职能时，增强协调性，使内蒙古自治区的行政管理职能配置具有了共担性和复杂性，造成了行政成本的增长。王利（2004）的研究也表明，西部民族政府在行使一般地方政府的政治、经济、文化管理职能的同时，还必须对地方的民族宗教、民族关系、民族教育等事务进行有效管理，并设定特殊的行政管理机构来管理特定的行政事务，如宗教事务委员会、语言文字工作委员会等，增加了民族政府的权力配置和职能配置。这些都推高了行政管理费。

供给类变量：本类变量主要衡量各省行政成本提供者—公共部门是否对各省行政成本有显著影响。

（五）财政供养规模

行政成本的状况可以在政府机构数量、公务人员数量以及行政支出规模等方面体现出来（郭婕，2006：24）。安秀梅、徐静（2008）研究了政府就业人员和行政成本之间的关系，发现官民比（公务员／全省总人口）的高低和行政成本具有一定的正相关性。即公务员人数越多，行政成本越高。基本上，在行政管理的过程中，行政机构会像金字塔一样不断增多，行政人员会不断膨胀，每个人都很忙，但组织效率越来越低下（帕金森，1958）。这种机构"乘数"效应的增长会导致财政供养人数等各方面的增长。有数据表明，1978 年列入行政管理费和公检法司支出的财政负担人数为 300.5 万人，2003 年已经增加到 861 万人，净增 560.5 万人，平均每年增加22.42 万人（安秀梅、徐静，2008）。财政养人数的增加助长了政府行政成本的扩张（安秀梅、徐静，2008）。一般而言，一个组织的规模增长在初期阶段会带来降低组织运行行政单位成本的效应，但进一步增长则会因协调控制得复杂性导致单位成本的增加（Blau，1970、1972）。过多的人员规模会导致官员协调事务增大，势必会造成行政成本的高涨。

除公务员规模外，还须考虑公务员工资规模。从财政供给的角度看，公务员工资是人员支出中的一块，是属于行政支出的，是测量行政成本最为直接的指标。鲍默尔（1965）指出，公共部门雇员做的越来越少，却成功地争取到越来越高的工资，导致了公共支出的增长。1978 年我国公务员人均工资 639 元，津贴、奖金等补助工资仅 51 元，相当于人均工资的 7.98%；2003 年人均工资 8 299 元，津贴、奖金等补助工资增加到 8 423 元，超过人均工资 124 元。张光（2007）的研究也对以上两个变量和行政成本的相关性进行了研究，发现官员规模越大、工资水平越高，行政成本越高。对于西部财政收入很低的省份而言，工资高，其行政成本就会呈现增高的状态，大量挤占其他财政支出项目，如社保支出。

（六）预算外收入

中国地方政府普遍存在着人员过多、机构臃肿的现象，而人员增长最快的政府部门通常是哪些能获得预算外收入的部门。预算外资金的存在给行政机关任意扩大支出提供了便利条件，不仅推动了行政管理费用总量的急剧膨胀，也使行政成本支出结构不合理（王义，2007）。在地方财政收入短缺的情况下，预算外收入成为追求机构利益最大化的一条重要途径。控制一定数量的自主支配资金（预算外资金）为地方政府提供了收入来源，并赋予了地方政府实际自主权。在这种情况下，地方政府会寻求最大化的财政剩余，即剩余控制权，然后利用这些剩余去实现一些固定的政治目标或是私人目标（Olson，1993）。在很多地方，预算外资金被视为在地方公共支出之上的"合法"财源。为了促进地方经济的增长和为地方机构攫取财源，地方官员往往也会最大限度地致力于预算外收入（黄佩华，2003；刘泰洪，2007）。而且，在地方政府的行政开支中，有 58.9% 是通过预算外方式花掉的（平新乔，2006）。杨大利（2004：239）指出，政府机构甚至将没有经过正当授权的费用上交财政部后，仍然可以获得其所征收的费用、罚款收益的一部分来弥补机构运作和人员福利的预算缺口。可以预期预算外收入多的省份在行政成本上投入的资金更多。

（七）转移支付

杨大利（2008）认为，尽管地方治理水平存在着很大的差异，但显然所有地方政府的行为都受财政收入的驱使。发达地区的地方政府，尤其是省以下政府收入一般都能够满足支出需要，因为他们有丰富的税基（非农业部门），并可以通过出售地方土地使用权来获得额外收入。然而，许多欠发达地区的地方政府仍然是吃饭财政，如中西部地区大多数省份，保工资仍然是财政运行的主要甚至是首要目标（周庆智，2004）。由于缺乏财源，他们更多地依赖于中央政府的转移支付（Yang，2008：23）。尤其是在分税制改革之后，财政收入集中到中央，支出责任却下移到地方，加剧了地方政府的财政责任。在面临财政紧缩时，地方一般有两种情况缓解这种情况：征税和转移支付。由于地方政府并没有征税权利，所以，争取中央的转移支付就成为了唯一可行的途径。另外，利益最大化也会使得作为代理方的地方官僚机构在预算的编制和执行的过程中机会主义行事，所有政府官员都有争取本地方和部门预算最大化的冲动，并且部门和领导也会预期，即使他们不从财政资金中攫取更多的，甚至多余的资金，其他领导和部门也会选择这样的预算策略。在目前对政府预算产出的界定和测量还十分模糊的情况下，预算合同对政府代理方的约束性不强，这也强化了部门"要钱"和"花钱"的冲动。这样，在预算软约束的情况下，花别人的钱办自己的事情更容易倾向于行政成本的扩张（马骏，2004）。那么，争取更多的转移支付对于穷省而言不失为一个好的策略。因为在这种情况下，地方官僚会把转移支付收入用作预算最大化的手段，而不是相应地减少地方税费负担，结果导致行政开支增加，行政成本继续膨胀。于是，和资金充裕的东部省份相比，在预算紧缩的西部省份，较高的转移支付必然会导致行政成本比例高涨，行政管理费激增。

（八）行政改革

明显具有时序特征的历史事件，如竞选、分权改革等，会对政治结果产生显著的影响（Tobin，2008），政府换届后的行政改革是影响行政成本的主要原因。中国自20世纪80年代从计划经济向市场经济转型以来，进行了多达六次的行政改革，其主要目的就是转变政府职能以及削减多余的机构和冗员。行政改革的一个主要目标为"小政府，大社会"。可是，整个改革一直徘徊在"精简—膨胀—再精简"的怪圈之内。每届政府上台，虽然都采取行政改革政策，削减政府规模，控制行政成本，但是每届政府所采用路径和方法不同导致了控制行政成本的效果各异。根据郭俊华（2008）的研究，在后期的机构改革后，福建省的行政成本是较为合理，相比之下，其他省份并不合理。各个省份在行政成本控制上存在着差异。何翔舟（2006）认为，政府管理体制改革是以政府成本的迅猛膨胀为支撑的，即越是改革或者改革后的一两年内，政府预算成本支出要比其他年份增长快速。郭婕（2007）研究也表明，在机构改革中，有不少从政府机关"精简掉的人员"只是转移到了事业编制的单位，仍然吃财政饭，国家财政供养的人员数量并没有大的减少，使得行政成本呈现出过高的情况。结果在公务员薪水支出规模上并未减少（Yang，2001：39）。即使在最为深刻的 1998 年行政改革中，中国也利用买断、特殊津贴来鼓励人员离岗，试图缩减政府规模。但是，其薪水在促进政府对雇员更具有道德感的同时也提高了政府人事削减和维持的行政成本，行政支出占政府总支出的比例从 1998 年的 15% 到 2001 年上升到 18.6%。2002 年，虽然从江苏省到四川省以下的县政府改革削减他们事业单位 20%—30%。但是，不像早期的改革，事业单位改革并没有很有效（Yang，2004：53-54），行政成本的压力并未减轻。本研究主要衡量从 1993 年到 2006 年，经历三届中央政府变迁中的地方政府行政成本。如前所述，无论哪次改革，行政成本都没有得到有效的控制，甚至不断攀高。

二、变量（XY）测量和模型化

（一）因变量（Y= 行政成本）

根据本研究所确定的行政成本的概念和角度，行政成本采用狭义的行政成本概念，仅指政府行政中的各项支出，"一般预算支出决算总表"中的行政管理费[①]一项。狭义的行政成本按照具体用途可分两块：一块为人员支出（即公务人员的工资、奖金、福利、培训和医疗保健等）；另一块为公用支出（即办公费、差旅费、会议费、招待费、办公设备和交通工具购置费、物质能源等）（罗振宇、幸宇，2008）。根据《地方财政统计资料》主要有以下几个方面：

人员支出＝基本工资＋津贴＋奖金＋社会保障缴费＋其他；

公用支出＝办公费＋印刷费＋水电费＋邮电费＋取暖费＋交通费＋差旅费＋会议费＋培训费＋接待费＋福利费＋劳务费＋就业补助费＋租赁费＋物业管理费＋维修费＋专用材料费＋办公设备购置费＋专用设备购置费＋图书资料购置费＋其他

对个人和家庭的补助支出＝离休费＋退休费＋退职费＋抚恤和生活补助＋医疗费＋住房补贴＋助学金＋其他

---

① 何翔舟（2007）、金玉国和张伟（2008）均采用了行政事业费衡量预算外的行政成本。但是，由于很难在行政事业费中分清楚哪些是用于行政性的支出（即我们所要测量的一块）哪些用于事业性支出，后者的研究一律采用行政事业费 *50% 的算法进行测算。以这种方式可以对行政成本总体进行估算。可是，具体到分省差异，每个省的情况却不一而足。例如笔者在对广东省官员访谈中曾经了解到，广东省的行政事业费用于事业性支出较多。而在对湖北省官员的访谈中，行政事业费基本上全部用于行政管理费支出。于是，50% 的一刀切测量会导致相当大的偏差，因为这些自主资金的流向难以辨明。所以，本研究因变量描述和解释都未包含预算外资金。

行政管理费支出＝人员支出＋公用支出＋对个人和家庭补助支出

本文将发展四个指标来将因变量操作化，即行政管理费占各省财政支出比重以及人均行政管理费，人员相对支出规模，公用相对支出规模，分别用 EPC，CA，EE，BE，表示。如下：

EPC＝行政管理费／各省财政支出

此变量衡量各省行政成本相对支出规模。

CA＝行政管理费／全省人口

此变量衡量各省人均行政成本负担。

EE＝人员支出／各省财政支出，BE＝公用支出／各省财政支出

这两变量是进一步对各省行政成本结构进行解构，更为细致地展现行政成本全貌。

（二）自变量（X）

根据前面的分析，在供需框架下，一共总结了 8 类变量（11 个自变量）来分别测算其对以上五个因变量的影响程度是否符合理论预期。具体如下：

经济发展水平类变量[①]：

X_1＝人均 GDP，城镇就业人口／总人口。分别用 AG，EPP 来表示；

理论假设 1：经济发展水平越高，行政成本越低。

行政区划类变量：

X_2＝省人均面积，分别用 TA 来表示；

理论假设 2：行政区划越大，行政成本越高。

市场化水平类变量：

X_3＝各省非国有企业产值／工业总产值，用 EP

---

① 根据现有的文献看来，基本上都采用人均 GDP 将经济发展水平量化。GDP 是指一个国家（或地区）在一定时期内所有常住单位生产经营活动的全部最终成果，人均 GDP 表明了个体所拥有的最终成果数量，是衡量经济发展水平最为直接的指标。

此外，张光（2007）的研究中也使用了城市化水平作为经济发展水平的衡量指标。他认为，中国由于各地区经济发展的不均衡，从而造成了城市化水平差距之巨大。东部财力充足的省份以及京津沪地区城市化水平较高，从而在公共服务上投入资金更多，行政成本比例相反较少。同时，城市必须需要消防、交警服务，而大多数具有大面积农村地区的城市化水平较低的省份，这两项公共服务，既无必要，也无财力保证提供，于是在维持公共部门运营上势必会挤占大部分甚至是所有的资金。城市化水平主要是利用城镇就业人口占总人口的比例来进行测量的。

理论假设 3：市场化水平会降低行政成本。

地区特色类变量 [①]：

X_4=1 如果是民族自治区，0 如果不是，虚拟变量用 MA 来表示；如果是有民族自治州的省赋值为 1，没有民族自治州的省赋值为 0，用 PM 来表示。

理论假设 4：少数民族地区的行政成本高于非少数民族地区的行政成本。

财政供养规模类变量：

X_5= 公务员 / 全省总人口，公务员平均工资 / 城镇平均工资，分别用 CPP，AW 来表示；

理论假设 5：财政供养规模越高，行政成本越高。

预算外收入类变量：

X_6= 预算外收入 / 省 GDP，用 BRG 来表示；

理论假设 6：预算外收入越高，行政成本越高。

转移支付类变量：

X_3= 转移支付 / 省 GDP，分别用 TPG 来表示；

理论假设 7：转移支付规模越大，行政成本越高。

政策类变量：

X_8= 行政改革政策，设定改革及其后两年即 1993，1994，1995，1998，1999，2000，2003，2004，2005 年为 1，每届政府改革后期年份 1996，1997，2001，2002，2006 为 0；虚拟变量用 AR 来表示；

理论假设 8：改革会导致行政成本增高。

由上，根据文献，笔者梳理出了因变量和自变量及其理论符号，并将它们操作化。但是，这些变量并非是独立存在的，它们也是在一个分析框架中逻辑的组织起来。人均 GDP、城市化水平、行政区划、市场化水平、地区特色可以视作行政管理需求类因素。官民比、工资规模、预算外收入、改革政策可以视为供给因素。现可以总

---

① 两个虚拟变量可以代表地区特色，一是将内蒙古、吉林、湖北、湖南、广西、四川、贵州、云南、西藏、甘肃、青海、宁夏、新疆十三个具有少数民族自治区的省设为 1，其余设为 0；第二个代表地区特色的变量是将内蒙古、广西、西藏、宁夏、新疆五个自治区设为 1，其余省份设为 0。

结出变量之间的关系如表 3-2 所示。

表 3-2　行政成本省际差异影响因素关系表

自变量（X）	因变量（Y）	
	比例	绝对值
需求类变量		
人均 GDP	-	+
城市化水平	-	+
人均面积	+	+
市场化水平	-	-
少数民族省份	+	
拥有少数民族省份	+	-
供给类变量		
公务员人员规模	+	+
公务员工资规模	+	+
预算外收入规模	+	+
转移支付规模	+	+
行政改革	+	+

注：比例是指行政成本相对支出规模，绝对值是指人均行政成本。

（三）行政成本省际差异模型

缪勒（1989）认为，只有少量的文献解释了供给因素和需求因素对公共支出影响的相对强度。于是，分别考察供需模型更有助于发现不同层面的解释力。基于此，本研究根据供需理论框架，构建了三类模型来对行政成本省际差异进行测量，即需求层面模型、供给层面模型和综合模型。其中，综合层面模型是上述两个模型的综合，主要考察，两类变量在同一模型中，控制了需求类，供给类变量是否显著；或者，控制了供给类，需求类变量是否显著，以此来说明中国的行政成本省际差异究竟是需求驱动的，还是供给驱动的？哪个更具有相对解释力？继而详细说明行政成本省际差异模式的原因。这八类变量将全部对应于上述关于行政成本测量的三个因变量，并且理论符号和表 3-2 一致，以对前文所提出的 8 个理论假设进行检验。模型如下：

需求层面模型：

$$EPC/CA=\alpha+\beta_1 InAG_{tp}+\beta_2 EPP_{tp}+\beta_3 TA_{tp}+\beta_4 EP_{tp}+\beta_5 PM_{tp}+\beta_6 MA_{tp}$$
$$+\beta_7 TPG_{tp}+\beta_8 BRG_{tp}+\beta_9 CPP_{tp}+\beta_{10} AW_{tp}+\beta_{11} AR_{tp}+\mu_{tp}+\varepsilon_{tp}$$

供给层面模型：

$$EPC/CA=\alpha+\beta_1 TPG_{tp}+\beta_2 BRG_{tp}+\beta_3 CPP_{tp}+\beta_4 AW_{tp}+\mu_{tp}+\varepsilon_{tp}$$

（由于行政改革是由中央外部推动的，该变量测量并不随各省的供给变化而变化，于是在供给类模型中并未放入行政改革变量，而是加入到综合模型中）

综合模型：

$$EPC/CA=\alpha+\beta_1 InAG_{tp}+\beta_2 EPP_{tp}+\beta_3 TA_{tp}+\beta_4 EP_{tp}+\beta_5 PM_{tp}+\beta_6 MA_{tp}$$
$$+\mu_{tp}+\varepsilon_{tp}$$

在上式中，α 是常数项，$(\beta_1,...,\beta_6)$，$(\beta_1,...,\beta_4)$，$(\beta_1,...,\beta_{11})$ 均表示每个自变量对因变量的影响程度，μ_{tp} 表示地区效应，ε_{tp} 表示随机误差，t 表示时间，p 表示省份，tp 就表示第 t 年 p 省情况。In 表示对其去对数，是对变量数值的一种统计（因为根据因变量和自变量的散点图，其和经济发展水平呈现对数关系），使其和其他变量数值表示一致。目前，测量年度从 1993 年到 2006 年，涉及 30 个省、自治区和直辖市（西藏属于特异值，被排除在外）。于是需要采用面板数据对上述模型进行分析。当然，模型中有些因素来自同一类变量，但放到了一个模型中，采用面板数据分析，也许会出现共线性。于是，在本研究中，会对模型先进行预检验，在研究过程中也会不断地调试、修正。通过对大样本（30 个省）的 14 年间的检验来说明行政成本到底是需求型，还是供给型，以更好地说明行政成本差异的成因，最终验证解释行政成本省际差异模式。

此外，行政改革政策伴随着历届政府。每届政府伊始，都致力于均削减人员，裁剪机构。各省也采用各种新政策来缓解行政成本压力。如财政紧缩的贵州、中等收入的四川和湖北允许政府雇员带薪（基本工资）离岗，鼓励他们经商，不再回到公共部门中。或是采用轮岗的方式来控制行政成本。但是这些创新手段（离职和轮岗）只是权益之计，并没有即刻减轻政府雇员数量，仅仅延缓了财政结算的时日（Yang，2004：47）。所以，行政改革效应到底是对人员支出还有公用支出究竟是否产生了正影响，还有待验证。于是，有必要对行政成本结构进行解构，分别对各省人员支出、公用支出进行细致的检验，进一步考察各省的政策效应表现在行政成本的哪一个方面，对人员支出有效，还是公用支出，进而有针对性地提出政策建议。笔者使用相同的自变量（X），在供需类框架构建模型。行政成本结构综合模型如下：

$$EE/BE=\alpha+\beta_1 AG_{tp}+\beta_2 EPP_{tp}+\beta_3 TA_{tp}+\beta_4 EP_{tp}+\beta_5 PM_{tp}+\beta_6 MA_{tp}$$
$$+\beta_7 TPG_{tp}+\beta_8 BRG_{tp}+\beta_9 CPP_{tp}+\beta_{10} AW_{tp}+\beta_{11} AR_{tp}+\mu_{tp}+\varepsilon_{tp}$$

第四节　本章小结

针对第一章的研究问题，为了对多个个案和受试者进行研究，本章选择定量研究方法来阐释行政成本省际差异问题。并在公共支出增长理论的框架下，发展研究假设，将因变量和自变量操作化、模型化。主要构建了行政成本相对支出模型、人均行政成本负担模型。在综合考察供给和需求的影响下，单独验证了需求模型和供给模型，以观察供需层面的相对效果，帮助辨明地方政府行政成本是计划驱动还是需求驱动。为了更好地理解行政改革对行政成本控制的影响，笔者进一步解构行政成本构成，单独建立行政成本结构模型，包括人员相对支出模型和公用相对支出模型，以便更好地观察改革效果，即行政改革是缩减了人员支出还是抑制了公用支出。

第四章　增长与差异：地方行政成本全景描述

　　为了更好地验证模型、回应研究问题：行政成本省际差异形式及其原因，本章利用《地方财政统计资料》对因变量（Y）进行描述，帮助理解各省行政成本及其差异。由于行政成本纷繁复杂，所以，为了更好地观察行政成本，在沿用之前研究所采用的因变量的基础上，分别使用行政管理费占省财政支出比例（Y_1= 行政管理费 / 各省财政支出，行政成本相对支出规模）、各省人均行政管理费（Y_3= 行政管理费 / 各省人口，人均行政成本负担）对行政成本省际差异（Y）进行了衡量。同时，为了更好说明行政成本省际差异模式，进一步解构行政管理构成（Y_4= 人员支出，Y_5= 公用支出；Y_6= 人员支出 / 各省财政支出，Y_7= 公用支出 / 各省财政支出，行政成本结构）进行描述，以观察其行政成本省际差异结构。首先，对 1993—2006 年各省行政成本省际差异分年描述；其次，对 1993—2006 年 14 年间各省行政成本省际差异分省描述，总结差异模式；再次，划分东、中、西部三个小样本，对行政成本省际差异分地区描述。其中，东中西部地区的划分主要沿用 1986 年全国人大六届四次会议通过的"七五"计划划分模式。即北京、天津、河北、辽宁、上海、江苏、浙江、福建、山东、广东和海南为东部地区；中部地区包括山西、吉林、黑龙江、安徽、江西、河南、湖北、湖南；四川、重庆、贵州、云南、西藏、陕西、甘肃、青海、宁夏、新疆、广西、内蒙古构成西部地区。

第一节　行政成本相对支出规模省际差异描述

　　行政成本相对支出规模直接衡量各省行政成本的支出比例。采用行政管理费占各省财政支出比例来衡量，即行政管理费 / 各省财政支出。其比例越大，行政成本相对支出规模越大；反之，行政成本相对支出规模越小。

表 4-1　1993—2006 年各省行政成本相对支出规模数值总表
（行政管理费占各省财政支出 %）

	1993	1994	1995	1996	1997	1998	1999	2000	2001	2002	2003	2004	2005	2006
北京	2.3	4	4.6	5.3	4.8	4.68	4.5	4.72	4.89	5.6	5.32	5.94	6.54	6.47
天津	6.8	6.9	6.1	5.6	5.94	5.43	5.13	4.77	4.75	5.02	5.62	5.84	5.88	5.89
河北	11.7	12.8	12.3	10.8	9.32	9.2	8.75	8.99	9	10.1	10.37	10.21	9.95	9.57
山西	16.1	17.1	15.6	15.2	14.34	13.56	12.58	12.08	11.51	11.39	10.93	10.77	10.34	9.03
内蒙古	12.3	14.1	14.7	13.7	13.37	11.68	10.66	9.81	9.95	9.61	10.21	10.09	10.48	10.12
辽宁	7.8	7.8	7.1	6.6	6.73	6.28	5.92	5.98	7.22	7.72	7.94	8.12	7.64	7.7
吉林	8.8	10.4	10	9.7	8.73	7.74	6.72	6.91	6.86	7.31	7.63	7.24	7.15	7.89
黑龙江	7.3	8.2	8.7	8.2	8.57	7.72	6.52	6.79	7.21	7.81	8.67	8.14	8.83	8.93
上海	4.7	4.1	3.7	3.6	3.26	3.44	3.64	3.72	4.06	4.17	4.11	4.07	4.19	4.5
江苏	9.9	11.7	10.6	10.7	9.98	9.56	9.69	9.42	9.34	10.32	10.23	11.26	10.88	11.52
浙江	12	13.1	12.7	12.2	12.18	11.34	10.72	10.2	10.01	10.33	10.62	11.07	11.21	10.93
安徽	13.7	14.8	13	11.8	11.44	9.65	10.38	10.74	10.51	10.64	10.11	10.72	10.35	9.92
福建	9.4	10.6	9.7	9.4	9.83	9.29	9.08	8.35	7.95	8.28	8.11	8.22	8.32	8.1
江西	10.7	12.9	12.1	11.7	10.67	9.38	8.8	9.41	9.16	9.23	9.41	9.18	9.03	8.42
山东	11.1	12.3	11.4	11.2	11.21	10.28	9.9	10.15	9.86	10.46	11.12	11.04	11.11	10.52
河南	14.1	15.8	15.4	14.9	12.98	11.86	11.01	10.74	11.46	11.82	11.6	11.07	10.84	10.19
湖北	12.7	13.9	12.7	11.4	11.29	10.04	9.66	10.01	9.23	10.12	10.56	10.82	12.17	10.63
湖南	10	11.7	12.3	11.1	11.35	9.82	9.38	9.42	9.59	9.5	10.31	9.86	9.99	9.94
广东	7.9	8.8	8.2	8.5	8.11	7.36	7.67	9.34	9.1	9.82	10.35	10.42	9.72	10.04
广西	11.5	12.3	13.4	13.2	12.19	11.61	11.05	10.91	10.04	10	10.44	10.24	10.05	10.11
海南	11.3	13.9	14.5	13.6	12.32	10.98	10.91	10.11	9.94	10.09	9.97	9.76	9.9	9.77
重庆					11.41	9.5	9.02	9.86	10.42	10.5	10.78	11.41	10.59	10.38
四川	12.7	14.8	12.8	11.9	11.38	11.89	12.1	11.35	11.4	12.04	12.92	12.73	12.5	11.89
贵州	13.3	14.9	15	14.9	15.36	13.85	12.49	12.06	11.7	12.22	13.04	12.21	12.51	12.21
云南	8.3	10.5	10.4	11.2	9.76	9.78	8.85	8.99	9.02	9.37	9.44	10.21	10.19	10.65
陕西	15.4	16.3	15.5	15.2	14.17	12.66	11.57	10.18	10.11	10.32	11.22	10.13	9.77	9.53
甘肃	13.2	14.8	14.1	14.6	13.03	11.92	12.14	10.41	10.96	11.15	10.44	9.8	9.9	10.11
青海	13.3	15.6	15.7	16	13.3	11.94	10.67	9.82	9.09	8.63	9.11	9.74	9.23	9.28
宁夏	10.6	12.9	12.1	9.4	9.37	8.25	7.99	7.48	6.49	6.07	7.31	7.13	6.67	6.73
新疆	15.6	17.9	16.4	4.8	13.78	12.2	11.34	11.56	11.22	9.72	10.34	11.59	11.15	10.45

注：本样本剔出了西藏，西藏行政管理费 / 财政支出属极值。

资料来源：《地方财政统计资料》，财政部预算司，1993—2006 年。

一、1993—2006 年行政成本相对支出规模分年描述

表 4-2　分年各省行政成本相对支出规模差异描述统计一览表
（行政管理费占各省财政支出 %）

年份	最小值　Min	最大值　Max	极差	Max/Min	平均值	标准差
1993	北京　2.3	山西　16.1	13.8	7	10.84	3.22
1994	北京　4	新疆　17.9	13.9	4.48	12.24	3.56
1995	上海　3.7	新疆　16.4	12.7	4.43	11.88	3.4
1996	上海　3.6	青海　16	12.4	4.44	10.91	3.39
1997	上海　3.26	贵州　15.36	12.1	4.71	10.67	2.88
1998	上海　3.44	贵州　13.85	10.41	4.02	9.68	2.55
1999	上海　3.64	山西　12.58	8.94	3.45	9.29	2.39
2000	上海　3.72	山西　12.08	8.36	3.24	9.14	2.17
2001	上海　4.06	贵州　11.7	7.64	2.88	9.06	2.06
2002	上海　4.17	贵州　12.22	8.05	2.93	9.31	2.03
2003	上海　4.11	贵州　13.04	8.93	3.17	9.61	2.04
2004	上海　4.07	四川　12.73	8.66	3.12	9.63	1.99
2005	上海　4.19	贵州　12.51	8.32	2.98	9.57	1.96
2006	上海　4.5	贵州　12.21	7.71	2.71	9.38	1.77

注：本样本剔出了西藏，西藏行政管理费／财政支出属极值。本样本统计值数据按当年的通货膨胀率和价格指数计算。

资料来源：《地方财政资料》，财政部预算司，1993—2006 年。

由表 4-2 可以看出，剔除西藏后，在全国 30 个省、自治区和直辖市中，北京在分税制改革（1994 年）前行政成本较低。分税制改革后，上海取代了北京，行政成本指标最小，基本保持在 4% 左右。这说明，1995—2006 年，上海是行政成本控制最好的地区。相反，山西、贵州两省的行政成本在多数年份都呈现出较高的状态。四川省的行政成本相对支出规模在 2004 年最高，新疆则在 1994 年、1995 年呈现较高的情况。从总体上看，行政成本最大值呈现出下降的趋势，而行政成本最小值基本上在 3%—4.5%，变动不大。从 1993 年到 1996 年，各省标准差变动较大，说明各省差异较大。从 1997 年开始，标准差略微缩小。但是，其值仍然在 2 左右，差异仍然存在。综合而言，1993—2006 年标准差变动总体情况有逐渐缩小的趋势。表 4-2

还揭示了行政成本相对支出规模高低分布相对位置，其结论是：西部省份的行政成本相对支出规模明显高于东部省份。图 4-1 则揭示了 1993—2006 年行政成本相对支出规模的走势。

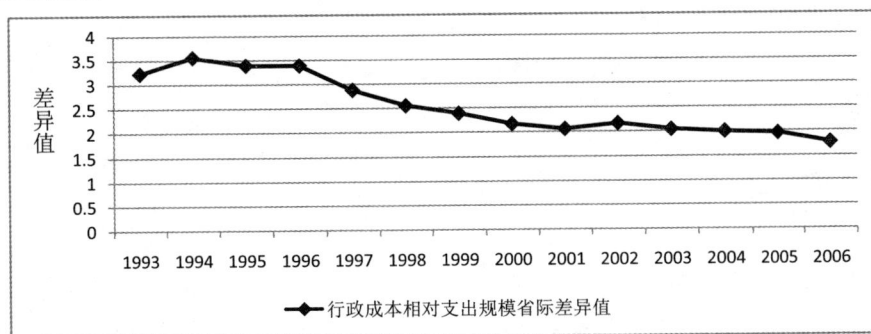

图 4-1 1993—2006 年行政成本相对支出规模省际差异趋势图

从图 4-1 可以看出，在 1993—2006 年，行政成本相对支出规模差异有缓慢下降的趋势。在 1996 年，即分税制后两年，呈现明显下降的趋势，随后缓慢下降。具体而言，1993—1996 年，行政成本相对支出规模省际差异缓慢下降。从 1996 年开始到 2001 年，行政成本相对支出规模省际差异下降得最为迅猛。从 2001 年开始，行政成本相对支出规模省际差异略有提高后下降，基本上稳定在 2% 左右，差异很大。

二、1993—2006 年行政成本相对支出规模分省描述

表 4-3 1993—2006 年分省行政成本相对支出规模差异描述统计一览表
（行政管理费占各省财政支出 %）

省份	最小值 Min		最大值 Max		极差	Max/Min	平均值	标准差
北京	1993	2.3	2005	6.54	4.24	2.84	4.98	1.07
天津	2001	4.75	1994	6.9	2.15	1.45	5.69	0.66
河北	2002	5.02	1994	12.8	7.78	2.55	9.86	1.89
山西	2006	9.03	1994	17.1	8.07	1.89	12.9	2.45
内蒙古	2002	9.61	1995	14.7	5.09	1.53	11.48	1.8
辽宁	1999	5.92	2004	8.12	2.2	1.37	7.18	0.75
吉林	2001	6.68	1994	10.4	3.72	1.56	8.06	1.25
黑龙江	1999	6.52	2006	8.93	2.41	1.37	7.97	0.77
上海	1997	3.26	1993	4.7	1.44	1.44	3.95	0.4
江苏	2001	9.34	1994	11.7	2.36	1.25	10.36	0.77

续表 4-3

省份	最小值 Min		最大值 Max		极差	Max/Min	平均值	标准差
浙江	2001	10.01	1994	13.1	3.09	1.31	11.33	0.96
安徽	1998	9.65	1994	14.8	5.15	1.53	11.27	1.54
福建	2001	7.95	1994	10.6	2.65	1.33	8.9	0.82
江西	2006	8.42	1994	12.9	4.48	1.53	10.01	1.37
山东	2001	9.86	1994	12.3	2.44	1.25	10.83	0.67
河南	2006	10.19	1994	15.8	5.61	1.55	12.29	1.9
湖北	2001	9.23	1994	13.9	4.67	1.51	11.09	1.35
湖南	1997	8.11	1995	12.3	4.19	1.52	10.07	1.04
广东	1998	7.36	2004	10.42	3.06	1.42	8.95	1.02
广西	2002	10	1995	13.4	3.4	1.34	11.22	1.18
海南	2004	9.76	1995	14.5	4.74	1.49	11.22	1.68
重庆	1999	9.02	1997	11.41	2.39	1.26	10.38	0.76
四川	2000	11.35	1994	14.8	3.45	1.30	12.31	0.9
贵州	2001	11.7	1997	15.36	3.66	1.31	13.27	1.29
云南	1993	8.3	1996	11.2	2.9	1.35	9.76	0.81
陕西	2005	9.53	1994	16.3	6.77	1.71	12.29	2.51
甘肃	2004	9.8	1994	14.8	5	1.51	11.9	1.78
青海	2002	8.63	1996	16	7.37	1.85	11.53	2.74
宁夏	2002	6.07	1994	12.9	6.83	2.12	8.46	2.14
新疆	1996	4.8	1994	17.9	13.1	3.73	12	3.22

注：上述统计值只取了小数点后两位，其数据按当年的通货膨胀率和价格指数计算。

资料来源：《地方财政统计资料》，财政部预算司，1993—2006 年。

表 4-3 可以反映出各省在 1993—2006 年 14 年间的行政成本趋势。可以观察到，各省行政成本指数最大值在 1994 年出现的频率最多，正是分税制改革那一年。行政成本相对支出规模最小值的最高频率基本出现在 1996 年之后。在全国 30 个省市之中，只有上海在 14 年间标准差最小。这说明，上海的行政成本指数在此阶段变动不大，行政成本规模稳定。相反，新疆行政成本指数标准差最大，达到了 3.22%。这说明它在这 14 年间，行政成本变动非常大，政府规模控制无序。同时，表 4-3 还揭示出，

西部各省在 14 年间差异较东部各省要大得多。

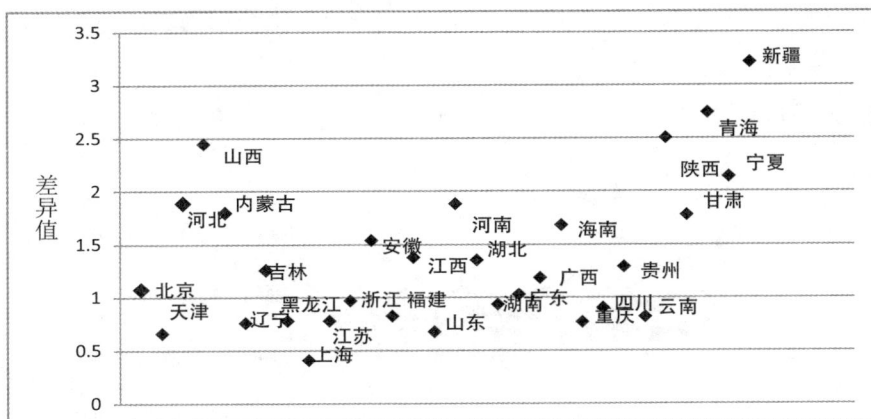

图 4-2　1993—2006 年各省行政成本相对支出规模差异分布图

　　如图 4-2 所示，新疆、青海、陕西、山西、宁夏在 1993—2006 年，行政成本相对支出规模差异最大，其标准差均在 2% 以上，且这五省均属于西部不发达省份。这也说明，西部地区的行政成本相对支出规模不稳定，变动较大，行政成本控制不强。河北，内蒙古、河南、海南、甘肃在 14 年间的变动仅次于此五省。此外，在 1993—2006 年，大部分省份的差异值均集中分布在 0.5%—1.5%。上海是差异最小的地区，其差异值低于 0.5%。同样的结论也可以结合表 4-2 和表 4-3 得到。

　　为了更好地观察行政成本省际差异趋势，笔者对各省的差异值进行了分类归纳发现，各省在行政成本相对支出规模上的差异呈现五种模式：持续上升型，升降后稳型，先降后升型，持续下降型，平稳型。

1. 持续上升型（北京、广东）

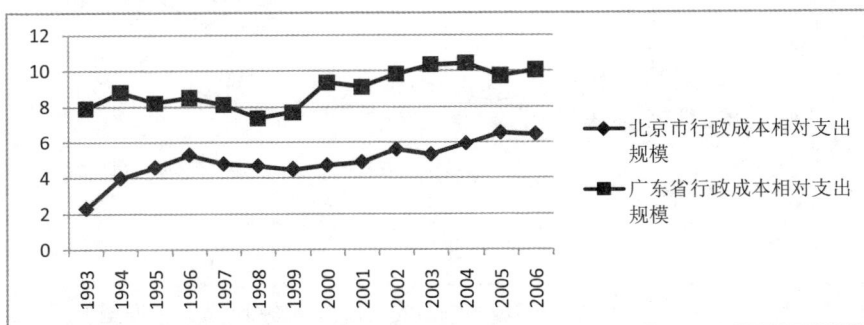

图 4-3　1993—2006 年行政成本相对支出规模趋势图（持续上升型）

从图4-3可以看出，在1993—2006年，北京和广东在行政成本相对支出规模上呈现持续上升的趋势，但上升缓慢。两者差异值范围分别为2.1%—6.2%，8%—10%，广东省的行政成本相对支出规模要高于北京。

2. 升降后稳型（内蒙古、福建、广西、湖南、海南、安徽、江西、贵州、四川）

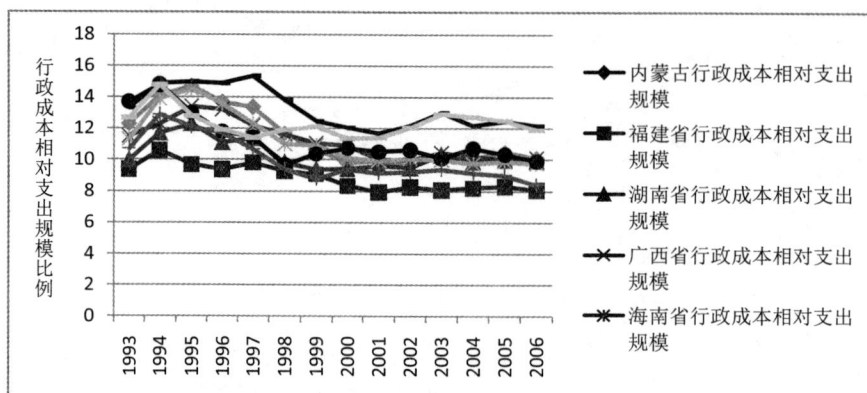

图4-4　1993—2006年行政成本相对支出规模趋势图（升降后稳型）

从图4-4可以看出，1993—2006年行政成本相对支出规模在内蒙古、福建、广西、湖南、海南、安徽、江西、贵州八个省份中呈现出一种先升后降、最后基本稳定的模式。这种模式的转折点都出现在1994年，即行政成本相对支出规模开始下降的时点。较其他省份而言，贵州省行政成本相对支出规模变动较大，随后稳定程度不够。而福建省相对支出规模最小，并且在2001年后开始基本稳定。

3. 升降后升型（辽宁、黑龙江、浙江、湖北、重庆、新疆、云南）

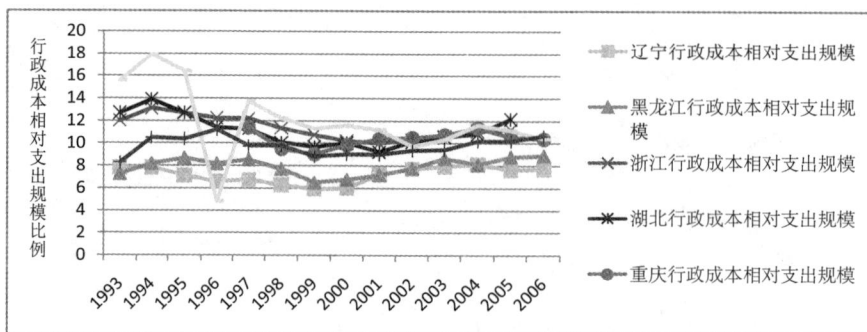

图4-5　1993—2006年行政成本相对支出规模趋势图（先降后升型）

基本上，辽宁、黑龙江、浙江、湖北和重庆七省都经历了先升后降再升的模式。

新疆的行政成本相对支出规模变化最大。它在 1995 年、1996 年，有大幅下降和上升的趋势。其他省份的行政成本相对支出规模差异变化较为稳定，差异值基本在 7%—12.5% 浮动。

4. 持续下降型（山西、河南、陕西、甘肃、青海、宁夏）

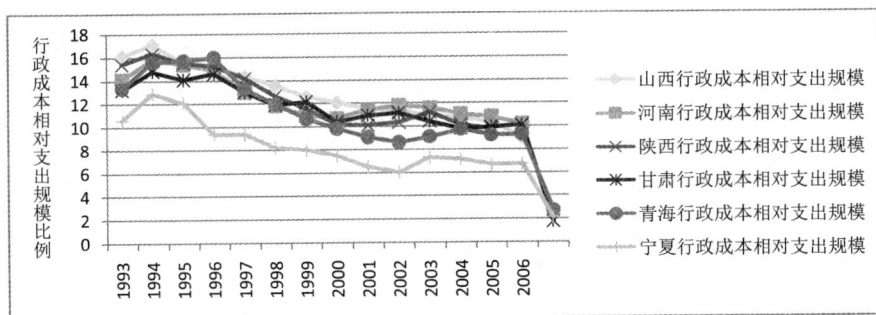

图 4-6　1993—2006 年行政成本相对支出规模趋势图（持续下降型）

从总体上看，山西、河南、陕西、甘肃、青海和宁夏六省在行政成本相对支出规模上均表现为持续下降的模式。虽然，在 1993—1994 年早期，这六省都有略微的上升，并在随后几年有不明显的下降趋势。直到 2005 年，大部分省份都呈现迅速下降的模式。从地理位置上看，这六省均属于中西部省份。

5. 平稳型（江苏、山东、天津）

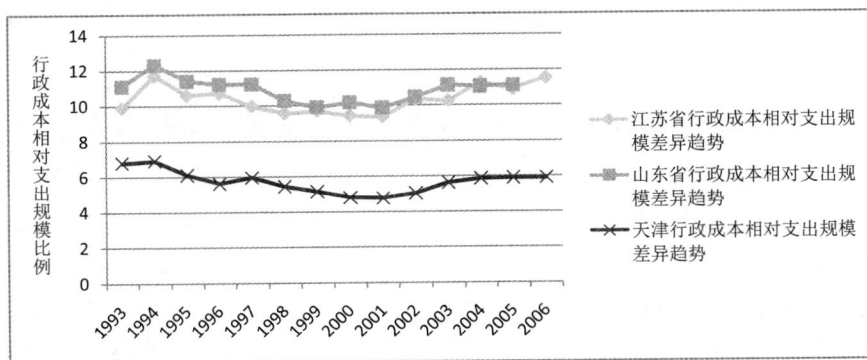

图 4-7　1993—2006 年行政成本相对支出规模趋势图（平稳型）

由图 4-7 可知，江苏、山东、天津三地区的行政成本相对支出规模在 1993—2006 年间的变动并不大，政府规模基本保持稳定的状态。其中天津的行政成本相对支出规模最小，山东省行政成本相对支出规模最大。

三、东、中、西部行政成本相对支出规模描述：年度趋势与省际差异

为了观察不同区域的行政成本相对支出规模差异，笔者将样本进一步细分为东、中、西部地区，观察不同地区省份在行政成本相对支出规模控制上的表现。在对东、中、西部省份差异趋势进行描述时，主要采用标准差来进行测量，考察各年、各省之间离散程度。

1. 东、中、西部地区行政成本相对支出规模分年描述

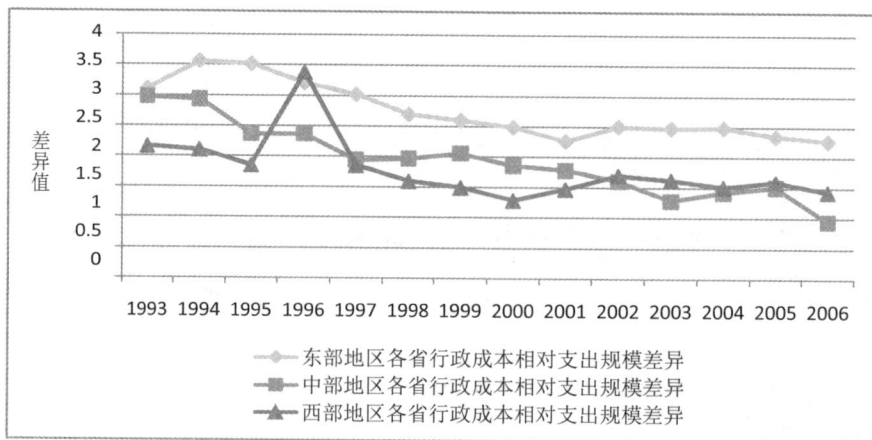

图 4-8 1993—2006 年东、中、西部地区行政成本相对支出规模差异趋势图

根据图 4-8 所示，14 年间，东、中、西部地区各省行政成本相对支出规模均有下降的趋势。具体而言，在 1993—2006 年，东部地区各省行政成本相对支出规模差异最大，其差异值始终维持在 2%—3.5%。中部地区各省与西部地区各省在行政成本相对支出规模上的差异并不稳定，呈现出阶段性的变化。除 1996 年外，在 1993—2001 年，西部各省之间的差异最小，其次是中部地区。2001—2006 年，中部地区各省之间的差异最小，其次是西部地区，最后是东部地区。总体上而言，东部地区各省行政成本相对支出规模差异变动较为稳定，维持在 2.5%—3%。其次是西部地区，除了 1996 年各省差异值达到近 3.5% 外，均维持在 2%—1.4%。最后是中部地区，各省行政成本相对支出规模差异范围为 1%—3%，变动最大。这说明，东部地区各省在控制行政成本上的努力较为接近，行政成本相对支出规模差距不大，步伐一致。相反，中部地区各省的行政成本相对支出规模差距巨大。

2. 东、中、西部地区行政成本相对支出规模分省描述

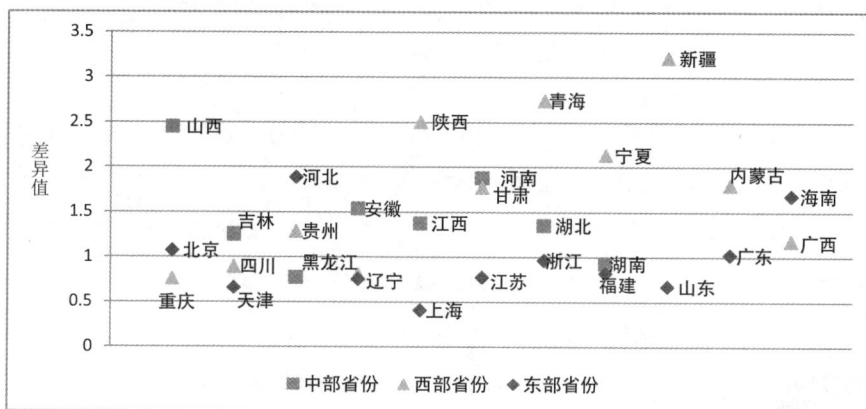

图4-9 1993—2006年东、中、西部地区行政成本相对支出规模分省差异图

从图4-9可以看出，东部省份行政成本相对支出规模差异在0.4%—1.8%，比较低。其中，上海、江苏、福建、山东、辽宁在1993—2006年的行政成本相对支出规模差异最低。中部省份的行政成本相对支出规模差异要略微高于东部省份。而行政成本相对支出规模差异处于比较高的位置的省份都隶属于西部地区，如新疆、青海、陕西、宁夏、内蒙古等。

第二节　人均行政成本负担差异描述

人均行政成本直接表示出各省对行政成本的人均负担状况。它主要采用各省行政管理费 / 各省总人口来予以衡量，其值越大，就表示行政成本的人均负担越重。

表4-4 1993—2006年各省人均行政成本负担数值总表
（行政管理费占各省人口，单位：元）

	1993	1994	1995	1996	1997	1998	1999	2000	2001	2002	2003	2004	2005	2006
北京	18.32	37.29	67.26	92.29	134.81	151.79	166.29	245.39	301.51	398.37	435.85	540.17	552.34	600.70
天津	38.63	57.53	66.86	74.41	96.21	102.50	111.01	123.22	149.75	192.50	228.63	273.61	281.31	337.03
河北	26.48	32.82	37.04	38.73	40.94	45.49	50.85	65.48	81.06	94.86	108.05	135.28	151.06	175.60
山西	41.36	51.15	58.64	66.04	71.86	77.20	80.51	93.52	114.44	144.46	157.62	183.39	224.38	264.32
内蒙古	49.29	58.96	67.42	76.02	91.16	93.57	99.13	116.94	149.24	175.77	213.06	257.74	319.64	357.06
辽宁	35.32	43.30	48.86	50.90	64.78	67.53	84.79	97.56	121.02	148.00	175.25	201.33	236.73	275.39

续表 4-4

	1993	1994	1995	1996	1997	1998	1999	2000	2001	2002	2003	2004	2005	2006
吉林	36.15	43.30	47.67	53.80	58.24	56.92	63.22	72.25	88.58	109.14	125.11	148.11	174.27	214.96
黑龙江	25.85	32.92	42.79	47.43	53.04	56.27	63.64	76.58	101.06	115.52	135.36	155.38	186.76	232.56
上海	43.72	64.64	79.05	95.48	133.13	156.99	184.47	210.49	275.57	324.17	426.37	487.90	438.56	489.56
江苏	24.00	34.60	39.84	48.57	63.50	77.66	90.00	131.73	151.76	190.04	221.94	282.44	327.22	394.88
浙江	30.76	47.78	54.96	61.49	86.13	113.90	130.94	176.82	222.96	269.60	324.95	384.06	420.80	453.66
安徽	17.51	23.77	30.58	35.01	43.10	45.52	57.50	70.36	84.09	93.46	100.83	120.06	142.90	172.98
福建	34.64	46.90	54.00	60.18	79.65	86.50	102.35	113.70	127.37	148.93	154.96	168.69	182.11	211.68
江西	23.38	31.50	35.67	40.59	45.36	47.73	55.50	75.16	99.32	101.99	111.45	122.75	145.98	167.03
山东	24.28	31.33	36.72	46.29	59.52	63.47	69.36	90.19	115.23	122.96	142.50	160.08	189.75	222.08
河南	23.65	30.11	35.60	41.65	43.13	44.89	49.63	61.20	73.29	90.27	96.63	108.23	138.42	166.77
湖北	26.02	33.80	36.51	38.97	44.64	56.03	70.51	80.43	101.58	118.96	121.21	163.63	216.05	252.29
湖南	21.98	29.91	35.53	47.22	47.46	50.24	60.98	73.62	91.57	108.50	120.12	135.95	169.47	200.67
广东	41.36	56.79	66.42	76.39	110.59	122.04	158.05	201.78	250.36	306.77	344.00	371.36	341.95	385.58
广西	28.15	35.04	42.06	45.89	55.41	59.11	62.12	71.35	89.50	112.12	121.22	148.33	166.13	175.84
海南	70.05	86.95	95.22	95.07	98.59	96.32	98.37	115.31	119.43	144.11	163.89	197.57	226.25	268.57
重庆					16.80	52.86	66.86	86.88	102.67	125.54	142.26	164.33	211.10	255.69
四川	24.26	32.15	32.50	35.05	118.18	53.85	66.53	74.61	99.08	120.41	132.57	152.40	183.98	214.41
贵州	26.80	32.84	37.97	42.56	52.88	60.26	66.11	78.04	97.88	113.56	126.23	144.39	187.97	213.92
云南	44.58	54.85	63.40	77.06	87.41	92.19	93.99	102.71	124.62	139.10	150.85	179.31	194.14	227.72
陕西	34.06	40.17	46.47	54.86	61.27	65.24	72.32	83.68	110.28	122.89	139.09	154.02	176.44	220.81
甘肃	35.87	45.29	48.82	54.72	58.88	64.57	83.25	84.91	108.00	123.90	128.58	140.29	171.04	211.19
青海	66.75	86.69	99.23	111.86	107.92	114.28	126.81	147.19	197.46	215.73	226.27	272.17	293.00	364.01
宁夏	40.59	50.67	55.01	53.16	61.92	74.15	78.96	93.44	120.20	132.43	153.01	161.16	203.16	235.87
新疆	64.17	79.48	98.91	101.36	108.32	109.17	115.92	193.42	178.85	210.18	223.12	281.05	318.88	372.10

注：本样本剔出了西藏，属极值。

资料来源：《地方财政统计资料》，财政部，预算司，1993—2006 年。

一、人均行政成本分年描述

（一）人均行政成本省际差异分年描述

表 4-5　分年各省人均行政成本负担差异描述统计一览表
（人均行政管理费支出，单位：元 ）

年份	最小值　Min		最大值　Max		极差	Max/Min	平均值	标准差
1993	安徽	17.51	海南	70.05	52.53	3.99	35.1	13.79
1994	安徽	23.77	海南	86.95	63.17	3.66	47.43	17.46
1995	安徽	30.58	青海	99.28	68.65	3.25	53.83	19.79
1996	安徽	35.01	青海	111.86	76.85	3.19	60.79	21.71
1997	重庆	16.8	北京	134.81	118.01	8.02	73.16	29.73
1998	河南	44 .89	上海	156.99	112.10	3.49	78.61	30.79
1999	河南	49.63	上海	184.47	134.84	3.72	89.33	34.9
2000	河南	61.19	北京	245.39	184.19	4.01	110.26	48.79
2001	河南	73.29	北京	301.51	228.21	4.11	134.92	58.93
2002	河南	90.27	北京	398.37	308.09	4.41	160.47	75.24
2003	河南	96.63	北京	435.85	339.22	4.51	181.69	90.41
2004	河南	95.51	北京	540.17	431.94	4.99	213.17	108.09
2005	河南	138.42	北京	522.34	413.92	3.99	239.06	99.07
2006	河南	166.76	北京	600.69	433.93	3.6	277.83	106.48

注：本样本剔出了西藏。本样本统计值数据按当年的通货膨胀率和价格指数计算。
资料来源：《地方财政统计资料》，财政部预算司，1993—2006 年。

从表 4-5 可以看出，在 1993—2006 年，人均行政成本负担平均水平呈现上升的态势，最高达到 277.83 元。同时，省际差异也较大，标准差最高达到了 108.09 元。在 1997 年之前，海南省和青海省一直是人均行政成本负担最高的省份。从 1997 年开始，北京开始取代这一位置（除 1998 年、1999 年外，上海人均行政成本负担最大）。这充分证明发达地区的盘子大、政府运转成本较高，人均行政成本负担较重。相反，1997 年以前，安徽省属于人均行政成本负担最小的省份。1997 年，重庆成为直辖市后取代了这一位置。随后数年，人均行政成本最小的省份一直是河南省。可以看出，人均行政成本最小值出现在中部地区，而人均行政成本最大值基本上都隶属于东部省份。而且，人均行政成本最小值和最大值之间的差距也非常大。从 1997 年开始，两者之间的差异超过了 100 元。

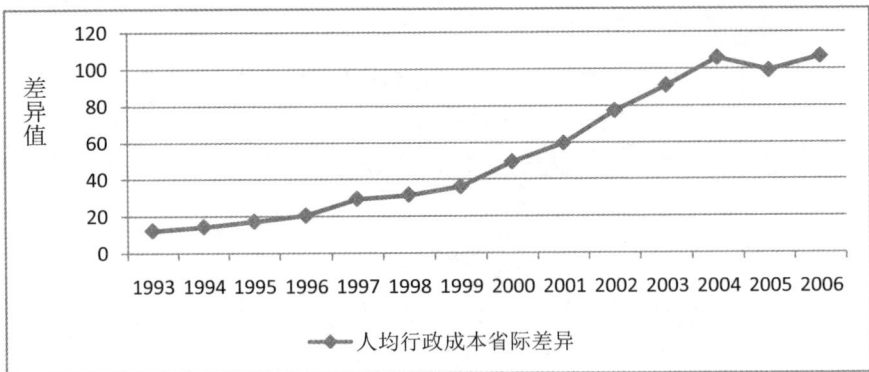

图 4-10　1993—2006 年人均行政成本负担省际差异趋势图

从图 4-10 可以看出，人均行政成本省际差异呈现出持续上升的趋势。在 1993—
1999 年，人均行政成本省际差异缓慢上升。自 1999 年开始，上升速度明显加快，在
2004 年有略微的下降后反弹。

二、人均行政成本分省差异描述

表 4-6　1993—2006 年分省人均行政成本负担差异描述统计一览表
（人均行政管理费，单位：元）

省份	最小值 Min		最大值 Max		极差	Max/Min	平均值	标准差
北京	1993	18.32	2006	600.69	582.37	32.78	267.31	203.95
天津	1993	38.67	2006	337.03	298.39	8.72	152.37	94.62
河北	1993	26.48	2006	175.6	149.12	6.63	77.41	48.49
山西	1993	41.36	2006	264.32	222.97	6.39	116.35	68.84
内蒙古	1993	49.29	2006	357.06	307.76	7.24	151.79	99.58
辽宁	1993	35.32	2006	275.39	240.06	7.79	117.91	77.76
吉林	1993	36.15	2006	214.96	178.81	5.95	92.27	54.73
黑龙江	1993	25.85	2006	232.56	206.71	8.99	94.65	62.81
上海	1993	43.72	2006	489.56	445.84	11.19	243.58	162.76
江苏	1993	24	2006	394.88	370.88	16.45	148.44	118.95
浙江	1993	30.76	2006	453.66	422.89	14.75	198.49	148.23
安徽	1993	17.51	2006	172.98	155.46	9.88	74.12	47.26
福建	1993	34.64	2006	211.68	177.04	6.11	112.26	55.17

省份	最小值 Min		最大值 Max		极差	Max/Min	平均值	标准差
江西	1993	23.38	2006	167.03	143.66	7.15	78.81	46.01
山东	1993	24.28	2006	222.09	197.81	9.15	101.19	59.75
河南	1993	23.65	2006	166.77	143.11	7.05	71.68	43.12
湖北	1993	26.02	2006	252.29	226.28	9.69	97.19	70.86
湖南	1993	21.98	2006	200.67	178.69	9.13	85.23	54.87
广东	1993	41.36	2006	385.58	344.22	9.32	202.39	128.06
广西	1993	28.15	2006	175.84	147.69	6.25	86.59	49.79
海南	1993	70.05	2006	268.57	198.53	3.83	133.98	59.15
重庆	1997	16.8	2006	255.69	238.89	15.22	122.5	73.42
四川	1993	24.26	2006	214.41	190.15	8.84	95.71	60.42
贵州	1993	15.81	2006	213.31	187.12	7.98	91.53	58.84
云南	1993	44.58	2006	227.72	183.14	5.11	116.57	55.18
陕西	1993	34.06	2006	220.81	186.74	6.48	98.69	56.88
甘肃	1993	35.87	2006	211.19	175.32	5.89	97.09	52.33
青海	1993	66.75	2006	364.01	297.25	5.45	173.53	89.61
宁夏	1993	40.59	2006	235.87	195.28	5.81	108.12	61.38
新疆	1993	64.17	2006	372.09	307.93	5.79	175.35	95.91

注：上述统计值只取了小数点后两位，其数据按当年的通货膨胀率和价格指数计算。

资料来源：《地方财政统计资料》，财政部预算司，1993—2006 年。

显而易见，人均行政成本负担随着年份的增长而升高。所以，各省人均行政成本的最高值和最低值均出现在 1993 年和 2006 年（因为重庆在 1997 年被确立为直辖市，所以其人均行政成本最小值出现在 1997 年）。在 1993—2006 年，人均行政成本负担变化非常大，最大值和最小值比均超过 5。重庆、浙江、江苏、上海、北京的人均行政成本负担最大值和最小值比例则超过了 10。这些数据说明东部各省在 14 年间人均行政成本负担变化相当大，远高于中西部省份。通过对人均行政成本负担平均值的观察发现，除了河南、安徽、河北、江西中部省份之外，其他省份的人均行政成本负担在 14 年间的平均值均在 100 元左右。只有广东、上海、北京三地的人均行政成本负担平均值超越了 200 元。这表明，发达地区的行政成本人均负担非常高，符合之前的分年描述结论。

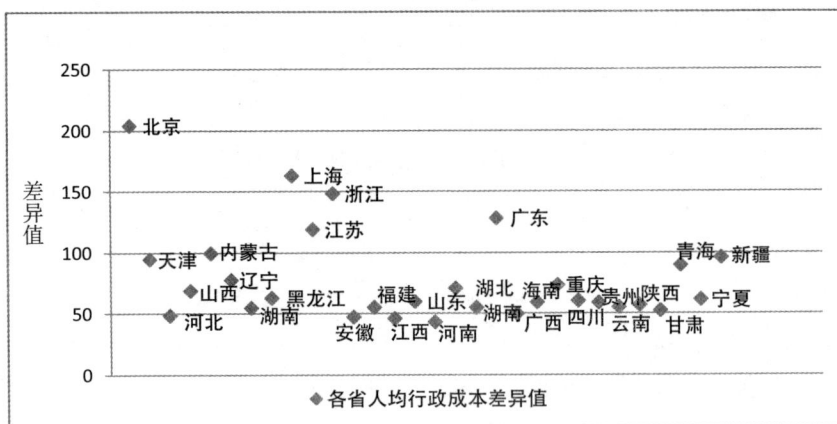

图 4-11　1993—2006 年人均行政成本负担分省差异分布图

从图 4-11 可以观察到，在 1993—2006 年，北京的人均行政成本负担差异最大，即在 14 年间政府运作规模变动最大。除北京外，上海、浙江、江苏、广东四省人均行政成本负担差异值也高于其他省份，基本支持之前结论。此外，图 4-11 还可以看到，中西部省份的人均行政成本相对较低，其差异值基本上集中在 50 左右。这表明，中西部各省的人均行政成本负担较低而且政府规模变动不大。

三、东、中、西部地区人均行政成本省际差异描述：年度趋势与省际差异

东、中、西分地区描述为我们揭示了人均行政成本省际差异的另一幅图景。

1. 东、中、西部省份人均行政成本差异分年描述

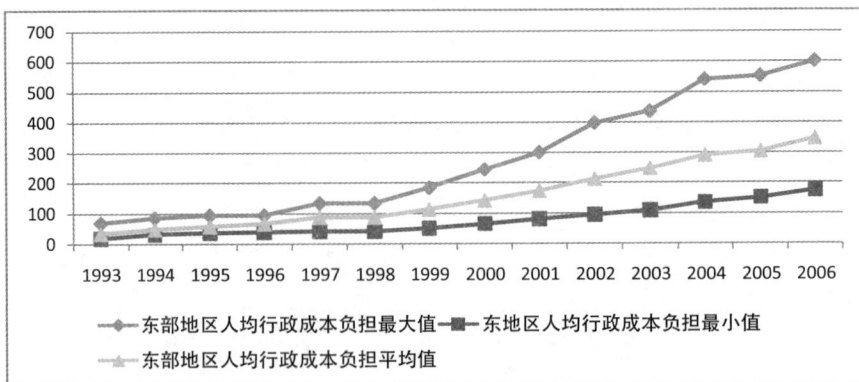

图 4-12　1993—2006 年东、中、西部地区人均行政成本负担分年差异图

图 4-12 按区域对人均行政成本负担省际差异进行了描述。由图可知，在 1993— 年，中部地区人均行政成本负担省际差异始终最小。其差异值在 13—40。而在 1993— 1997 年，西部地区人均行政成本负担省际差异略微高于东部地区。在 1998 年之后，东部地区人均行政成本负担省际差异超越了西部地区，并拉开了较大的距离。其最高值出现在 2004 年，达到了约 140。中部地区人均行政成本负担省际差异在 1993— 2000 年都较为稳定。自 2001 年开始缓慢上升。而西部地区人均行政成本负担省际差异最不稳定。在 1997 年到 1998 年有略微下降的趋势，于 1999 年后开始平稳上升，2003 年后升高较快。总体看来，三个地区的人均行政成本省际差异呈现出增加的态势。

2. 东、中、西部地区人均行政成本差异分省描述

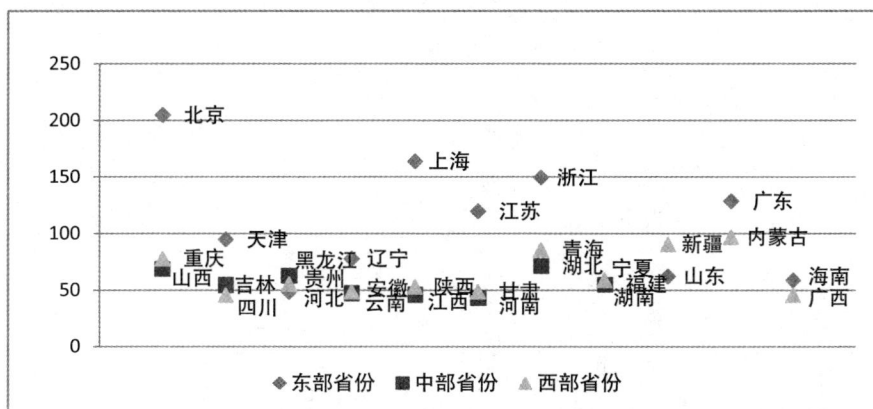

图 4-13　1993—2006 年东、中、西部地区人均行政成本负担差异分省差异图

从图 4-13 可以看出，东部省份，北京、上海、浙江、江苏、广东、天津仍然处于较高的位置。即东部省份的人均行政成本负担在 14 年间的变化高于其他地区。中西部地区在 14 年间人均行政成本差异不大，基本在 50 左右浮动，较东部省份要低得多。

第三节　行政成本结构省际差异描述：人员与公用

行政成本相对支出规模和人均行政成本负担均是对行政成本省际差异的总体情况描述。为了更加细致地揭示其省际差异现状，笔者将行政成本指标分解为人员和公用两个指标进行更为细致的观察，以便找到省际差异的根源，为今后的改革方向提供政策建议。

表 4-7　1993—2006 年各省人员支出数值总表

（人员支出，单位：万元）

	1993	1994	1995	1996	1997	1998	1999	2000	2001	2002	2003	2004	2005	2006
北京	11695	21592	41541	54725	61398	80906	192446	127326	149751	175027	286716	325546	432228	418909
天津	12150	22003	35178	41784	48342	75752	127254	72085	89807	69024	88743	110839	124376	123699
河北	65196	104687	151872	154680	155149	168248	100864	232129	271289	284640	370248	458181	553771	446381
山西	42881	70879	99966	113355	110239	117447	173186	166170	197310	198987	262915	318413	418493	329106
内蒙古	39067	50540	79755	85615	87628	88881	77263	115938	156051	164803	290683	367638	492124	272302
辽宁	43943	66656	113527	113848	125818	133269	148760	196710	236849	245707	395963	437591	520295	466660
吉林	25379	41831	62392	74087	72819	69411	129014	86280	107761	126637	188740	239956	296756	198837
黑龙江	33300	49549	97897	107359	110207	121592	309065	167093	224630	172947	216735	264630	337149	328530
上海	20975	34027	62927	72477	84192	103650	251788	151897	195028	216123	259902	281978	344380	443898
江苏	51413	93647	145081	179384	208347	254741	176823	424539	481594	500560	851542	1076683	1288007	1097374
浙江	34267	76540	116208	132330	167068	211193	140965	313830	430112	439680	780959	855595	1044279	819690
安徽	34496	57218	100465	112495	122538	133060	125981	224071	284751	266024	312517	357629	419690	405852
福建	32066	51791	86084	96172	122106	128338	291331	156134	182275	185415	293625	304031	356714	272220
江西	35246	60550	81598	95745	95431	101292	236413	157039	189013	198672	241265	274154	332652	281859
山东	77854	119412	77696	226875	243106	260264	232102	344429	386321	386674	755931	861550	1003105	714530

续表4-7

	1993	1994	1995	1996	1997	1998	1999	2000	2001	2002	2003	2004	2005	2006
河南	77483	114580	187181	211180	201572	210702	181669	275823	310760	341052	545444	626147	802225	472280
湖北	61727	98415	131456	130953	147711	179185	442082	246666	308758	318251	356092	508658	635948	516056
湖南	55097	80224	118602	133061	147776	149520	124855	208179	255847	294772	422782	473815	586564	499289
广东	82936	141913	213515	237470	276701	320844	31504	562510	666631	804812	1598056	1677923	1799040	1305621
广西	43216	63491	92278	94306	95317	110504	124855	143405	210834	213454	300136	415748	441135	297158
海南	10599	16297	29193	29086	28686	34850	31504	37788	41410	47584	67380	89195	110301	74380
重庆					176587	58788	75845	128653	128630	200600	289127	332466	382745	256138
四川	85287	150561	218332	221517	51256	217084	275421	442522	422922	411585	579548	672190	800980	657808
贵州	29305	44746	75093	79505	84181	96685	116282	136228	182464	170528	239429	279346	353043	253935
云南	55821	83601	129478	164821	150459	168098	181688	198077	245117	240684	325408	389448	472715	423147
陕西	40850	60879	85255	96248	103219	107837	127786	148345	198747	170008	253257	289957	339238	319010
甘肃	32168	50610	68348	75662	72585	84619	117318	114663	158354	111751	146849	163587	212789	250950
青海	10249	17490	25512	29482	24871	27152	33067	36764	53528	37177	47921	62951	78834	96978
宁夏	6977	11198	14916	12141	13072	102813	18605	22063	30784	33013	47929	47943	69023	57216
新疆	36374	50639	93336	99269	91227	62058	106530	124764	176810	145402	196868	271289	343119	335075

注：本样本剔出了西藏，属极值。

资料来源：《地方财政统计资料》，财政部，预算司，1993—2006年。

一、人员支出省际差异描述分析

表 4-8　1993—2006 年各省行政成本人员相对支出规模数值总表
（人员支出占各省财政支出 %）

	1993	1994	1995	1996	1997	1998	1999	2000	2001	2002	2003	2004	2005	2006
北京	1.41	4.7	3.60	3.62	3.36	3.52	6.83	3.69	3.29	3.27	4.83	4.37	4.7	3.74
天津	2.37	4.38	5.68	5.28	5.37	7.47	11.28	5.39	5.48	4.01	4.33	4.5	3.74	2.96
河北	4.58	10.99	12.66	10.19	8.81	8.13	4.51	9.33	9.56	9.41	11.02	11.23	10.73	7.19
山西	5.66	13.16	13.84	13.46	11.87	11.27	15.86	14.51	14.86	13.19	14.13	12.42	11.36	5.64
内蒙古	4.42	13.92	18.24	14.95	13.26	11.44	8.92	12.19	15.69	14.6	20.95	18.68	17.73	7.93
辽宁	2.42	4.33	6.15	5.37	5.51	5.03	5.31	6.65	6.39	6.14	8.85	8.26	7.7	5.71
吉林	2.46	8.15	9.85	9.69	8.78	7.41	12.73	8.31	8.89	9.63	12.25	14.43	14.32	8.11
黑龙江	2.66	5.85	9.66	8.46	8.09	7.73	18.16	9.01	10.51	7.45	8.71	9.14	10.59	8.91
上海	1.75	2.01	2.86	2.58	2.53	2.72	5.99	3.12	3.19	3.04	2.93	2.54	2.42	2.81
江苏	3.13	6.85	8.40	8.03	8.15	8.58	5.14	9.46	8.41	7.77	10.66	10.98	9.73	6.62
浙江	2.74	8.08	9.94	9.47	10.61	10.66	5.74	9.15	8.59	7.75	11.05	10.61	9.79	6.31
安徽	4.79	10.46	11.98	9.81	8.72	8.35	7.22	12.53	14.81	13.28	14.15	13.02	12.56	9.48
福建	2.81	5.63	7.33	6.76	7.49	6.82	13.94	6.66	6.64	6.79	9.63	9.12	8.24	5.03
江西	4.30	12.28	12.72	12.41	10.79	10.42	22.48	14.07	14.32	14.13	14.34	13.32	13.15	9.22
山东	4.13	8.86	4.34	9.38	8.37	7.38	5.73	7.42	6.73	6.33	10.59	10.4	9.34	5.26
河南	5.24	12.27	15.01	13.03	10.85	10.12	8.13	11.19	11.61	11.49	16.13	14.6	14.92	6.95
湖北	5.38	12.7	13.18	10.51	10.55	10.60	22.73	11.51	13.31	13.07	13.71	16.38	16.93	10.83
湖南	4.17	9.34	10.96	10.20	10.77	9.53	7.49	11.75	12.45	12.75	15.73	14.77	14.83	10.44
广东	2.50	4.75	5.58	4.95	5.08	5	0.41	6.17	5.74	6.69	12.14	11.82	9.95	5.99
广西	4.02	10.19	11.61	10.41	9.61	9.23	9.34	9.75	11.80	11.43	14.73	17.48	15.58	8.67
海南	2.75	5.91	10.23	9.47	9.29	10.34	8.71	9.63	9.46	10.29	13.12	15.63	16.06	9.09
重庆					29.77	8.26	9.88	14.74	12.12	15.91	17.89	16.57	14.9	8.06
四川	4.06	11.07	13.06	10.59	2.96	11	13.02	18.92	15.59	14.1	17.21	17.42	16.69	10.82
贵州	4.34	14.32	19.35	16.07	15.06	14.79	15.65	15.98	18.29	15.74	19.22	18.71	19.34	11.19
云南	2.78	10.89	13.16	12.67	10	9.99	10.52	10.95	12.81	11.64	14.21	14.78	15.11	11.13

	1993	1994	1995	1996	1997	1998	1999	2000	2001	2002	2003	2004	2005	2006
陕西	5.41	14.29	16.61	14.23	13.48	11.55	12.01	12.9	14.63	11.31	14.28	13.48	12.32	8.8
甘肃	5.09	17.40	20.14	17.44	15.47	15.66	20.10	18.71	22.63	14.65	16.75	15.71	17.22	17.77
青海	4.54	24.95	29.66	30.77	22.77	21.25	23.32	22.16	27	17.62	19.93	23.31	23.31	22.95
宁夏	3.59	15.61	16.61	9.57	9.28	57.91	9.87	10.59	11.16	12.47	15.95	12.79	14.46	9.32
新疆	5.62	17.64	24.38	20.54	16.73	9.49	14.93	15.77	18.59	12.48	15.35	17.42	19.02	15.26

注：本样本剔出了西藏，西藏行政管理费/财政支出属极值。

资料来源：《地方财政统计资料》，财政部，预算司，1993—2006 年。

（一）人员支出省际差异分年描述

1. 人员支出差异总体情况一览表

表 4-9　分年各省人员支出差异描述统计一览表

（人员支出，单位：万元）

	最小值　Min		最大值　Max		极差	Max/Min	平均值	标准差
1993	宁夏	6977	四川	85287	78310	12.22	40966.1	22225.68
1994	宁夏	11198	四川	150561	139363	13.45	65709.17	36449.32
1995	宁夏	14916	四川	218332	203416	14.64	97747.66	51169.22
1996	宁夏	12143	广东	237470	225329	19.56	112952.8	59855.54
1997	宁夏	13072	广东	324706	263629	21.17	115986.9	63127.75
1998	宁夏	16353	广东	320844	304491	19.62	130829.4	72093.86
1999	宁夏	18605	广东	442082	423477	23.76	157025.9	92746.22
2000	宁夏	22603	广东	562510	540447	25.49	187204.6	117429.6
2001	宁夏	30784	广东	666631	635847	21.66	232471.3	138321.8
2002	宁夏	34074	广东	804812	770738	23.62	242505	157539.4
2003	宁夏	38694	广东	950010	911316	24.55	271782.6	185993.3
2004	宁夏	48110	广东	1099336	1054226	24.37	321031.3	225005.6
2005	宁夏	48171	广东	1205355	1157184	25.02	367273.4	255790.3
2006	宁夏	57216	广东	1305621	1248405	22.82	414496.3	278802.5

注：本样本剔出了西藏。本样本统计值数据按当年的通货膨胀率和价格指数计算。

资料来源：《地方财政统计资料》，财政部预算司，1993—2006 年。

从表 4-9 可以看出，1993—2006 年，人员支出最小的是西部的宁夏回族自治区。人员支出最大的是四川省（1996 年之前）和广东省（1996 年之后）。最大值和最小值之间比值达到 20 左右。1993—2006 年，人员支出平均水平和各省人员支出差异逐渐增加。

2. 人员相对支出规模差异一览表

人员支出描述只能观察整体趋势。为了更好地理解人员支出的发展现状，笔者对人员支出在财政支出中的比重进行分析，以帮助辨明行政成本的支出偏好及其重点变化。

表 4-10　分年各省人员相对支出差异描述统计一览表
（各省人员支出 / 各省财政支出 %）

年份	最小值	Min	最大值	Max	极差	Max/Min	平均值	标准差
1993	北京	1.41	山西	5.66	4.25	4.01	3.76	1.23
1994	上海	2.00	青海	24.95	22.95	12.44	10.38	5.01
1995	上海	2.86	青海	29.67	26.80	10.35	12.30	6.16
1996	上海	2.58	青海	30.77	28.19	11.91	11.03	5.55
1997	上海	2.53	重庆	29.77	27.24	11.75	10.45	5.61
1998	上海	2.72	青海	21.25	18.53	7.80	9.60	3.70
1999	上海	3.07	青海	23.33	20.25	7.59	10.28	4.28
2000	上海	3.12	青海	22.16	19.03	7.08	10.82	4.21
2001	上海	3.2	青海	27.00	23.80	8.43	11.82	5.41
2002	上海	3.04	青海	26.44	23.39	8.67	11.16	5.11
2003	上海	3.23	青海	25.05	21.81	7.73	10.60	4.60
2004	上海	3.12	青海	24.83	21.71	7.94	10.24	4.33
2005	上海	2.8	青海	22.76	19.95	8.10	9.33	4.10
2006	上海	2.81	青海	22.95	20.14	8.15	8.74	4.20

注：本样本剔出了西藏。本样本统计值数据按当年的通货膨胀率和价格指数计算。
资料来源：《地方财政统计资料》，财政部预算司，1993—2006 年。

从表 4-10 可以看出，在 1993 年，人员相对支出规模最小值和最大值分别是北京和山西。这一年的所有统计值都远远小于 1994—2006 年的统计值。在 1994—2006 年间，上海和青海取代了北京和山西的位置，分别拥有最小和最大人员相对支出规模。人员相对支出规模最小值出现在东部地区，而最大值实在出现在西部地区。两者极差相当大，但在 1998 年后，有缩小的趋势。通过平均值可以看出，人员相对支出规模水平在 1998 年有下降后又上升，始终维持在 10% 左右。2005 年和 2006 年是差异较大的两年。在 1994—1997 年间，标准差较大，在 5% 附近浮动。1998 年之后，人员相对支出规模虽然有缩减的趋势，但是仍然很大，达到了 4%，差异很大。

（二）人员支出省际差异分省描述

1. 人员支出差异分省描述

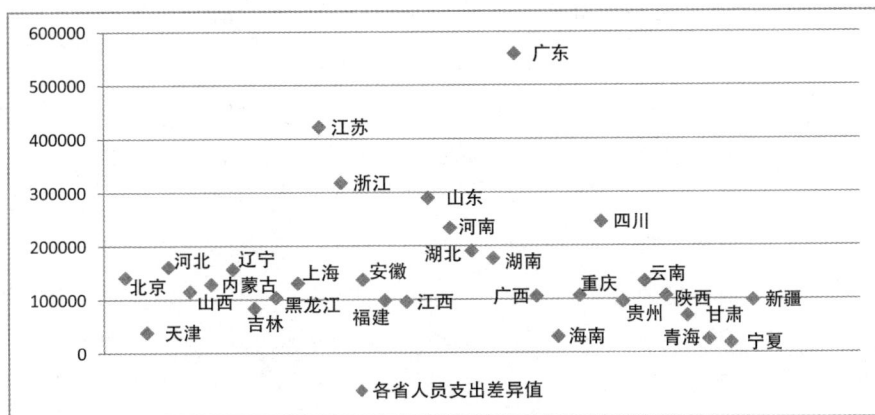

图 4-14　1993—2006 年人员支出省际差异分布图

由图 4-14 可知，在 1993—2006 年，广东省人员支出差异最大，高于 500 000 元。其次是江苏省、浙江省、山东省，均属于东部省份。不过，东部地区的北京、上海等地方人员支出在 14 年间的差异并不大。和北京、上海相似，西部省份新疆、云南、贵州、陕西、重庆、甘肃、宁夏、青海、广西的人员支出差异值均聚集于 100 000 元左右，处于比较低的水平，即其差异变动不大，人员支出规模稳定。其中，宁夏是人员支出差异最小的省份。除东、西部地区之外，中部省份的人员支出大多集中在 100 000—200 000 元。

2. 人员相对支出差异分省描述

表 4-11　1993—2006 年分省人员相对支出差异描述统计一览表

（各省人员支出 / 各省财政支出 %）

省份	最小值 Min		最大值 Max		极差	Max/Min	平均值	标准差
北京	1993	1.41	1994	4.71	3.29	3.33	3.51	0.71
天津	1993	2.37	1998	7.47	5.10	3.15	4.64	1.34
河北	1993	4.58	1995	12.66	8.08	2.76	9.05	1.86

续表 4-11

省份	最小值 Min		最大值 Max		极差	Max/Min	平均值	标准差
山西	1993	5.66	2000	14.86	9.22	2.62	11.26	3.07
内蒙古	1993	4.42	1995	18.25	13.82	4.12	12.23	3.52
辽宁	1993	2.42	2000	6.65	4.22	2.74	5.63	1.12
吉林	1993	2.46	1995	9.85	7.39	4.00	8.16	1.81
黑龙江	1993	2.66	2001	10.51	7.84	3.94	7.99	1.87
上海	1993	1.75	2003	3.23	1.48	1.84	2.77	0.44
江苏	1993	3.13	2000	9.47	6.33	3.02	7.64	1.51
浙江	1993	2.74	1998	10.66	7.92	3.89	8.31	2.09
安徽	1993	4.79	2001	14.81	10.03	3.09	10.70	2.49
福建	1993	2.81	1995	7.49	4.67	2.66	6.23	1.18
江西	1993	4.30	2001	14.32	10.02	3.32	11.43	2.57
山东	1993	4.13	1996	9.38	5.25	2.27	6.71	1.55
河南	1993	5.24	1996	15.02	9.77	2.86	10.48	2.47
湖北	1993	5.38	2001	13.31	7.92	2.47	11.53	2.05
湖南	1993	4.13	2002	12.75	8.57	3.06	10.63	2.14
广东	1993	2.50	2004	7.75	5.24	3.09	5.7	1.28
广西	1993	4.02	2001	11.8	7.78	2.93	9.72	1.90
海南	1993	2.75	2004	10.62	7.87	3.86	8.96	2.13
重庆	2006	7.50	1997	29.77	22.27	3.96	11.56	6.61
四川	1993	2.96	2001	15.58	12.63	5.26	11.52	3.74
贵州	1993	4.34	1995	19.35	15.00	4.45	13.93	3.62
云南	1993	2.78	2004	13.30	12.28	4.78	11.08	2.65
陕西	1993	5.41	1995	16.61	10.52	3.06	12.14	2.81
甘肃	1993	5.09	2001	22.64	11.20	4.45	17.61	4.18
青海	1993	4.54	1996	30.77	17.54	6.76	23.47	6.11
宁夏	1993	3.59	1995	16.61	26.22	4.62	10.91	3.15
新疆	1993	5.62	1995	24.38	18.76	4.34	16.25	4.05

注：上述统计值只取了小数点后两位，其数据按当年的通货膨胀率和价格指数计算。

资料来源：《地方财政统计资料》，财政部预算司，1993—2006年。

根据表 4-11 可以看出，人员相对支出规模最小值均出现在 1993 年，最大值出现的年份却没有规律可循。在 30 个省、自治区中，北京的极差最小，重庆的极差最大。总体而言，西部地区的极差要高于东部地区。这说明，西部人员相对支出规模要大于东部地区。就标准差而言，上海、北京的标准差最小，分别为 0.44% 和 0.71%。即上海、北京的人员相对支出规模在 14 年间变化最小，而重庆、青海标准差最大，分别达到 6.61% 和 6.11%，表明这两个地方在 14 年间人员相对支出规模变动最大。除青海、重庆外，贵州、宁夏、新疆等西部地区的人员相对支出规模标准差也是相当之大。显然，西部地区的人员相对支出规模在 14 年间的变动差异要大于东部地区。

为了更好地观察人员相对支出规模，笔者对 30 个省、自治区的人员相对支出规模态势进行了细分。经过梳理，1993—2006 年人员相对支出规模省际差异可以在省中区分为这样几种模式：先升后稳渐升型，升降升降型（M 型），升降渐稳型，先升后降型，持续上升型，升稳后降型。

第一，先升后稳渐升型。主要为河北、辽宁、黑龙江、江苏、浙江、福建、吉林、湖北、湖南、海南和云南。

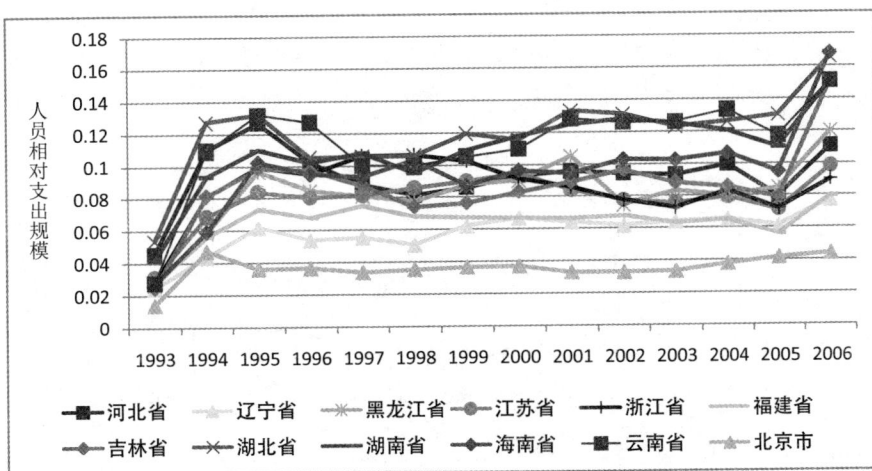

图 4-15　1993—2006 年人员相对支出规模（先升后稳渐升型）

从图 4-15 可以看出，这些省份趋势稳定，在 1994 年有大幅上升，然后，在 2005 年略有上升。呈现这些特征的东部省份居多，其次是中部省份。数据说明，东部地区在人员相对支出规模控制较为稳定。

第二，升降升降型（M型）。主要为山西、内蒙古、河南、广西、贵州、陕西、四川、山东、江西、安徽、河南。

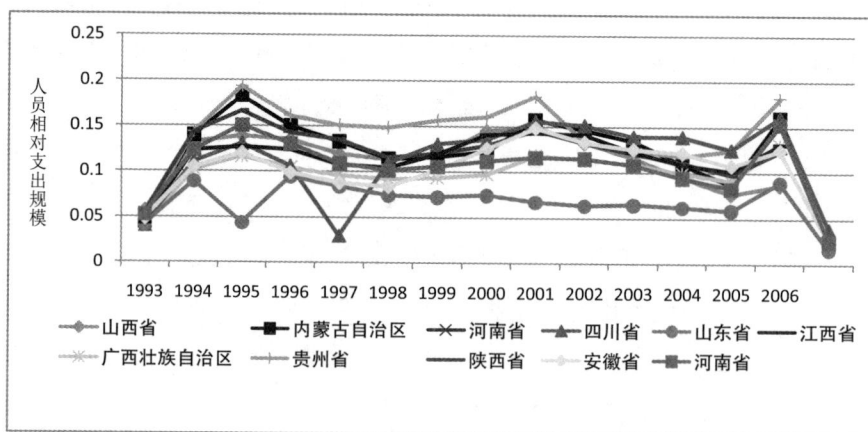

图 4-16　1993—2006 年人员相对支出规模趋势图（升降升降型，M 型）

从图 4-16 可以看出，人员相对支出规模在 1994 年、1995 年有所升高，然后下降。在经历一个平缓阶段后，于 2001 年左右再次上升，2003 后下降，最后在 2005 年再次上升，呈现一个双峰 M 型的特征。除了山东省以外，剩余省份均属于中西部省份，表明大部分西部省份和一部分中部地区人员相对支出规模控制并不稳定，升升降降，控制无序。

第三，升降渐稳型。表现为此特征的是甘肃、青海、宁夏和新疆。

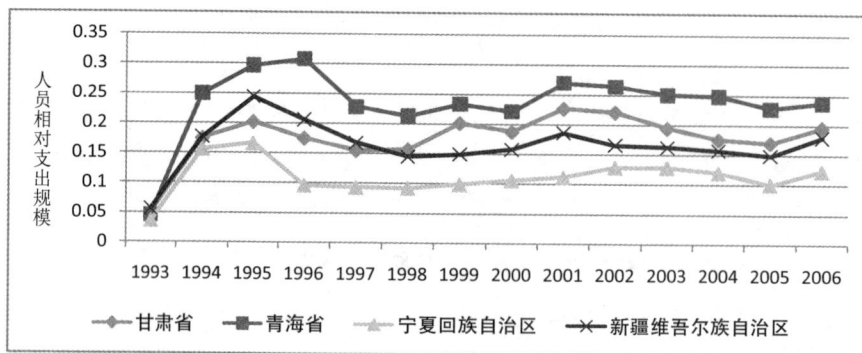

图 4-17　1993—2006 年人员相对支出规模趋势图（升降渐稳型）

从图 4-17 可以看出，属于此类模式的均为西部地区省份。甘肃、青海、宁夏和新疆在 1995 年之前缓慢上升，1995 年后开始下降并稳定在一定水平之内。

第四，先升后降型，天津符合这种情况。

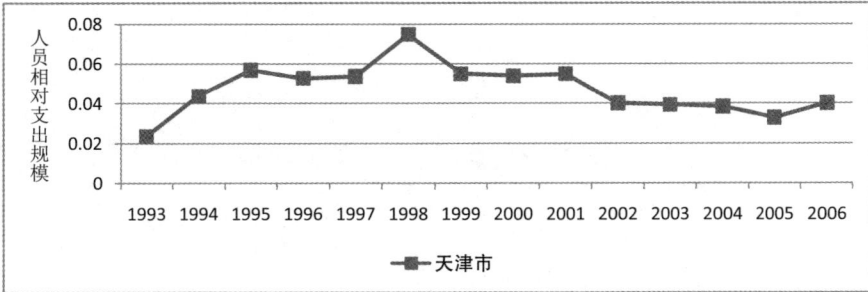

图 4-18　1993—2006 年人员相对支出规模趋势图（先升后降型）

第五，持续上升型，广东省符合这种情况。

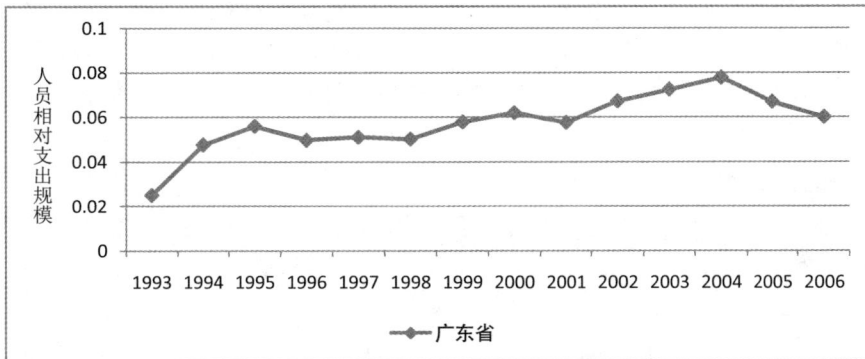

图 4-19　1993—2006 年人员相对支出规模趋势图（持续上升型）

第六，升稳后降型，上海符合这种情况。

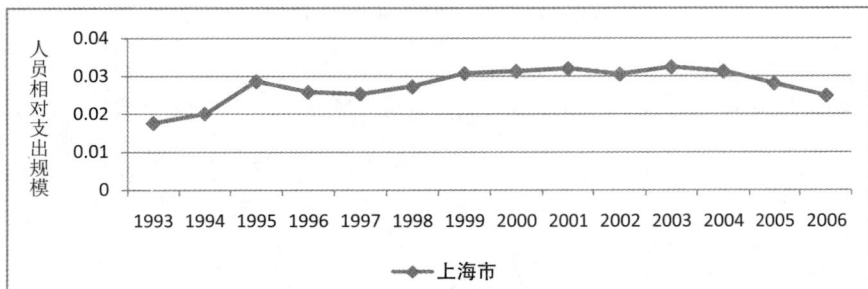

图 4-20　1993—2006 年人员相对支出规模趋势图（先升后降型）

（三）东、中、西部省份人员支出省际差异描述：年度趋势与省际差异

1. 东、中、西部省份人员支出省际差异描述

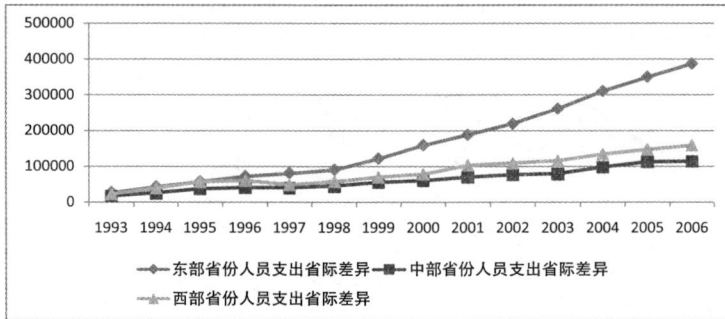

图 4-21　1993—2006 年间东、中、西部省份人员支出省际差异趋势图

从图 4-21 可以看出，在 1993—2006 年，东部省份之间的人员支出差异较大，其次是西部地区，最后是中部地区。换言之，在 14 年间，中部地区各省人员支出较为接近；东部各省在人员支出上差异最大。同时，可以看到，每个地区的人员支出差异均有持续上升的趋势，上升幅度较大。在 1996 年之前，东、中、西部省份之间的人员支出差异相似。但是，自 1997 年开始，东部开始高于中、西部地区人员支出省际差异。西部省份之间的人员支出差异和中部省份相差不大，只是略微高于中部地区。

2. 东、中、西部省份人员相对支出规模省际差异描述

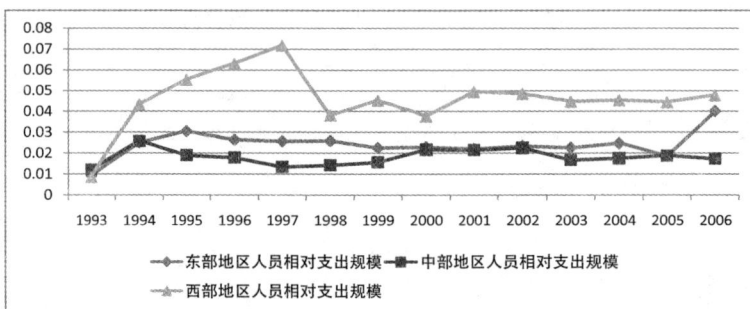

图 4-22　1993—2006 年间东、中、西部省份人员相对支出规模省际差异趋势图

图 4-22 表明，在 1993—2006 年，西部地区人员相对支出规模差异始终是最大的。在 1993—1994 年，东部地区各省人员相对支出规模差异略低于中部地区。之后，东部地区人员相对支出规模省际差异反超中部地区。需要注意的是，在 2000—2002 年，东部地区和中部地区的人员相对支出规模差异相同。在 1993—1997 年，西部地区人员相对支出规模差异持续上升。1998 年后，人员相对支出规模省际差异开始下滑。直到 2006 年，人员相对支出规模省际差异稳定在 4%—5%。

表 4-12 1993—2006 年各省公用支出数值总表
（公用支出，单位：万元）

	1993	1994	1995	1996	1997	1998	1999	2000	2001	2002	2003	2004	2005	2006
北京	3192	11394	26874	40823	63265	75943	69945	116209	134872	192043	286716	325546	432228	490286
天津	16019	19188	22071	23198	30645	17354	33723	34162	39897	57912	88743	110839	124376	167143
河北	78342	73491	78964	90062	102393	121236	131389	177911	229726	266181	370248	458181	553771	686395
山西	62040	58971	69592	82446	99505	108679	113486	118451	150661	176170	262915	318413	418493	503037
内蒙古	53158	57656	65466	80027	109040	114427	115972	137209	163986	177332	290683	367638	492124	550164
辽宁	72189	72782	75788	84080	120592	122207	152589	177094	224494	282825	395963	437591	520295	628314
吉林	50420	50665	51384	57331	69505	70982	74324	89953	102707	134571	188740	239956	296756	369290
黑龙江	44354	48385	50585	58563	76301	77338	76424	98400	128076	160933	216735	264630	337149	441372
上海	24437	33573	35250	45697	69538	81666	90287	100781	126565	161046	259902	281978	344380	391887
江苏	84207	99031	115036	142996	202526	242247	271617	378384	441069	614445	851542	1076683	1288007	1624521
浙江	71309	93509	107862	119654	174142	238591	262834	336703	411387	511063	780959	855595	1044279	1169709
安徽	49007	55718	70106	84662	115339	118151	147963	172561	189118	249538	312517	357629	419690	533425
福建	57019	67194	75157	87419	115696	133182	159304	171630	182474	247122	293625	304031	356714	431987
江西	41492	43857	53041	60262	76415	82468	87926	124020	152423	174016	241265	274154	332652	400349
山东	95605	103295	128062	160937	250106	271148	292497	393835	470579	549963	755931	861550	1003105	1212726

续表4-12

	1993	1994	1995	1996	1997	1998	1999	2000	2001	2002	2003	2004	2005	2006
河南	101552	111804	123959	157869	181138	192165	212500	268389	329803	423599	545444	626147	802225	1040709
湖北	65248	66069	70101	87985	104419	136118	160858	192665	232611	297273	356092	508658	635948	787746
湖南	61210	73067	92086	154153	134158	147405	172254	215241	265286	332348	422782	473815	586564	718857
广东	148266	188760	206398	263074	401351	439933	544201	698531	876061	1185412	1598056	1677923	1799040	2134322
广西	57059	49690	78621	93338	122197	124372	128831	150554	166128	197284	300136	415748	441135	447430
海南	29502	32602	31212	32107	34719	28730	33720	48356	39108	47968	67380	89195	110301	137446
重庆					163227	91028	114762	135194	153071	200600	289127	332466	382745	442280
四川	136296	143182	134813	159924	75810	203206	239850	259140	331831	411585	579548	672190	800980	978467
贵州	42455	42515	46180	57946	80748	95514	97489	117991	132852	170528	239429	279346	353043	412760
云南	86752	88429	102213	123768	162126	171234	170344	188007	217113	240684	325408	389448	472715	572261
陕西	58960	57862	67835	84869	101052	110361	113444	132514	166711	170008	253257	289957	339238	449698
甘肃	40854	41570	43445	53278	66078	68325	79842	85950	104273	111751	146849	163587	212789	276751
青海	13916	14363	18095	20946	23772	23668	24665	29969	36893	37177	47921	62951	78834	100190
宁夏	10019	9948	11397	13829	16891	19852	19911	24925	28105	33013	47929	47943	69023	75887
新疆	46571	53114	59342	63615	82638	84773	87157	111030	131667	145402	196868	271289	343119	394171

注：本样本剔出了西藏，属极值。

资料来源：《地方财政统计资料》，财政部，预算司，1993—2006年。

二、公用支出省际差异描述分析

表4-13　1993—2006年各省行政成本公用相对支出规模数值总表

（公用支出占各省财政支出 %）

	1993	1994	1995	1996	1997	1998	1999	2000	2001	2002	2003	2004	2005	2006
北京	0.38	2.48	2.33	2.71	3.47	3.31	2.48	3.36	2.96	3.59	4.83	4.37	4.7	4.38
天津	3.12	3.82	3.56	2.93	3.41	1.71	2.98	2.55	2.43	3.37	4.33	4.5	3.74	4.01
河北	5.51	7.71	6.58	5.93	5.81	5.86	5.88	7.15	8.1	8.8	11.02	11.23	10.73	11.06
山西	8.19	10.95	9.63	9.79	10.72	10.43	10.39	10.34	11.34	11.68	14.13	12.42	11.36	8.62
内蒙古	6.02	15.88	14.97	13.97	16.5	14.73	13.39	14.43	16.49	15.71	20.95	18.68	17.73	16.02
辽宁	3.98	4.73	4.11	3.97	5.28	4.62	5.45	5.99	6.06	7.07	8.85	8.26	7.7	7.68
吉林	4.89	9.88	8.12	7.5	8.38	7.58	7.33	8.66	8.48	10.23	12.25	14.43	14.32	15.06
黑龙江	3.55	5.71	4.99	4.615	5.6	4.91	4.49	5.309	5.99	6.94	8.71	9.14	10.59	11.96
上海	2.04	1.97	1.61	1.62	2.09	2.14	2.14	2.07	2.07	2.27	2.93	2.54	2.42	2.48
江苏	5.13	7.24	6.66	6.407	7.92	8.16	7.91	8.44	7.71	9.54	10.66	10.98	9.73	9.81
浙江	5.7	9.88	9.23	8.56	11.06	12.04	10.71	9.82	8.21	9.01	11.05	10.61	9.79	9.01
安徽	6.81	10.19	8.36	7.38	8.21	7.42	8.48	9.65	9.84	12.46	14.15	13.02	12.56	12.46
福建	5.01	7.31	6.4	6.15	7.1	7.08	7.62	7.33	6.65	9.05	9.63	9.11	8.24	7.98
江西	5.06	8.89	8.27	7.81	8.64	8.48	8.36	11.11	11.54	12.38	14.34	13.32	13.15	13.1
山东	5.07	7.67	7.15	6.65	8.61	7.69	7.23	8.49	8.21	9.01	10.59	10.4	9.34	8.94
河南	6.87	11.97	9.94	9.74	9.75	9.22	9.51	10.88	12.31	14.27	16.13	14.6	14.92	15.32
湖北	5.69	8.52	7.03	7.06	7.46	8.05	8.27	8.98	10.02	12.21	13.7	16.38	16.93	16.54
湖南	4.63	8.51	8.51	11.82	9.78	9.4	10.34	12.15	12.91	14.37	15.73	14.77	14.83	15.04
广东	4.47	6.31	5.39	5.48	7.37	6.86	7.1	7.67	7.54	9.86	12.14	11.82	9.954	9.79
广西	5.31	7.98	9.89	10.31	12.32	10.39	9.64	10.23	9.29	10.56	14.73	17.48	15.58	13.06
海南	7.65	11.84	10.93	10.45	11.24	8.53	9.32	12.33	8.93	10.37	13.12	15.63	16.06	16.79
重庆					27.52	12.79	14.95	15.49	14.42	0.74	17.89	16.57	14.9	13.92
四川	6.5	10.52	8.06	7.65	4.38	10.29	11.34	11.08	12.23	2.61	17.21	17.42	16.69	16.1
贵州	6.3	13.61	11.9	11.71	14.44	14.61	13.12	13.84	13.31	6.99	19.22	18.71	19.34	18.19
云南	4.32	11.52	10.39	9.51	10.77	10.17	9.86	10.4	11.35	0.74	14.21	14.78	15.11	15.06
陕西	7.81	13.58	13.22	12.55	13.2	11.82	10.66	11.52	12.27	2.16	14.28	13.48	12.32	12.40
甘肃	6.46	14.29	12.81	12.28	14.08	12.64	13.67	14.02	14.9	1.78	16.75	15.7	17.22	19.59

续表 4-13

	1993	1994	1995	1996	1997	1998	1999	2000	2001	2002	2003	2004	2005	2006
青海	6.17	20.49	21.04	21.86	21.76	18.53	17.4	18.07	18.61	0.91	19.93	23.31	23.3	23.71
宁夏	5.16	13.86	12.69	10.91	12	11.18	10.56	11.96	10.19	0.61	15.95	12.79	14.46	12.36
新疆	7.19	18.51	15.5	13.16	15.15	12.96	12.22	14.04	13.84	1.15	15.35	17.42	19.02	17.96

注：本样本剔出了西藏，西藏行政管理费／财政支出属极值。

资料来源：《地方财政统计资料》，财政部，预算司，1993—2006年。

（一）公用支出分年省际差异描述

1. 公用支出分年省际差异描述

表4-14 分年各省公用支出差异描述统计一览表
（公用支出，单位：万元）

年份	最小值 Min	最大值 Max	极差	Max/Min	平均值	标准差
1993	北京 3192	广东 148266	145074	46.44925	58670.69	33912.18
1994	宁夏 9948	广东 188760	178812	18.97467	64196	39179.74
1995	宁夏 11397	广东 206398	195001	18.10985	72790.86	42039.22
1996	宁夏 13829	广东 263074	249245	19.02336	89133.03	54264.65
1997	宁夏 13072	广东 401351	384460	23.76123	114177.7	76329.47
1998	宁夏 16891	广东 439933	422579	25.35052	127076.8	87394.91
1999	天津 17354	广东 544201	524290	27.33168	142670.3	104526.5
2000	宁夏 19911	广东 698531	673606	28.02532	176192	135869.6
2001	宁夏 24925	广东 876061	847956	31.171	211984.9	169304.5
2002	宁夏 28105	广东 1185412	1152399	35.90743	265326.4	226876.1
2003	宁夏 33013	广东 1598056	1550135	33.34772	367090.3	308321.6
2004	青海 47921	广东 1677923	1629980	34.99829	427835.9	335044.2
2005	宁夏 47943	广东 1799040	1730017	26.06436	513057.3	373742.4
2006	新疆 33553	广东 2134322	2100769	63.61047	606965.4	461382.1

注：本样本剔出了西藏。本样本统计值数据按当年的通货膨胀率和价格指数计算。

资料来源：《地方财政统计资料》，财政部预算司，1993—2006年。

从表4-14可以看出，公用支出的平均水平和标准差也逐年增加。从1994年到2003年以及2005年宁夏的公用支出最小，北京在1993年公用支出最小，而2004年、

2006 年公用支出最小的省份是青海和新疆。相反，在 14 年间，广东省的公用支出始终最高。总体而言，在分税制改革后，西部地区的公用支出较小，东部地区公用支出较高，且两者之间的差距也在不断扩大。

2. 公用相对支出规模分年省际差异描述

表 4-15　分年各省公用相对支出规模差异描述统计一览表

（各省公用支出／各省财政支出％）

年份	最小值　Min	最大值　Max	极差	Max/Min	平均值	标准差
1993	北京　0.385	山西　8.19	7.81	21.25	5.34	1.69
1994	上海　1.97	青海　2.49	18.52	10.35	9.86	4.39
1995	上海　1.61	青海　21.05	19.44	13.10	8.94	4.20
1996	上海　1.63	青海　21.86	20.24	13.41	8.64	4.14
1997	上海　2.09	重庆　27.52	25.43	13.15	10.13	5.40
1998	天津　1.71	青海　18.53	16.82	10.82	9.12	3.81
1999	上海　2.15	青海　17.40	15.25	8.09	9.09	3.59
2000	上海　2.08	青海　18.07	15.99	8.70	9.91	3.76
2001	上海　2.08	青海　18.61	16.53	8.96	9.94	3.95
2002	上海　2.27	青海　17.62	15.35	7.75	10.95	3.76
2003	上海　2.93	内蒙古　20.95	18.02	7.14	13.16	4.38
2004	上海　2.55	青海　23.31	20.77	9.14	13.13	4.58
2005	上海　2.43	青海　23.31	20.88	9.59	12.89	4.77
2006	上海　2.48	青海　23.71	21.23	9.54	12.61	4.79

注：本样本剔出了西藏。本样本统计值数据按当年的通货膨胀率和价格指数计算。

资料来源：《地方财政统计资料》，财政部预算司，1993—2006 年。

从表 4-15 可以看出，从 1993 年到 2006 年，北京和上海的公用相对支出规模最小。公用相对支出规模最大值出现在山西、青海、内蒙古、重庆等西部地区。其中，青海省的公用相对支出规模在大多数年份占据高位。通过极差可以看出，东西部公用相对支出规模差距较大。通过最大值最小值的比值可以看出，1993—2006 年间的各省之间公用相对支出规模虽然有差异，但差异波动并不大。平均值数据表明，公用相对支出规模逐年缓慢增加，基本稳定在 10% 左右。就标准差而言，公用相对支出规模在 4% 左右浮动。总之，在 1993—2006 年，各省的公用相对支出规模的差异还是较大。

（二）公用支出分省差异描述

1. 公用支出分省差异描述

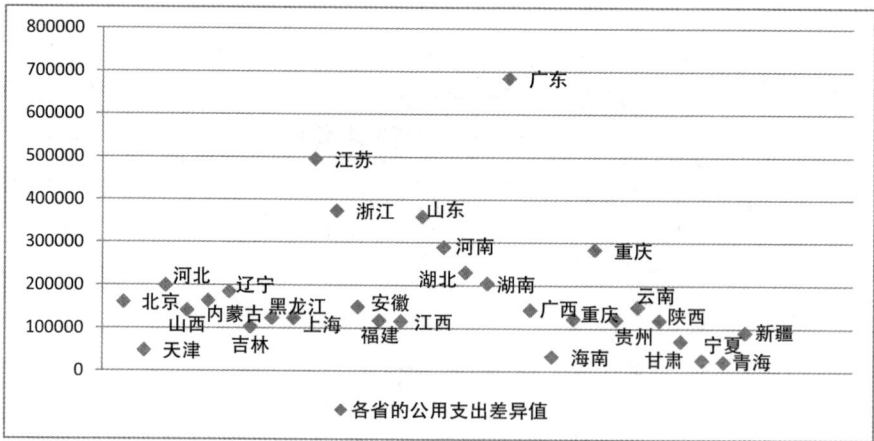

图 4-23　1993—2006 年公用支出分省差异分布图

从图 4-23 可以看出，广东省的公用支出始终处于最高水平，其次是江苏、浙江和山东，即东部省份在 14 年间公用支出变动较大。这和人员支出的情况一致。除此之外，北京、天津、上海、福建的公用支出在 14 年间的差异和西部省份相当。相反，宁夏、青海、新疆、甘肃、陕西、贵州、云南、广西等省在 14 年间的公用支出较低。换言之，西部省份的公用支出在 14 年间较为稳定。此外，中部省份如安徽、江西、湖北、湖南等均处于中间水平。

2. 公用相对支出规模分省差异描述

表 4-16　1993—2006 年分省公用相对支出差异描述统计一览表
（各省公用支出 / 各省财政支出 ％）

省份	最小值 Min		最大值 Max		极差	Max/Min	平均值	标准差
北京	1993	0.38	2003	4.83	4.45	12.55	3.24	1.17
天津	1998	1.71	2004	4.50	2.79	2.63	3.32	0.76
河北	1993	5.50	2004	11.23	5.72	2.04	7.95	2.22
山西	1993	8.19	2003	14.13	5.94	1.72	10.71	1.50
内蒙古	1993	6.02	2003	20.95	14.93	3.47	15.39	3.34
辽宁	1993	3.97	2003	8.85	4.88	2.22	5.98	1.66
吉林	1993	4.89	2006	15.06	10.17	3.07	9.79	3.08

省份	最小值 Min		最大值 Max		极差	Max/Min	平均值	标准差
黑龙江	1993	3.55	2006	11.96	8.41	3.37	6.61	2.52
上海	1995	1.60	2003	2.93	1.32	1.82	2.17	0.34
江苏	1993	5.14	2004	10.98	5.84	2.13	8.31	1.68
浙江	1993	5.70	1998	12.04	6.34	2.11	9.62	1.56
安徽	1993	6.80	2003	14.15	7.35	2.08	10.07	2.43
福建	1993	5.00	2003	9.63	4.62	1.92	7.47	1.26
江西	1993	5.07	2003	14.35	9.28	2.83	10.32	2.73
山东	1993	5.08	2003	10.59	5.51	2.86	8.22	1.46
河南	1993	6.87	2003	16.13	9.26	2.34	11.82	2.82
湖北	1993	5.69	2005	16.94	11.24	2.97	10.49	3.91
湖南	1993	4.63	2003	15.73	11.10	3.39	11.63	3.24
广东	1993	4.48	2003	12.15	7.67	2.71	7.98	2.37
广西	1993	5.31	2004	17.48	12.18	3.29	11.20	3.18
海南	1993	7.65	2006	16.79	9.14	2.19	11.66	2.86
重庆	1998	12.75	1997	27.52	14.72	2.15	16.44	4.14
四川	1997	4.38	2004	17.42	13.04	3.97	11.68	4.18
贵州	1993	6.3	2005	19.35	13.05	3.07	14.57	3.56
云南	1993	4.32	2005	15.12	10.79	3.49	11.36	2.86
陕西	1993	7.82	2003	14.28	6.46	1.82	12.17	1.59
甘肃	1993	6.46	2006	19.59	13.13	3.03	14.22	2.98
青海	1993	6.17	2006	23.71	17.54	3.84	19.41	4.38
宁夏	1993	5.17	2003	15.96	10.79	3.08	11.9	2.48
新疆	1993	7.19	2005	19.03	11.83	2.64	14.63	3.11

　　注：上述统计值只取了小数点后两位，其数据按当年的通货膨胀率和价格指数计算。

　　资料来源：《地方财政统计资料》，财政部预算司，1993—2006 年。

　　根据表 4-16，可以看出，公用相对支出规模最小值出现在 1993 年，而公用相对支出规模最大值则在 2003 年的居多。这说明，在朱镕基政府改革后，公用相对支出规模增加。只有北京、上海、天津等发达地区的极差值较小，而新疆、青海、贵州等不发达地区在 14 年间公用相对支出规模差异较大。这说明，发达地区的公用相对支出规模较为稳定。通过标准差数据可以看出，四川、贵州、青海、新疆等地的标准差达到了 4% 左右，差异要大于上海，天津等发达地区，这些地区的标准差还不到 1%。就 1993—2006 年各省公用相对支出规模的平均值而言，陕西，甘肃，青海等不发达地区的平均值在 12% 以上，远远高于东部发达地区。

进一步而言，可以将公用相对支出规模分为如下几种，平稳上升型，波动上升型，基本稳定型，持续上升型和起伏不定型。

第一，平稳上升型。属于此种模式的省份分别为青海、新疆、云南、贵州、甘肃。

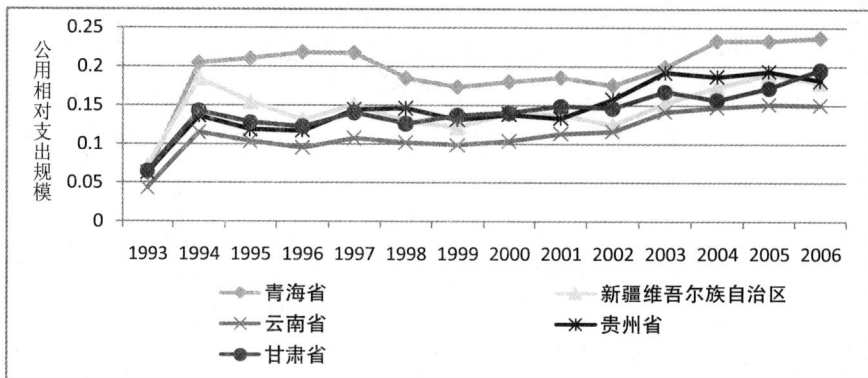

图 4-24　1993—2006 年公用相对支出规模趋势图（平稳上升型）

表现为此种模式的省份均为西部省份。具体而言，公用相对支出规模差异在 1994 年有略微上升，1994—2003 年间，变化并不十分显著。在 2003 年后，五省的公用相对支出规模均有略微上扬趋势。

第二，波动上升型。包括江苏、广东、浙江、山东和河北。

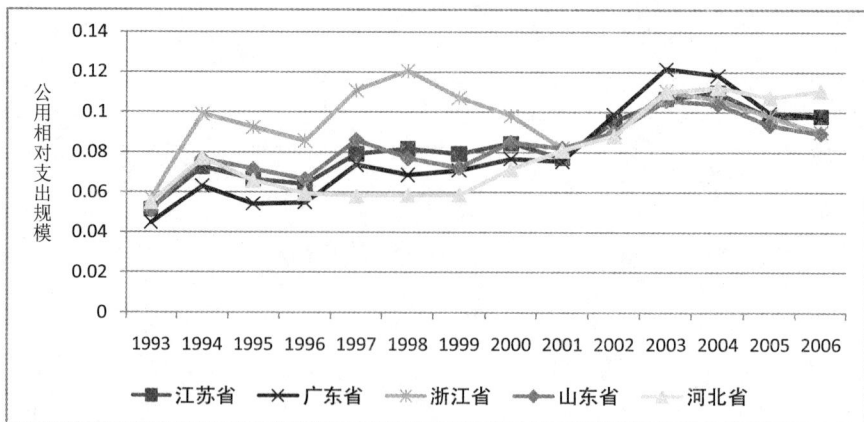

图 4-25　1993—2006 年公用相对支出规模趋势图（波动上升型）

从图 4-25 可以看出，波动上升模式的省份均为东部省份。公用相对支出规模波动上升，变化剧烈。

第三，基本稳定型。主要为福建、北京、天津、上海和辽宁。

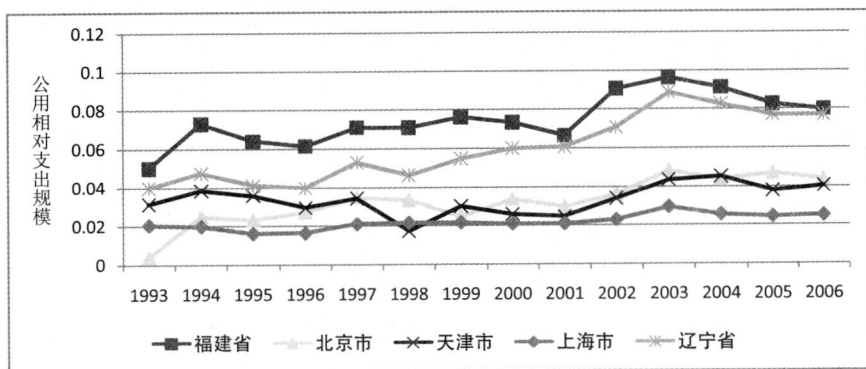

图 4-26　1993—2006 年公用相对支出规模趋势图（基本稳定型）

图 4-26 表明，来自经济发达地区两省三市在 1993—2006 年的公用相对支出规模基本稳定，升降变化并不大。

第四，持续上升型。属于此种类别的省份为吉林、安徽、江西、河南、湖北、湖南和黑龙江。

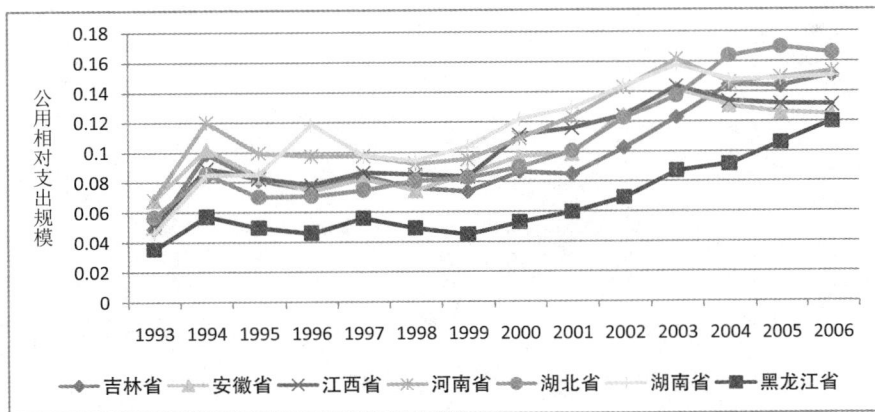

图 4-27　1993—2006 年公用相对支出规模趋势图（持续上升型）

从图 4-27 可以看出，1993—2006 年公用支出相对规模表现为持续上升趋势均为中部地区省份，证明中部地区公用相对规模控制得并不好。

第五，起伏不定型。呈现为此种模式的省份分别为山西、四川、内蒙古、广西、海南、陕西、宁夏。

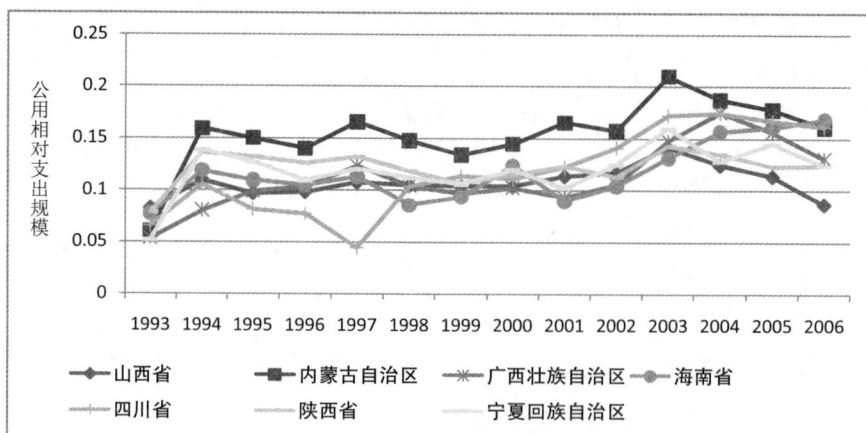

图 4-28　1993—2006 年公用相对支出规模趋势图（起伏不定型）

从图 4-28 可以看出，呈现为此种趋势均为西部省份，1993—2006 年的公用相对支出规模趋势并不十分的明显，升升降降，没有明确的规律可言。

（三）东、中、西部省份公用支出省际差异描述：年度趋势和省际差异

1. 东、中、西部省份公用支出省际差异描述

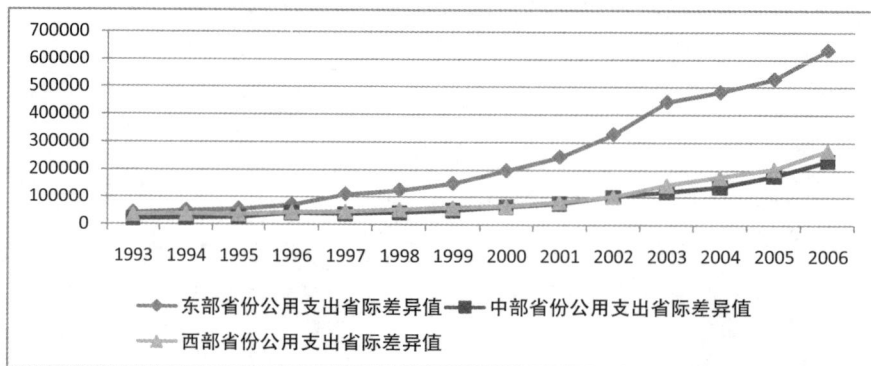

图 4-29　1993—2006 年间东、中、西部省份公用支出省际差异趋势图

从图 4-29 中可以看出，东部省份的公用支出省际差异始终高于中西部地区。在 1993—1996 年，东、中、西部公用支出差异相近。从 1996 年开始，东部地区各省之间公用支出差异开始明显高于中、西部地区。1993—2002 年，中西部地区各省之间的公用支出省际差异相当。自 2002 年朱镕基理性化改革结束后，西部地区各省之间的公用支出差异略高于中部地区。

2. 东、中、西部省份公用相对支出规模差异描述

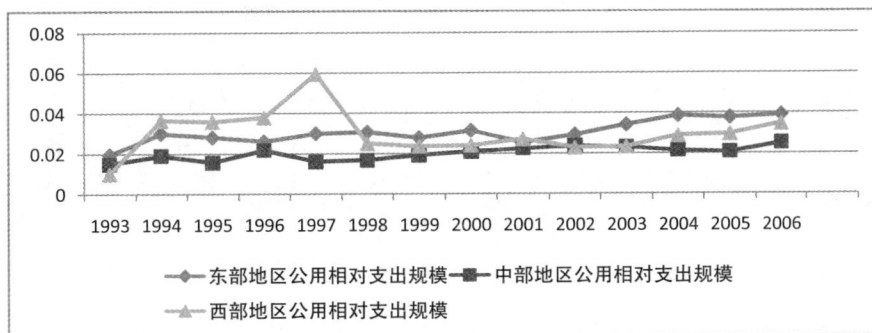

图 4-30　1993—2006 年间东、中、西部省份公用支出省际差异趋势图

通过图 4-30 可以看出，在 1993—2006 年，东、中、西部地区公用相对支出规模省际差异趋势并不明朗。可以看到，东部地区差异始终高于中部地区，但是西部地区公用相对支出规模省际差异趋势并不明显。1994—1998 年，西部地区公用相对支出规模省际差异要高于东部和中部地区。1998—2006 年，西部地区公用相对支出规模省际差异始终处于东部和中部之间。

三、人员支出和公用支出省际差异描述比较：人员扩张 VS 铺张浪费

（一）人员支出和公用支出省际差异描述

表 4-17　1993--2006 年各省人员公用支出差异表（单位：万元）

省份	人员支出	排序	公用支出	排序
北京市	129 351.1	4	160 121.4	19
天津市	32 322.63	7	47 765.95	4
河北省	119 731.5	17	198 804.3	22
山西省	82 366.15	11	140 917.5	15
内蒙古自治区	72 146.77	3	163 368.4	20
辽宁省	128 276.3	26	184 374.4	21
吉林省	48 888.19	5	102 753.6	7
黑龙江省	83 718.46	30	122 977	13
上海市	138 062.2	1	123 025.9	14
江苏省	323 691.7	15	494 279.1	29
浙江省	259702.8	19	373618.2	28

续表 4-17

省份	人员支出	排序	公用支出	排序
安徽省	117 459.4	9	149 416.3	17
福建省	70 405.68	24	117 631	9
江西省	76 687.3	16	116 096.7	8
山东省	194 121.1	10	360 504.7	27
河南省	119 369.4	18	288 758.5	26
湖北省	141 917.5	21	230 031.4	24
湖南省	137 335.1	22	204 492	23
广东省	415 913.8	12	683 755.3	30
广西壮族自治区	80 216.81	13	142 898.7	16
海南省	18 284.38	20	34 324.38	3
重庆市	58 096.49	27	122 569.4	12
四川省	191 255.6	6	283 290.4	25
贵州省	66 105.78	25	120 668.9	11
云南省	108 386.1	2	149 829.2	18
陕西省	83 062.97	28	118 870	10
甘肃省	65 564.38	23	70 579.44	5
青海省	25 017.7	29	25 919.58	2
宁夏回族自治区	15 943.7	8	21 644.64	1
新疆维吾尔族自治区	88 210.83	14	90 845.99	6

注：上述统计值为各省在 1993—2006 年的标准差，其数值均按当年的通货膨胀率和价格指数进行计算。笔者对东、中、西部省份进行了颜色划分，深色为西部各省，浅色为东部各省，白色为中部各省。

资料来源：《地方财政统计资料》，财政部预算司，1993—2006 年。

从表 4-17 可以看到，在 1993—2006 年，公用支出差异值最小的为宁夏（排名第1），最大为广东（排名 30）；上海人员支出差异最小，黑龙江省人员支出最大。在衡量 1993—2006 年各省人员支出差异时，东部省份和西部省份的人员支出和公用支出排名并不总处于同一阶段，而中部省份的人员支出和公用支出排名在 14 年间相差不大。以公用支出差异最大的广东为例，广东的公用支出水平在 14 年间并不稳定，变化很大。但是，广东省的人员支出差异较小，在 1993—2006 年的排名仅为 12，处于中间靠前水平。总体而言，其人员支出差异要小于公用支出差异。此外，西部省份的公用支出排名大部分都在 10—20 名，即差异变化处于中间水平。如新疆、宁夏、青海、甘肃、陕西、广西、重庆。但是，这些省份的人员支出差异排名都在 20—30 名（除了宁夏、云南和内蒙古以外），其变化差异相当之大。和东、西部地区不同，除安徽和江西外，中部省份的人员支出和公用支出差异变化趋势基本相同，排名都在 20 名左右。这说明，无论是人员支出还是公用支出，中部省份的差异都是最大的。而且，中部省份的人员和公用支出呈现相反的趋势，如安徽人员支出差异较小，而公用支出较大；江西的人员和公用支出趋势则刚好相反。总体看来，西部省份人员支出差异＞公用支出差异，东部省份人员支出差异＜公用支出，中部人员支出大致＝公用支出。针对各省的人员支出差异而言，基本上是西部＞中部＞东部；而公用支出差异而言，基本上是东部＞中部＞西部。

（二）人员相对支出规模和公用相对支出规模省际差异描述

表 4-18　1993—2006 年各省人员公用相对支出规模差异表（%）

省份	人员相对支出规模	排序	公用相对支出规模	排序
北京	0.71	2	1.17	3
天津	1.34	6	0.76	2
河北	1.86	10	2.22	11
山西	3.07	22	1.5	6
内蒙古	3.53	24	3.34	25
辽宁	1.12	3	1.66	9
吉林	1.81	9	3.08	21
黑龙江	1.87	11	2.52	15
上海	0.44	1	0.34	1
江苏	1.52	7	1.68	10
浙江	2.09	14	1.56	7
安徽	2.49	18	2.43	13
福建	1.18	4	1.26	4
江西	2.57	19	2.73	16
山东	1.55	8	1.46	8
河南	2.47	17	2.82	17

续表 4-18

省份	人员相对支出规模	排序	公用相对支出规模	排序
湖北	2.05	13	3.91	27
湖南	2.14	16	3.24	24
广东	1.28	5	2.37	12
广西	1.91	12	3.18	23
海南	2.13	15	2.86	19
重庆	6.61	30	4.14	28
四川	3.74	26	4.18	29
贵州	3.63	25	3.56	26
云南	2.65	20	2.86	18
陕西	2.81	21	1.59	8
甘肃	4.18	28	2.98	20
青海	6.11	29	4.38	30
宁夏	3.14	23	2.48	14
新疆	4.05	27	3.11	22

　　注：上述统计值为各省在 1993—2006 年的标准差，其数值均按当年的通货膨胀率和价格指数进行计算。笔者对东、中、西部省份进行了颜色划分，深色为西部各省，浅色为东部各省，白色为中部各省。

　　资料来源：《地方财政统计资料》，财政部预算司，1993—2006 年。

　　从表 4-18 可以看出，各省人员相对支出规模和公用相对支出规模在 1993—2006 年的变化一致，没有太大的冲突。具体而言，东部地区人员相对支出规模差异和公用相对支出规模差异排名均靠前。如上海，无论人员相对支出规模还是公用相对支出规模在各省中都处于第一位。而青海的人员相对支出规模（29 名）和公用相对支出规模（30 名）的排名都比较靠后。这说明在 1993—2006 年，东部各省人员相对支出规模差异和公用相对支出规模差异都比较小（排名靠前），西部地区人员和公用相对支出规模差异最大（排名都比较靠后，均在 20 名后），中部地区各省差异则处于中间水平。整体看来，人员相对支出规模和公用相对支出规模差距不大，其趋势基本保持一致，始终是东部＞中部＞西部。

第四节 本章小结

一、地方行政成本概览：增长与差异并存

前四节通过行政成本相对支出规模、人均行政成本负担和行政成本结构三个指标对因变量（Y）进行了描述。总体而言，分年分省的描述揭示出，行政成本相对支出规模 (Y_1)、人均行政成本 (Y_2) 在各省之间均存在差异；行政成本分结构的观察研究也表明，人员支出 (Y_3) 和公用支出 (Y_4) 在各省之间也存在着相当大的差异。但是人均行政成本负担、行政成本相对支出规模、行政成本结构的省际差异表现并不一致。具体而言，如下：

第一，在 1993—2006 年，行政成本相对支出规模省际差异逐渐减弱。在各省行政成本相对支出规模控制上，西部省份行政成本相对支出规模明显高于东部省份；且西部各省在 14 年间差异变动较东部各省要大得多。最终说明，各省在 14 年间控制行政成本的努力不一而足。一般而言，财力自给率较高的东部省份对其支出的保障能力要高。于是，东部发达地区除了可以保障行政机构的正常运作以外，还有多余的资金来保障整个地区的公共服务的提供等其他需求，导致整个行政成本相对支出规模要小。而西部地区财力自给率较低，必须关注当前的目标。所以，保障机构运行就成为了首选，行政成本相对支出规模就会升高。

东、中、西部地区行政成本相对支出规模省际差异在 14 年间均有下降的趋势。东部地区各省之间的行政成本相对支出规模差异始终最大，但是，其趋势较为稳定。而中部地区各省与西部地区各省在行政成本相对支出规模上的差异并不稳定，呈现阶段性变化。具体而言，在 1993—1995 年，西部各省之间的差异最小，其次是中部各省。但在 1996 年，西部地区各省行政成本相对支出规模差异值略高于东部地区。而在 1997—2002 年，西部地区各省之间的差异最小，其次是中部地区，最后是东部地区。从 2002 年开始，直到 2005 年，中部地区各省的行政成本相对支出规模差异最小，其次是西部地区。这种现象的产生或许可以部分地归结为 1994 年的分税制改革，因为它极大地塑造和改变了地方政府在经济发展中的行为和偏好（Yang，2008）。在原有的财政包干体制下，中央以税收定额的方式包干到各省，各省份可以取得更

多的财政资源并且不用担心中央的汲取，从而用于各省的建设或是公共部门自身的运作。分税制改革以后，税收的大部分被中央汲取，各省很难再"藏富于民"，从而自由支配的资金大大减少，各省、地方支出也捉襟见肘。分税制导致各省财政自主权下降和财政压力的提升。在有限的资源条件下，贫穷省份的关注重点就会落在维持公共部门运营上。由于支出责任的下移，经济越落后的地区，财政压力和财政风险越大。在具有基本建设任务和公共服务责任以及维持公共部门运营多重目标下，经济落后的地区——西部地区必然是先保证财政经常性支出项目，如行政管理费、行政事业单位离退休费等刚性项目，从而造成了行政成本的高涨。

第二，在1993—2006年，人均行政成本负担省际差异持续上升。分省而言，人均行政成本负担最小值出现在中部省份，而人均行政成本负担最大值基本上都出现在东部省份。分地区而言，东部各省在14年间的人均行政成本负担差异变化非常大，高于中西部的省份。这表明，东部地区人均行政成本负担高于其他地区并且在14年间的变化也大于其他省份。在1993—2006年，中部地区人均行政成本负担省际差异始终最小。这个现象符合肖敏毅（2007：58）的研究，即在实施了分税制近十年以后，东、西部地区的人均行政管理费支出之比，由1999年的1.19：1增长为1.23：1，呈现的差距有所扩大。同时，西部地区与中部地区相比，在基本公共服务供给方面的人均经费支出增长得更快。具体而言，在1993—1997年，西部地区人均行政成本负担省际差异略微高于东部地区。在1998年之后，东部地区人均行政成本负担省际差异超越了西部地区，且拉开了较大的距离。差异最高点出现在2004年。中部地区的人均行政成本负担省际差异在1993—2000年都较为稳定。从2001年开始，缓慢上升。西部地区人均行政成本省际差异最不稳定。在1997—1998年有略微下降，而在1999年后开始平稳上升。西部地区人均行政成本负担差异增加的幅度并不大，而在2003年后，开始较快地增长。总之，东部地区是市场化改革的前沿地带，其经济需求和社会供给均要高于中西部地区。所以，其人均行政成本负担要高于中西部地区并不意外。同时，东部地区在14年间的人均行政成本负担差异高于中西部地区也表明，东部地区在行政成本削减上变动要比中西部各省积极。

总之，行政成本的五个指标变化并不一致。具体而言，行政成本相对支出规模差异呈现为东部省份要优于中部省份优于西部省份；而人均行政成本负担差异则呈现相反的趋势，即东部省份人均行政成本负担要高于西部省份高于中部省份。可以这样来理解：在经济较为发达的东部地区，对行政成本的财政保障能力要强于西部

地区，并且在财政支出上，因为较为成熟的市场化，地方政府更为注重政府绩效的
改善，提高管理水平；相反，中西部省份的经济、自然条件明显落后于东部地区，
在推进市场化改革上与东部地区有一定的距离（郭俊华，2008），在政府运作上仍
然是吃饭财政，注重保工资来维持财政运行。显然，中西部省份，它的行政成本（维
持机构运行）比例必然高于财力充足的省份。但是，东部地区市场化发展较中西部
地区成熟，而且整个运作盘子大得多，并且人口密集，所以单就人均行政成本负担
而言，其绝对值（人均行政管理费）必然是和比例呈现相反的趋势。

　　根据之前的统计结果，图 4-31 简单揭示了行政成本省际差异的地区趋势。

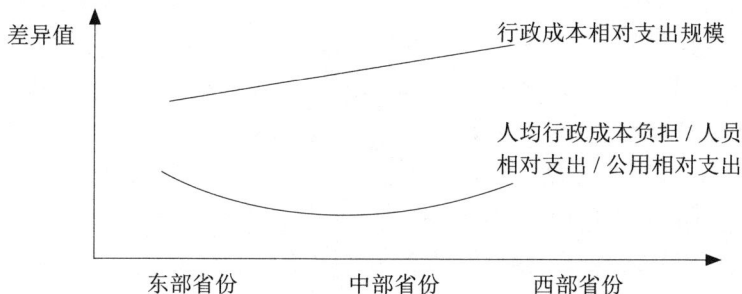

图 4-31　1993—2006 年行政成本省际差异指标趋势简图

行政成本相对支出规模均符合这样一个模式：西部省份＞中部省份＞东部省份。
而人均行政成本负担则符合这样一个模式：东部省份＞西部省份＞中部省份。如此
看来，各省之间的行政成本差异普遍存在而且不一而足（而行政成本结构中的人员
支出和公用支出模式不确定，所以没有列入图 4-30 中）。

　　第三，从行政成本结构上看，1993—2006 年，30 个省的人员支出和公用支出持
续上升，即每个省之间的行政成本差异不断增加。具体而言，东部省份之间的人员
支出差异较大，其次是西部地区，最后是中部地区。中部地区各省之间人员支出差
异最小。即在 14 年间，各省人员支出较为接近。相反，东部各省之间在人员支出上
的差异非常大。同时，可以看到，每个地区的人员支出差异均有持续上升的趋势，
且上升幅度较大。在 1996 年之前，东、中、西部省份之间的人员支出差异相似。
1997 年开始，东部各省人员支出差异开始高于中、西部地区。西部各省之间的人员
支出差异只是略高于中部省份。总体看来，西部省份人员支出差异＞公用支出差异，
东部省份人员支出差异＜公用支出差异，中部变化不大。针对各省的人员支出差异
而言，基本上是西部＞中部＞东部。在 1993—1996 年，东、中、西部公用支出差异

变化相近。从1996年开始，东部地区各省之间公用支出差异开始明显高于中、西部地区。1993—2002年，中西部地区各省之间的公用支出差异相当。2002年朱镕基理性化改革结束后，西部地区各省之间的公用支出差异超越中部地区。公用支出差异而言，基本上是东部＞中部＞西部。

就相对支出规模而言，在1993—2006年，西部地区人员相对支出规模差异始终是最大的。在1993—1994年，东部地区人员相对支出规模差异略低于中部地区。之后，中部地区一直要低于东部地区。在2000—2002年，东部地区和中部地区的人员相对支出规模差异相同。在1993—1997年，西部地区人员相对支出规模差异一直上升，1998年后，开始下滑。直到2006年，人员相对支出规模省际差异稳定在4%—5%。人员相对支出规模最小值出现在东部地区，而最大值出现在西部地区，两者极差相当大。在1998年后，人员相对支出规模有缩小的趋势。西部地区的人员相对支出规模在14年间的变动差异要大于东部地区。公用相对支出规模呈现出相同的趋势。1993—2006年，北京和上海的公用支出规模差异最小。其最大值总是出现在山西、青海、内蒙古、重庆等西部地区。其中，青海省的公用相对支出规模差异一直居高不下。总体而言，人员相对支出规模和公用相对支出规模趋势基本保持一致，始终是东部＞中部＞西部。

二、行政成本影响因素简析：政府与市场

本章详细地描述了因变量，通过各个方面展现了行政成本省际差异模式。除了分年、分省、分地区描述之外，为了更好地说明行政成本省际差异情况，本研究根据各省私有化比重（衡量市场化变量 X_3）和各省的行政成本相对支出规模（衡量政府规模），粗略地将其分为强政府强市场、强政府中市场、强政府弱市场、中政府强市场、中政府中市场、中政府弱市场、弱政府强市场、弱政府中市场、弱政府弱市场九种类型。进一步观察各省市场化因素对行政成本的影响。

表4-19　1993—2006年各省政府和市场关系图

市场／政府	强	中	弱
强	浙江、山东	江苏、河北	广东、福建、天津、上海
中	河南、四川、山西	安徽、湖南、湖北、广西、海南、重庆	辽宁
弱	内蒙古、陕西、贵州、甘肃、新疆、青海		北京、江西、宁夏、云南、吉林、黑龙江

注：根据1993—2006年的数据取均值，进行排序分类。

资料来源：《地方财政统计资料》，《中国统计年鉴》，财政部，1993—2006年。

　　表 4-19 的分类在一定程度上可以说明行政成本省际差异形式。具体而言，大部分西部省份均呈现出强政府弱市场的形式，如内蒙古、陕西、贵州、甘肃、新疆、青海。而河南、四川、山西等其他省份则表现为强政府中市场的模式。无论哪种模式都说明，西部省份的政府规模较大，市场发展不充分。东部沿海省份呈现出几种类型。浙江和山东则属于强市场强政府，即在私有化大规模发展的同时政府的力量也逐渐强大。广东、福建、上海和天津沿海省份呈现为强市场弱政府型，表明其在发展经济的同时政府却是缩小的趋势，和第三章市场化假设描述一致。在理论上，这种模式最优。在东部地区中，北京呈现为弱市场弱政府。这有可能是本研究的测量选择所造成的。在本研究中，市场化利用私有化比重这一个指标来进行衡量。而北京作为首都，国有和中央企业众多，所以政府管制要比其他地区更广，私有化比重偏低。虽然市场化比重较低，但是，北京的行政成本相对支出规模还是处于较小的水平。这证明，北京的政府规模控制良好。除西部和东部省份外，中部的省份基本上处于中市场中政府的类型。整体而言，各省基本上满足强政府强市场、强政府中市场、强政府弱市场、中政府强市场、中政府中市场、弱政府强市场、弱政府中市场、弱政府弱市场这八种类型。弱市场中政府的情况根本不存在。

　　综上，本章对行政成本（因变量 Y）及其差异的描述分析对第一个研究问题：行政成本省际差异呈现出怎样的模式？进行了回答。在一定程度上，本章也揭示了地方政府行政成本省际差异现状。但是，伴随着行政成本省际差异，有一系列的问题有待回答。为什么行政成本相对支出规模、人均行政成本负担、行政成本结构会呈现出如此差异？市场化水平是否会对行政成本产生影响？不同的市场化水平是否会造就行政成本省际差异？从时间上来看，行政改革能否抑制行政成本？控制了人员支出？还是紧缩了公用支出？行政改革以及市场化改革究竟是对行政成本哪一方面产生了影响？最后，供需框架究竟有多大的解释力？以及如何运用这些理论进一步地解释行政成本省际差异问题？中国行政成本省际差异是否符合这些理论呢？都需要再验证回答。

第五章　行政成本省际差异因果模型分析：
计划主导还是以需定支？

　　本章对行政成本省际差异解释模型进行检验和验证，以观察和验证第三章的变量假设关系、理论逻辑推导以及第四章的行政成本省际差异描述。本章采用STATA9.0来对行政成本省际差异进行面板数据分析，以检验第三章构建理论模型。采用面板数据分析的原因在于，它更倾向于横截面分析，不同调查单位之间的异质性是分析的主要部分，实际上、通常也是核心关注点（格林，1996：308）。

　　本章一共分为四节。第一节对行政成本相对支出规模模型进行分析；第二节对人均行政成本负担模型进行了验证；第三节检验了行政成本结构模型，包括人员相对支出模型和公用相对支出模型；第四节对行政成本相对支模型、人均行政成本模型和行政成本结构模型进行总结。在模型验证中，由于重庆在1997年之前被划归为四川省，并没有成为独立的直辖市；且1997年之前重庆市数据缺乏。为了保持面板的平稳，将四川和重庆删除，最终观察的省份为28个，样本为392。此外，本章在模型选择上，并未使用F检验和LM检验对混合OLS模型进行辨析，而是直接列出了固定效应和随机效应模型的结果。这是因为地区特色因素不随时间变化而变化导致了固定效应模型中此变量被自动排除，所以，将随机效应模型也列举出以供观察。最后采用Hausman检验在这两种模型之间进行最优选择。

第一节　行政成本相对支出规模模型

本节一共考察了三个模型，即需求层面模型、供给层面模型和综合模型。综合模型将需求层面变量、供给层面变量放在一个模型中进行验证，以考察不同的层面对行政成本相对支出规模的影响。表 5-1 报告了行政成本相对支出模型的结果。

表 5-1　1993—2006 年行政成本省际差异解释模型统计结果

	需求模型	供给模型	综合模型
需求类变量			
城镇就业人口规模	0.021***		0.021***
	（0.000）		（0.000）
人均面积	0.0248***		0.019***
	（0.000）		（0.000）
市场化水平	0.035***		0.017**
	（0.000）		（0.017）
自治区省份	Dropped		Dropped
拥有自治区省份	Dropped		Dropped
供给类变量			
官民比		0.504***	0.285***
		（0.000）	（0.000）
工资规模		0.000	0.000
		（0.715）	（0.521）
预算外收入		0.130***	0.125***
		（0.002）	（0.001）
转移支付规模		0.104***	0.156***
		（0.006）	（0.000）
行政改革			0.003**
			（0.03）
常数	0.041	0.082	0.042
	（0.000）	（0.000）	（0.000）
R-sq	0.26	0.27	0.39
Hausman Test	47.88***	34.62***	23.84***
数据模型	FE	FE	FE

注：1. 括号内为 P 值，* 表示在 0.1 水平上显著，** 表示在 0.05 水平上显著，

*** 表示在 0.01 水平上显著。2. 如果影响系数为 0，则说明这个系数小于 1/1 000，并不代表系数就为 0，可能是由于变量单位设置或者其他原因导致，为了避免小数点后数位过多，用 0.000 表示，如果不显著，将不做任何说明也不列出小数点后位数。3. 由于地区特色因素不随时间变化而变化，所以在固定效应模型中被自动排除。4. 模型排除了人均 GDP，由于 VIF 检验人均 GDP 统计值（11.893）大于 10。

表 5-1 可以看出，在只考虑需求的模型中，城镇就业人口规模，人均面积，市场化水平都在 0.01 的水平上显著，和行政成本相对支出规模呈现正影响。在这三个变量中，只有人均面积变量和理论预期一致。其数据结果表明，在控制了其他变量的情况下，每 100 个人所占的行政区划面积增加 1 平方千米，行政成本相对支出规模会上升约 2.48%。这证明，地域辽阔、地广人稀的省份（如西部省份），与人口稠密、交通便利、信息畅通的地区（东部省份）相比，只有耗费更多的人力、物力、财力才能保证行政组织的有效运行。由于他们提供相同的公共服务和公共物品需要耗费更多资金。于是，面积大的省份具有较高的行政成本相对支出规模。相反，城镇就业人口规模变量和理论预期相反。即城镇就业人口规模增加 1% 会导致行政成本相对支出规模增加 2.1%。它验证了这样一种观点，即随着城市化进程加快，城镇就业人口规模的增大，政府管理和责任的范围及程度就会扩大加深，从而导致了公共服务供给增加，最后，与之相关的公共服务供给成本也会扩张。

除城镇就业人口规模之外，市场化水平也和理论预期不一致。即与行政成本相对支出规模呈现一种正关系，市场化水平提高 1% 会导致行政成本相对支出规模上升 3.5%。中国的双规制特征或许能对这一结果进行解释。自 1993 年市场化改革以来，邓小平及其改革者们偏向于将市场力量的引进结合紧密的政治控制。自此，中国开始迈入双轨制的时代（Saich，2004：57），即计划和经济同时在市场上占有一定的地位。最终，形成了这样一种局面：国有企业和非国有企业都在至少一个政府监管机构的领导之下。这种多重行政领导的现象在企业中非常盛行。具体表现为政府机构经常干预企业事务和日常管理，但同时也帮助企业处理复杂的行政环境。这种干预和帮助使得企业的最终绩效在很大程度上取决于在官僚监管范围内的评估结果（Byrd，1990：5），以至于企业和政府之间呈现出典型的投资人与顾客的关系。虽然针对政企不分的现象，国家进行了多次行政改革，但是，收获甚微。这是因为屡次的行政改革并未涉及政治影响，所以单纯的、计划性的行政机构数量削减难以抵消市场化发展所带来的长期需求。作为地方经济的关键部分，市场的引入并没有相应地减少地方政府的作用，却导致了地方政府持续地对进行市场协调和干预（Oi，1997：129）。而且日益增长的市场活动也需要新机构诞生以便协调、管理并规制市场（Yang，2004：29）。在行政改革和经济改革双管齐下的情境下，行政改革所造成的部门削减和消除恰恰又为新的市场管制机构的诞生创造了空间。于是，机构迅速繁殖，协调成本增加，财政供养人数的上升，最后，地方政府行政成本持续循环上涨，政府机构改革裹足不前。所以，市场化变量的检验结果在一定程度上验证了经济国家主义的观点，即中国并不存在纯正的市场化，在支持国家稳定性的过程中，国家必须扮演重要的角色（Zheng，2008：135）。在市场化发展并不自由和充分的情况下，私有经济比重越大所带来的管制和创新的成本也相对较高，从而导致了政府管制的增强。所以，这一结果也说明了：在转型期，虽然东部地区市场化的发展程度较高，但是其需求也相对要大得多。总而言之，市场化总会伴随着政府的强势干预，最终，导致了行政成本相对支出规模的扩张。

在独立的供给模型中，官民比、预算外收入、转移支付规模都对行政成本相对支出规模具有显著影响。在控制其他变量的条件下，当官民比增加1%会导致行政成本相对支出规模增加50.4%，即两者呈现正相关。官员规模越大会导致行政成本相对支出规模越大。同样的，预算外收入规模和行政成本相对支出规模也呈现显著的正相关，和理论预期一致。即预算外收入增长1%会导致行政成本相对支出规模增长13%。这是因为：1994年引入的分税制改革取代了原有的财政包干制，这一转变极大地塑造了地方政府在经济发展中的行为和偏好（Yang，2008）。由于分税制的实施，中央集中了财政收入，使得各省难以"藏富于民"，从而自由支配的资金大大减少。在1994年以前，中央在财政包干的体制下以税收定额的方式包干到各省，各省地方政府可以根据当地经济状况，取得比定额更多的财政资源，从而用于各省的建设或是公共部门自身的运作。这种包干、定额的方式使得地方政府绕开了中央对财政资源的汲取。而分税制改革以后，各省虽然获得了一定程度的财政自主权，但是财政压力却迅速增加。由于税收的大部分和大额税种都被中央按比例分享，以至于各省地方公共财源紧张，有些省份甚至入不敷出。在财政资源紧张的情形下，贫穷省份的关注重点就会落在了维持公共部门运营上。在扩大财源以应对支出上有两条路径可以选择：一是税收；二是借债。但是，税收和借债都由中央控制，地方缺乏自主权。那么，第三条路径，即预算外收入便成为资金紧张的省份的首选。由于预算外资金不受限制、监督不力，地方政府大量使用自由裁量权将预算外收入作为自己的合法财源，从而导致了行政成本相对支出规模的上升，尤其是西部不发达地区。在具有基本建设任务和公共服务责任以及维持公共部门运营多重目标下，经济落后的西部地区必然是先保证财政经常性支出项目，如行政管理费，行政事业单位离退休费等刚性项目。虽然支出预算是刚性的，但是下级机关和单位的支出负担却不是刚性的（周黎安，2008：183）。于是，为了更好地完成组织目标，具有机动特性的预算外收入必然成为行政人员的座上宾，在越穷的地方，公务员更容易获得更多的奖金和补助来弥补他们的收入差异，而这些奖金和补助大部分来自于预算外（Ma & Chen，2009），预算外收入的扩张容易导致行政成本相对支出规模的高涨。最终造成这样一种局面：经济越落后的地区，财政压力和财政风险就越大。

除预算外收入变量外，转移支付规模也对行政成本相对支出规模产生显著正影响。即转移支付规模增加 1% 会导致行政成本相对支出规模增加 10.4%。公共选择理论认为，由于官员和市场中的个人一样都受到利益最大化的驱使，于是，所有的政府官员都有争取本地方和部门预算最大化的冲动。在这种冲动的激励下，官僚机构在预算的编制和执行的过程中会机会主义行事。主要表现为地方政府的部门和领导会怀有一种预期：即使他们不从财政资金中攫取更多的，甚至多余的资金，其他领导和部门也会选择这样的预算策略。那么，按照预期来最大化预算对他们而言是最合理的选择。在目前政府预算产出的界定和测量还十分模糊的情况下，预算合同对作为代理方的政府约束不强，会进一步强化地方部门和领导"要钱"和"花钱"的冲动。因为，在预算软约束的情况下，花别人的钱办自己的事情更容易倾向于行政成本的扩张（马骏，2004）。于是，越穷的地方越希望争取到更多的转移支付和补助，进而导致了行政成本相对支出规模的上升，以至于高于东部发达地区。

在同时考虑需求和供给变量的情况下，综合模型呈现的结果相同。具体而言，城镇就业人口规模、行政区划、市场化水平、转移支付规模和预算外规模显著相关，和需求模型、供给模型一致。不过，行政区划、市场化水平、预算外收入规模、转移支付规模对行政成本相对支出规模的影响系数发生了变化，分别变为 1.9%，1.7%，28.5%，12.5% 和 15.6%。同时，改革的年份会导致行政成本相对支出规模增长 0.3%。这一数据表明，改革对于抑制行政成本相对支出规模而言并不有效，反而会推高行政成本相对支出规模。

综上，在单独考虑需求类模型时，市场化是首要影响因素，其次是行政区划，再次是城镇就业人口规模。而在单独考虑供给类模型时，官民比是首要因素，第二是预算外收入，第三是转移支付。在综合模型中，转移支付规模发挥的作用最大，即行政成本相对支出规模是受到转移支付的正影响，更能说明西部地区行政成本相对支出规模较大的原因是源于此。其次是人均面积、市场化水平、预算外收入和城镇就业人口规模。行政改革并对于行政成本相对支出规模而言并没有效果，反而增加了行政成本相对支出规模。此外，还可以看出，供给层面的 R-sq 值（27%）略高于需求层面（26%），说明供给层面的模型解释力要略高于需求层面的模型。这是因为：在分税制改革后，地方政府收入下降，于是，在资金短缺的情况下，预算通常是消极被动。以至于地方政府在现行的机构和服务之间分配资源时，并没有过多的考虑本地所需优先事项及其选择的合理性。在大多数的情况下，中央计划经济的思维方式仍然有很大的市场，具体表现为政府服务供应是供给驱动的，没有考虑需求因素（黄佩华，2003：6）。但是，行政成本相对支出综合模型数据并未完全支持这一观点。在综合模型中，可以看到，需求和供给同时对行政成本相对支出规模产生影响。通常，政府可以通过将社会要求导向那些能够扩大其活动范围的机构而不是僵化的机构，从而更为容易地应对日益增多的社会要求。所以，行政机构膨胀扩张和需求也是息息相关的（波齐，2007：131），只是单独考虑时略逊供给一筹。

表 5-2 和表 5-3 分别给出了行政成本相对支出规模的 VIF 检验结果以及随机效应模型。从表 5-2 可以看出，拥有自治区省份变量最大的 VIF 统计值 2.06 不超过 3，所以，变量之间不存在共线性。由于地区特色因素不随时间变化而变化导致了固定效应模型中此变量被自动排除，于是表 5-3 给出了随机效应模型。通过比较固定效应模型和随机效应模型，可以更好地对因变量和自变量之间的关系进行解释。

表 5-2　VIF 检验统计结果表

变量	VIF 统计值	1/VIF
拥有自治区省份	2.06	0.485322
市场化水平	1.61	0.621759
转移支付规模	1.59	0.629709
人均面积（log）	1.52	0.658654
自治区省份	1.39	0.720202
官民比	1.36	0.736009
城镇就业人口比例	1.27	0.787429
预算外收入	1.12	0.895095
行政改革	1.05	0.954006
工资规模	1.04	0.964290

表 5-3　1993—2006 年行政成本省际差异解释模型统计结果（随机效应模型）

	需求模型	供给模型	综合模型
需求类变量			
人均面积	0.036***		0.027***
	（0.000）		（0.008）
市场化水平	0.037***		0.019***
	（0.000）		（0.009）
自治区省份	-0.006		-0.006
	（0.57）		（0.565）
拥有自治区省份	0.014*		0.009
	（0.062）		（0.254）
供给类变量			
官民比		0.477***	0.325***
		（0.000）	（0.000）
工资规模		0.000	0.000
		（0.734）	（0.523）
预算外收入		0.137***	0.155***
		（0.001）	（0.000）
转移支付规模		0.113***	0.123***
		（0.003）	（0.002）
行政改革			0.004**
			（0.016）
常数	0.067	0.082	0.062
	0	0	0
R-sq	0.061	0.037	0.076
数据模型	RE	RE	RE

注：1. 括号内为 P 值，* 表示在 0.1 水平上显著，** 表示在 0.05 水平上显著，*** 表示在 0.01 水平上显著。2. 如果影响系数为 0，则说明这个系数小于 1/1 000，并不代表系数就为 0，可能是由于变量单位设置或者其他原因导致，为了避免小数点后数位过多，用 0.000 表示，如果不显著，将不做任何说明也不列出小数点后位数。

第二节　人均行政成本负担模型

人均行政成本负担更能表现各省的行政成本社会承载量。和行政成本相对支出模型不同的是，在人均行政成本负担模型中，笔者采用预算外收入总额来代替预算外收入规模。因为如果用 GDP 进行矫正就会消除一些影响，如预算外收入很高的省份用 GDP 矫正以后就会出现一个较低的值，这样对于衡量人均行政成本负担影响会存在偏差。除此之外，本节用相同的自变量对因变量进行回归，以观察人均行政成本负担省际差异是如何被需求、供给以及政策类变量所影响的。

表 5-4　1993—2006 年行人均行政成本负担省际差异解释模型统计结果

	需求模型	供给模型	综合模型
需求类变量			
人均 GDP（log）	123.811***		109.304***
	（0.000）		（0.000）
城镇就业人口规模	151.472***		165.219***
	（0.000）		（0.000）
人均面积	81.995		226.243
	（0.626）		（0.199）
市场化水平	57.179**		93.262***
	（0.011）		（0.000）
自治区省份	-55.609		-33.781
	（0.122）		（0.35）
拥有自治区省份	29.789		15.663
	（0.124）		（0.415）
供给类变量			
官民比		-2028.335***	-713.876**
		（0.000）	（0.01）
工资规模		-0.07	0.318
		（0.959）	（0.746）
预算外收入		0.00004***	0.0006
		（0.000）	（0.152）
转移支付规模		430.579**	436.028***
		（0.01）	（0.001）
行政改革			12.988**
（0.011）			
常数	71.31	72.122	29.823
	（0.000）	（0.000）	（0.098）
R-sq	0.67	0.4	0.69
Hausman Test	145.41***	8.24***	89.43***
数据模型	FE	FE	FE

注：1. 括号内为 P 值，* 表示在 0.1 水平上显著，** 表示在 0.05 水平上显著，*** 表示在 0.01 水平上显著。2. 如果影响系数为 0，则说明这个系数小于 1/1 000，

并不代表系数就为 0，可能是由于变量单位设置或者其他原因导致，为了避免小数点后数位过多，用 0.000 表示，如果不显著，将不做任何说明也不列出小数点后位数。

3. 由于地区特色因素不随时间变化而变化，所以在固定效应模型中被自动排除。

表 5-4 表明，在需求类模型中，人均 GDP（log）、城镇就业人口规模在 0.01 的水平上显著，市场化水平在 0.05 的水平上显著。具体而言，在控制了其他变量的情况下，人均 GDP 对数每增加 1 个单位就会导致人均行政成本增加约 124 元，和理论预期一致。同时，城镇就业人口增加 1% 也会导致人均行政成本增加约 151 元。这说明了，经济发展水平的高低会导致人均行政成本负担的增长与下降。具体而言，由于经济发达的沿海地区承担的经济建设任务较重，城市化水平高，于是，他们更需要大规模的公共部门运作，人均行政成本负担必然要高于经济不发达的西部地区。

此外，市场化水平每增加 1% 会导致人均行政成本增加约 57 元，和人均行政成本呈现正关系。它同时也表明了这样一种现象：市场化发达的东部地区的人均行政成本负担必然要高于市场化程度低的西部地区。这一结论支持了行政成本相对支出模型的数据，但和理论预期不符。对于市场化关系的解释，除行政成本相对支出规模中所提到的双轨制外，中国政府和企业之间复杂的经济关系也可以对此做进一步的说明。由于中国地方政府能在体制内争取到的好处并不多，所以，他们不大重视与上级政府的讨价还价。在得不到上级援助的情况下，地方政府更倾向于建立和扶植地方企业，以增进财政收入及就业（钱颖一，许成钢，1997：67）。这也是在1993 年之前，国有企业和乡镇企业成为中国非农部门经济增长的主要动力的原因之一。这样，企业利润的一大部分就可以成为财政收入出现在基层政府的财政预算中。而在 1993 年之后，市场化的发展推进了私有化的加速，在非国有企业稳定发展之时，国有企业以及地方集体所有企业却身陷囹圄。在经济改革的大背景下，地方政府更容易寻租，即通过把亏损的国营企业私有化为自己赚取利润以保障财政收入。于是，实行经济改革和对经济发展的赶超加强而非削弱地方官员权力的潜在力量（Oi，1997：131）。最终，中国的市场化并没有削减反而加重了行政成本负担。

在供给层面的模型中，官民比、预算外收入、转移支付规模对人均行政成本产生显著影响，而且都在 0.01 的水平上显著。具体而言，在控制其他变量的情况下，官员规模高的地区会比官员规模低的地区人均行政成本负担轻约 2 028 元，呈现负关系，和理论预期不符。这可能和我们的变量设置（利用人口来矫正地区差异）有关。一般而言，中央在各省设置的机构是一样的，大部分是常规设置。于是，各省公共部门职位和机构呈现刚性。在这种职责同构的情况下，按照本研究变量计算方式，地广人稀的西部地区官员规模就要高于人口密集的东部地区，即可能东部地区需要100人来供养一个官员，而西部地区却只需50人。但是，经济发达的东部地区的工资水平、公共物品购买力等却要远高于西部地区，人均行政成本负担重。于是，官民比高的西部地区人均行政成本负担反而要比东部地区低。除官民比外，预算外收入、转移支付规模和人均行政成本负担都呈现一种正关系，即预算外收入和转移支付规模增加1元或1%，会导致人均行政成本负担增加0.00004元或约431元。从影响系数可以看出，预算外收入的影响比较微弱。这也说明了，"预算饥饿"导致西部地区将倾向于攫取更多的预算外收入和转移支付，而这些资金却更多地用在了行政成本上，加重了人均行政成本负担。

在综合型模型中，控制了需求类、供给类变量以后，模型情况有所不同。主要表现为官民比显著性下降，预算外收入不再显著。人均GDP（log）、城镇就业人口规模、市场化水平、转移支付规模以及行政改革变量仍然显著，对人均行政成本产生正影响。其中，人均GDP（log）、市场化水平、城镇就业人口增加1%会导致人均行政成本负担分别增加约109元、93元和165元。即经济越发展，政府的责任越大，人民所负担的行政成本就越高。在供给变量中，转移支付规模会对人均行政成本产生正影响，即增加1%会导致人均行政成本增加436元。除供给和需求变量外，行政改革在控制了其他变量的情况下，也对人均行政成本负担产生显著正影响（0.05水平），即在行政改革的年份会导致人均行政成本负担约增加13元。说明，行政改革战略并未削减反而加剧了行政成本负担。

综上，综合模型的解释力最强，R-sq值达到了69.7%，其次是需求模型（40%），再次是供给类模型（69%）。和行政成本相对支出模型不同，人均行政成本负担也是在遵循需求的基础上考虑了供给因素。在需求类模型中，第一影响因素是城镇就业人口规模，第二是人均GDP，第三是市场化水平。在供给模型中，官民比对人均行政成本负担影响要大，其次是转移支付规模，再次是预算外收入。在综合模型中，其影响因素重要性依次是转移支付规模，城镇就业人口规模，市场化水平，人均GDP以及行政改革。

表5-5和表5-6分别给出了人均行政成本负担模型的VIF检验结果和随机效应模型。在VIF检验数据中，所有的VIF统计值均不超过3小于10，于是，可以判定方差膨胀并未超出标准，变量之间不存在共线性。

表 5-5　VIF 检验统计结果表

变量	VIF 统计值	1/VIF
拥有自治区省份	2.23	0.447916
市场化水平	1.67	0.599730
转移支付规模	1.59	0.629432
人均 GDP（log）	1.57	0.637511
官民比	1.56	0.642549
人均面积	1.55	0.647174
自治区省份	1.40	0.715239
城镇就业人口比例	1.31	0.762850
预算外收入	1.17	0.852759
行政改革	1.07	0.937917
工资规模	1.05	0.954148

表 5-6　1993—2006 年行人均行政成本省际差异解释模型统计结果（随机效应模型）

	需求模型	供给模型	综合模型
需求类变量			
人均 GDP（log）	97.807***		73.966***
	（0.000）		（0.000）
城镇就业人口规模	114.106***		97.209***
	（0.000）		（0.000）
人均面积	414.377***		429.000***
	（0.000）		（0.000）
市场化水平	-10.635		-25.194**
	（0.579）		（0.144）
自治区省份	-4.342		10.102
	（0.717）		（0.358）
拥有自治区省份	49.766***		27.527***
	（0.000）		（0.004）
供给类变量			
官民比		-676.881***	-848.804**
		（0.000）	（0.014）

	需求模型	供给模型	综合模型
工资规模		-0.708	-0.346
		（0.504）	（0.701）
预算外收入		0.00003***	0.000016***
		（0.000）	（0.000）
转移支付规模		625.689***	686.387***
		（0.000）	（0.000）
行政改革			1.447**
			（0.758）
常数	87.432	49.499	82.78
	（0.000）	（0.000）	（0.000）
R-sq	0.58	0.48	0.71
数据模型	RE	RE	RE

注：1. 括号内为 P 值，* 表示在 0.1 水平上显著，** 表示在 0.05 水平上显著，*** 表示在 0.01 水平上显著。2. 如果影响系数为 0，则说明这个系数小于 1/1 000，并不代表系数就为 0，可能是由于变量单位设置或者其他原因导致，为了避免小数点后数位过多，用 0.000 表示，如果不显著，将不做任何说明也不列出小数点后位数。

第三节　行政成本结构模型

本节主要讨论行政成本结构问题，具体分析需求类变量和供给类变量究竟影响了行政成本的哪些方面，主要包括人员和公用支出两个方面。通过细化分解各省行政成本结构，探讨其省际差异的原因，有针对性地提出政策建议。

表 5-7　1993—2006 年行政成本结构省际差异解释模型统计结果

	人员相对支出规模模型	公用相对支出规模模型
需求类变量		
人均 GDP（log）	-0.000	0.028***
	（0.919）	（0.000）
城镇就业人口规模	-0.035***	-0.014*
	（0.000）	（0.064）

续表 5-7

	人员相对支出规模模型	公用相对支出规模模型
人均面积	0.72	0.601
	（0.157）	（0.203）
市场化水平	0.000	0.007
	（0.99）	（0.402）
自治区省份	Dropped	Dropped
拥有自治区省份	Dropped	Dropped
供给类变量		
官民比	0.121	0.207
	（0.545）	（0.267）
工资规模	0.000	0.000
	（0.375）	（0.796）
预算外收入	0.099	0.061
	（0.124）	（0.311）
转移支付规模	0.747***	0.460***
	（0.000）	（0.000）
行政改革	-0.008***	0.007***
	（0.001）	（0.001）
常数	0.082	0.072
	（0.000）	（0.000）
R-sq	0.41	0.51
Hausman Test	28***	132.93***
数据模型	FE	FE

注：1. 括号内为 P 值，* 表示在 0.1 水平上显著，** 表示在 0.05 水平上显著，*** 表示在 0.01 水平上显著。2. 如果影响系数为 0，则说明这个系数小于 1/1 000，并不代表系数就为 0，可能是由于变量单位设置或者其他原因导致，为了避免小数点后数位过多，用 0.000 表示，如果不显著，将不做任何说明也不列出小数点后位数。3. 由于地区特色因素不随时间变化而变化，所以在固定效应模型中被自动排除。

　　从表 5-7 可以看出，在人员相对支出模型中，在控制了其他的变量的情况下，只有城镇就业人口规模、转移支付规模和行政改革变量显著。具体而言，当城镇就业人口规模增加 1%，会导致人员相对支出规模减少 3.5%。也就是说，城市化水平的提高会抑制人员相对支出规模的增长，表现为城市化水平高的地区人员相对支出规模要低于城市化水平低的地区。除城镇就业人口规模外，转移支付高的省份高于转移支付低的省份一个百分点，其人员相对支出规模就会高 81.3%。这说明，在"预算饥饿"的地区，如西部省份，转移支付对于它们维持机构运作、提供公共服务至关重要。相较于东部发达地区，在财政收入严重不足，预算软约束普遍存在的情况下，地方政府会争取更多地转移支付以扩大人员相对支出规模。除供给和需求类变量之外，行政改革也对人员相对支出规模产生影响。在改革的年份，人员相对支出规模会减少 0.8%。即精简机构、缩编人员的行政改革确实抑制了人员相对支出规模。表5-7 表明，转移支付规模、城镇就业人口规模是影响人员相对支出规模的首要因素，其次是城镇就业人口规模。整个模型的解释力达到 41%。

　　在公用相对支出规模中，人均 GDP（log）、城市化水平、转移支付规模以及行政改革也对公用相对支出规模产生了显著影响。人均 GDP（log）和城市化水平对公用相对支出规模产生的影响不同。人均 GDP 对数值增加一个单位会导致公用相对支出规模增加 2.7%，它在 0.01 的水平上显著。而城市化水平则和公用相对支出规模呈现负关系。城镇就业人口规模增加 1% 会导致公用相对支出规模减少 1.4%，和理论假设一致。这说明，人均 GDP（log）促进了公用相对支出规模，城市化发展却抑制了公用相对支出规模。在供给类变量中，转移支付规模对公用相对支出规模的影响和人员相对支出规模的影响保持一致，即转移支付规模上升 1% 会导致公用相对支出规模增加 46%。

　　此外，行政改革对于公用相对支出规模的影响为正，即改革年份会导致公用相对支出规模增加 7%。这一结果与人员相对支出规模影响相反。数据证明，行政改革并没有达到预期的效果，只是抑制了人员相对支出规模，但是这种抑制却是以公用相对支出规模扩张为代价的。在公用相对支出规模中，转移支付规模是首要因素，其次是人均 GDP，再次是行政改革。所有的供需类的变量可以解释 51% 的行政成本省际差异（R-sq 为 51%），公用相对支出规模模型拟合程度要好于人员相对支出规模模型。

　　由于地区特色因素不随时间变化而变化导致了固定效应模型中此变量被自动排

除，于是表 5-8 也给出了随机效应模型。表 5-9 给出了人员相对支出规模和公用相对支出规模的 VIF 检验结果[①]。由于最大的 VIF 值人均 GDP（log）统计值为 2.45 小于 10，所以方差膨胀并未超出标准，回归模型不存在共线性。

表 5-8　1993—2006 年行政成本结构省际差异解释模型统计结果
（随机效应模型）

	人员相对支出规模模型	公用相对支出规模模型
需求类变量		
人均 GDP（log）	-0.002	0.023***
	（0.437）	（0.000）
城镇就业人口规模	-0.047***	-0.035***
	（0.000）	（0.000）
人均面积	0.694***	0.407***
	（0.000）	（0.000）
市场化水平	-0.005	-0.001
	（0.58）	（0.884）
自治区省份	-0.018*	-0.005
	（0.055）	（0.584）
拥有自治区省份	0.016*	0.038***
	（0.038）	（0.000）
供给类变量		
官民比	-0.176	-0.329*
	（0.345）	（0.086）
工资规模	0.000	0.000
	（0.319）	（0.979）
预算外收入	0.051	-0.007
	（0.442）	（0.913）
转移支付规模	0.734***	0.476***
	（0.000）	（0.000）
行政改革	-0.008***	0.006***
	（0.000）	（0.023）
常数	0.087	0.092
	（0.000）	（0.000）
R-sq	0.69	0.44
数据模型	RE	RE

注：1. 括号内为 P 值，* 表示在 0.1 水平上显著，** 表示在 0.05 水平上显著，

[①] 人员相对支出规模和公用相对支出规模 VIF 检验结果相同，所以统一表 5-9 表示。

*** 表示在 0.01 水平上显著。2. 如果影响系数为 0，则说明这个系数小于 1/1 000，并不代表系数就为 0，可能是由于变量单位设置或者其他原因导致，为了避免小数点后数位过多，用 0.000 表示，如果不显著，将不做任何说明也不列出小数点后位数。

表 5-9　VIF 检验统计结果表（人员相对支出规模 / 公用相对支出规模）

变量	VIF 统计值	1/VIF
人均 GDP（log）	2.45	0.408403
官民比	2.28	0.438174
拥有自治区省份	2.24	0.446497
市场化水平	1.90	0.526876
转移支付规模	1.59	0.627846
人均面积	1.49	0.670440
自治区省份	1.44	0.695415
城镇就业人口比例	1.16	0.862423
预算外收入	1.15	0.871610
行政改革	1.08	0.928241
工资规模	1.04	0.962522

第四节　本章小结

中国的行政成本历经多次的改革，却仍然裹足不前。各省在行政成本控制上差强人意，最终结果是增长与差异并存。为了解决这个困惑，本研究对 1993—2006 年的各省数据进行了分析，提出并验证了 8 个理论假设。

对于经济发展水平而言，人均 GDP（log）越高会导致人均行政成本越高，也可以认为，人均 GDP（log）越高的省份人均行政成本会高于人均行政成本低的省份。城镇就业人口规模，即城市化水平也会对行政成本相对支出规模产生正影响，和理论不符。这说明，城市化水平并不能减少行政成本，而伴随着城镇就业人口规模越大，政府的管理越强，从而导致公共部门的公共服务增加，于是在提供公共服务上的行政成本相对支出规模就会增加。同时，城市化水平会对人均行政成本负担也产生正影响，对行政成本结果产生负影响，和理论假设一致。理论假设 1 基本成立。

人均面积对行政成本相对支出规模、人均行政成本负担都产生正影响。即省的人均面积越大会导致更多的行政成本支出，人均面积大的省份行政成本也相对于人均面积小的省份要高。这点和理论假设 2 相符合。

市场化变量和理论假设 3 相反，即市场程度高会导致行政成本相对支出规模和人均行政成本高。于是，市场化程度高的省份，其行政成本相对支出规模和人均行政成本都会较市场化程度低的省份要高。

理论假设 4 不成立，因为地区特色因素并未对行政成本产生具体的影响。

理论假设 5 在行政成本相对支出规模模型上成立，即官民比规模越大的省份行政成本相对支出规模会高于官民比小的省份。而针对人均行政成本负担而言，则呈现相反的关系。

理论假设 6 成立，即预算外规模增加也会导致了行政成本的高涨。预算外规模大的省份行政成本要高于预算外规模小的省份。

理论假设 7 亦成立。即转移支付规模越大导致行政成本越高，换言之，转移支付越大的省份行政成本相对于转移支付规模越小的省份要高。

行政改革对于行政成本相对支出规模和人均行政成本负担而言，均产生了正影响，即行政改革会增加行政成本相对支出规模和人均行政成本负担。行政改革对行政成本结构产生的影响是冲突的，行政改革抑制了人员相对支出规模，但是却以公用相对支出规模为代价。总之，行政改革并未起到实际的效果，于是，理论假设 8 成立。

综上，各省的经济、地理条件造就了地方行政成本省际差异，经济发展水平高低以及行政区划的大小、财政状况和公共部门情况都会影响行政成本的高低。具体而言，在需求层面上，人均 GDP（log）、城镇就业人口、市场化水平、行政区划对行政成本相对支出规模和人均行政成本均产生了显著的影响。除了市场化和城市化水平外，基本上与理论预期一致；地区特色对行政成本并不具有影响。这也表明了，各省的行政成本运作考虑了需求层面的影响，并非完全计划主导。对于供给层面的因素而言，预算外、转移支付，始终对行政成本省际差异产生显著的影响。但是，官民比对行政成本的影响并不明显。在控制了需求类和政策类变量后，官民比就不再产生显著影响。预算外规模、转移支付规模的高低也决定着行政成本的高低，于是对于各省行政成本保障而言，供给层面也确实发挥了一定的作用。行政改革则对行政成本相对支出规模，人均行政成本负担，以及人员相对支出规模和公用相对支出规模均产生影响。

需要注意的是，在行政相对支出规模模型和人均行政成本负担模型中，市场化水平、城市化水平与理论假设都呈现出相反的关系。市场化和城市化程度较高的省份会产生较大的行政成本相对支出规模和人均行政成本负担。对于城市化水平高的省份而言，其公用相对支出规模要相对较低，这和第四章的描述相符合。针对市场化变量与理论预期不一致的问题，第六章将1998—2003年的朱镕基政府改革单独抽出来，消除了以私有经济比重来衡量市场化水平的片面性，改使用樊纲指数对其进行再验证，以综合观察市场化对行政成本的影响。对市场化和行政成本之间关系的辨明，会帮助我们理解这样一个问题：在国家转型中，是否市场化越发展，对强势政府的需求就会越强？

第六章　政府理性化改革与行政成本省际差异（1998—2003 年）：强政府与弱市场

　　中国在转型的过程中，每届政府都会将行政改革和经济改革作为本届政府的首要目标，努力调适与市场经济相适应的政府规模，削减行政支出，重塑政府机构。其中，以 1998 年朱镕基为总理时的政府改革最为彻底。本章专门探讨了 1998—2003 年朱镕基政府改革过程中行政成本省际差异的情况及其原因。笔者采用 5 年 30 个省的面板数据建立模型，沿用之前章节的变量：行政成本相对支出规模、人均行政成本、行政成本结构变量（公用支出和人员支出）描述了行政成本省际差异的现状，并对其产生的原因进行进一步的面板模型分析，其经验结果表明，行政成本省际差异主要是由需求层面造成的（如各省的经济发展水平、行政区划），同时供给层面因素（如各省官民比）也产生一定的影响。此外，针对第五章只进行了固定效应模型和随机效应模型的验证的问题，本章在对 1998—2003 年模型进行验证时，对混合 OLS 模型、随机效应模型和固定效应模型进行了 F 检验、LM 检验和 Hausman 验证，以考察最优模型选择。

第一节　双重改革下的行政成本描述

　　1998 年，朱镕基成为总理并全面掌管经济改革，促进国家理性的重构（Zheng，2004：106）。他开始实行私有化改革，进一步转变政企关系，减少政府对经济的干预。这种私有化（政府放弃了国有企业的产权）的改革使得政府无法保护国有企业，因此也抑制了行政成本（保护国有企业而造成的协调、管理等）的高涨。同时，由于和国有企业联系的减少，地方政府在面对强大财政压力的情况下，为了履行其日益增长的社会义务，倾向于抑制行政成本的增长（Yang，2004：33-34）。从 1999 年中期开始，中央政府开始促进省级政府规模的削减，并在其努力下，各省于 2001 年都接受了此次改革，并取得了一定的成效，削减了官员和机构规模，从而削减了行政成本（Yang，2004：44）。可是，如前所述，即使在 1998—2003 年大刀阔斧的改革年代，各省在削减行政成本规模的承诺上也并不一致，地区差距较大。针对这个问题，本章沿用了行政成本相对支出规模、人均行政成本负担和行政成本结构（人员相对支出规模和公用相对支出规模）来衡量行政成本。同时，为了消除私有经济比重作为市场化衡量指标产生的偏差，在对模型进行验证时用樊纲指数作为衡量市场化的全面指标。

一、行政成本相对支出规模差异描述统计

表 6-1 1998—2003 年行政成本相对支出规模数值总表

	1998	1999	2000	2001	2002	2003
北京	4.5	4.72	4.89	5.6	5.32	5.94
天津	5.13	4.77	4.75	5.02	5.62	5.84
河北	8.75	8.99	9	10.1	10.37	10.21
山西	12.58	12.08	11.51	11.39	10.93	10.77
内蒙古	10.66	9.81	9.95	9.61	10.21	10.09
辽宁	5.92	5.98	7.22	7.72	7.94	8.12
吉林	6.72	6.91	6.86	7.31	7.63	7.24
黑龙江	6.52	6.79	7.21	7.81	8.67	8.14
上海	3.64	3.72	4.06	4.17	4.11	4.07
江苏	9.69	9.42	9.34	10.32	10.23	11.26
浙江	10.72	10.2	10.01	10.33	10.62	11.07
安徽	10.38	10.74	10.51	10.64	10.11	10.72
福建	9.08	8.35	7.95	8.28	8.11	8.22
江西	8.8	9.41	9.16	9.23	9.41	9.18
山东	9.9	10.15	9.86	10.46	11.12	11.04
河南	11.01	10.74	11.46	11.82	11.6	11.07
湖北	9.66	10.01	9.23	10.12	10.56	10.82
湖南	9.38	9.42	9.59	9.5	10.31	9.86

续表 6-1

	1998	1999	2000	2001	2002	2003
广东	7.67	9.34	9.1	9.82	10.35	10.42
广西	11.05	10.91	10.04	10	10.44	10.24
海南	10.91	10.11	9.94	10.09	9.97	9.76
重庆	9.02	9.86	10.42	10.5	10.78	11.41
四川	12.1	11.35	11.4	12.04	12.92	12.73
贵州	12.49	12.06	11.7	12.22	13.04	12.21
云南	8.85	8.99	9.02	9.37	9.44	10.21
陕西	11.57	10.18	10.11	10.32	11.22	10.13
甘肃	12.14	10.41	10.96	11.15	10.44	9.8
青海	10.67	9.82	9.09	8.63	9.11	9.74
宁夏	7.99	7.48	6.49	6.07	7.31	7.13
新疆	11.34	11.56	11.22	9.72	10.34	11.59

注：本样本剔出了极端值西藏。本样本的统计值只取了小数点后两位，其数据基于当年的通货膨胀率和价格指数。

资料来源：财政部，预算司，1998—2003年。

（一）分年描述统计

表 6-2　1998—2003 年分年各省行政成本相对支出规模描述统计一览表
（行政管理费占各省财政支出 %）

年份	最小值　Min	最大值　Max	极差	Max/Min	平均值	标准差
1998	上海　3.44	贵州　13.85	10.41	4.02	9.68	2.55
1999	上海　3.64	山西　12.58	8.94	3.45	9.29	2.39
2000	上海　3.72	山西　12.08	8.36	3.24	9.14	2.17
2001	上海　4.06	贵州　11.7	7.64	2.88	9.06	2.06
2002	上海　4.17	贵州　12.22	8.05	2.93	9.31	2.03
2003	上海　4.11	贵州　13.04	8.93	3.17	9.61	2.04

注：本样本剔出了极端值西藏。本样本的统计值只取了小数点后两位，其数据基于当年的通货膨胀率和价格指数。

资料来源：财政部，预算司，1998—2003年。

从表 6-2 可以看出，1998—2003 年，各省行政成本相对支出规模差异有缩小的趋势。但是，这种趋势并不明显。五年来，行政成本省际标准差均在 2 以上，也表明各省之间还是存在一定的差异。同时，可以看出，贵州属于行政成本相对支出规模较高的省份，其次是山西。而上海始终处于行政成本相对支出规模较低的位置。发达地区上海行政成本相对规模是欠发达地区贵州和山西行政成本相对规模的 1/3 左右，而在改革的当年，即 1998 年约为 1/4。由此可见，发达地区和欠发达地区在行政改革的努力上就已经拉开了巨大的差距。

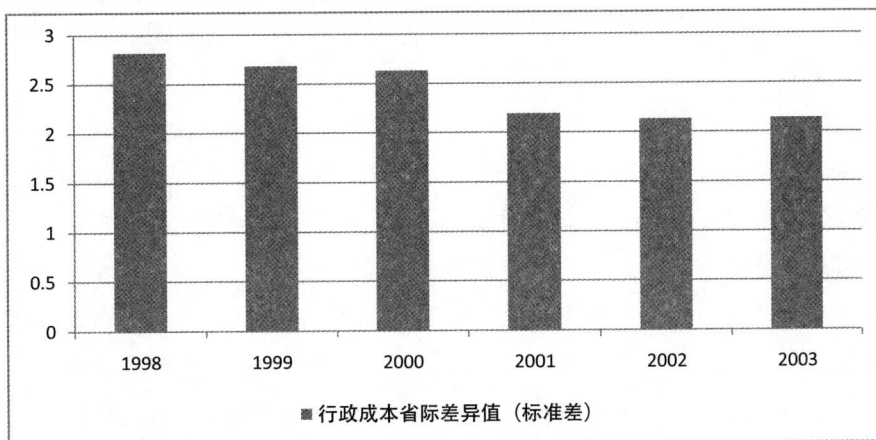

图 6-1　1998—2003 年行政成本相对支出规模省际差异趋势图

图 6-1 揭示了在一届政府执政期间（1998—2003 年），行政成本省际差异趋势。在五年之间，行政成本省际差异有不断减小的趋势。在改革中段，即 2001 年相较于之前三年，有较大程度的缩小，降到 2%—2.5%。之后，行政成本省际差异一直保持平稳状态。在 2003 年，即下届政府换届前一年有略微的提升。

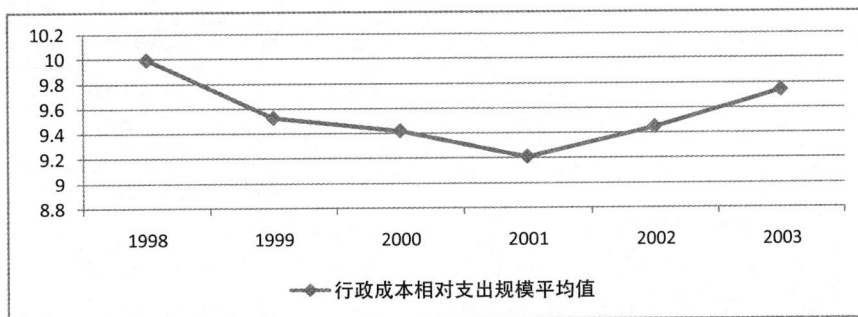

图 6-2　1998 -2003 年平均行政成本趋势图

图 6-2 表明，1998—2003 年，行政成本相对支出规模有不断下降的趋势，证明

改革势头很明显，大幅度下降 0.5%（从 10% 左右降至 9.5% 左右）。直至 2001 年，即改革中段，行政成本相对支出规模达到最低值。之后，在改革的最后两年，行政成本相对支出规模缓慢回升。

图 6-1 和图 6-2 综合表明，在朱镕基总理执政期间，虽然进行了大刀阔斧的改革，行政成本相对支出规模仍然只在改革的初始阶段（1998—2001 年）得到了有效的控制。随着改革的深入，行政成本相对支出规模开始反弹上升。但是，在五年的改革期间，行政成本相对支出规模省际差异在 1998 年、1999 年和 2000 年间呈现出下降的势头，但并不迅速，直至改革中段（2001 年）才开始明显缩减。简言之，改革之初，行政成本得到有效的控制，但各省差异较大；而改革中期（2001 年）是个转折点，导致改革的后期行政成本相对支出规模开始反弹但是各省的差异却慢慢缩小。杨大利（2004）认为，造成这一现象的主要原因在于在政府规模持续缩减的同时，朱镕基总理将政府公务员以及退休人员的工资水平提高了两倍，以补偿人员，并缓冲政府削减所带来的压力。除工资提升外，很多从政府中削减的人员以另外的方式转移到了事业单位，所以行政成本并未有明显的缩减。同时，在中央改革之初，各省的行动策略并不一致，有些持观望态度，有些则积极响应，可是，随着中央改革的不断推进，各省在行政成本控制上逐渐达成一致，以至于缩小了各省之间行政成本相对支出规模的差异。

（二）分省描述统计

1. 1998—2003 年分省行政成本相对支出规模数值描述

表 6-3 1998—2003 年分省行政成本相对支出规模描述统计一览表
（行政管理费占各省财政支出 %）

省份	最小值 Min		最大值 Max		极差	Max/Min	平均值	标准差
北京	1999	4.5	2002	5.6	1.1	1.24	4.98	0.42
天津	2001	4.75	2003	5.62	0.87	1.18	5.14	0.35
河北	1999	8.75	2003	10.37	1.62	1.18	9.44	0.67
山西	2003	10.93	1998	13.56	2.63	1.24	12.07	0.95
内蒙古	2002	9.61	1998	11.68	2.07	1.22	10.40	0.76
辽宁	1999	5.92	2003	7.94	2.02	1.34	6.87	0.9
吉林	2001	6.68	1998	7.74	1.06	1.16	7.18	0.46
黑龙江	1999	6.52	2003	8.67	2.15	1.33	7.49	0.78

省份	最小值 Min	最大值 Max	极差	Max/Min	平均值	标准差
上海	1998　3.44	2002　4.17	0.73	1.21	3.84	0.3
江苏	2001　9.34	2002　10.32	0.98	1.10	9.78	0.42
浙江	2001　10.01	1998　11.34	1.33	1.13	10.57	0.47
安徽	1998　9.65	2000　10.74	1.09	1.11	10.30	0.4
福建	2001　7.95	1998　9.29	1.34	1.17	8.54	0.55
江西	1999　8.8	2000　9.41	0.61	1.07	9.2	0.24
山东	2001　9.86	2002　11.12	1.26	1.13	10.34	0.46
河南	2000　10.74	1998　11.86	1.12	1.10	11.39	0.45
湖北	2001　9.23	2003　10.56	1.33	1.14	9.926	0.45
湖南	1999　9.38	2003　10.31	0.93	1.1	9.71	0.35
广东	1998　7.36	2003　10.35	2.99	1.41	8.92	1.19
广西	2002　10	1998　11.61	1.61	1.16	10.71	0.63
海南	2001　9.94	1998　10.98	1.04	1.10	10.37	0.48
重庆	1999　9.02	2003　10.78	1.76	1.2	9.99	0.67
四川	2000　11.35	2003　12.92	1.57	1.14	12	0.57
贵州	2001　11.7	1998　13.85	2.15	1.18	12.61	0.78
云南	1999　8.85	1998　9.78	0.93	1.11	9.26	0.35
陕西	2002　10.11	1998　12.66	2.55	1.25	11.1	1.01
甘肃	2001　10.41	1999　12.14	1.73	1.17	11.2	0.73
青海	2002　8.63	1998　11.94	3.31	1.38	9.98	1.24
宁夏	2002　6.07	1998　8.25	2.18	1.36	7.24	0.85
新疆	2002　9.72	1998　12.2	2.48	1.26	11.04	0.9

注：本样本剔出了极端值西藏，上述统计值只取了小数点后两位，其数据基于当年的通货膨胀率和价格指数。

资料来源：财政部，预算司，1998—2003 年。

表 6-3 揭示出，各省在 1998—2003 年，行政成本相对支出规模还是存在差异（每个省的标准差和平均值都不一样，说明在朱镕基总理执政的五年间，各省的行政成本相对支出规模趋势不同）。但是，在 1998—2003 年这一时期，各省在这 5 年间的行政成本相对规模发展趋势差异并不大。但是，西藏、广东、陕西、青海在 1998—

2003年行政成本相对支出规模标准差都超过了1%。此结果表明，这四个省在朱镕基政府期间，行政成本相对支出规模变化最大。而其他省份则没有多大变化。同时，还可以通过表6-3看出，各省行政成本相对支出规模最大值在1998年、2003年出现最多；而最小值的出现主要分布在2001年和1999年。这表明，在改革的第一年和最后一年行政成本相对支出规模有扩张的趋势，而在改革进行的中间年份又有削减的趋势。

2．1998—2003年行政成本分省模式总结

根据行政成本相对支出规模在1998—2003年的趋势，主要分为平稳上升稳定型、基本不变型、稳定上升型、平稳下降型和波折上升型。

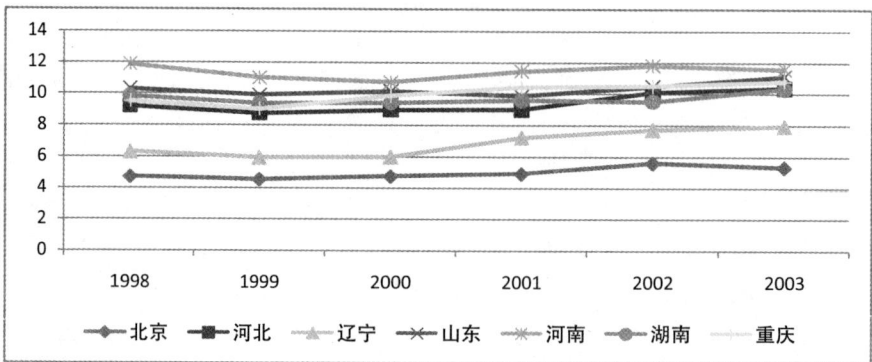

图6-3　行政成本相对支出规模"平稳上升稳定"型

图6-3可以看出，北京、河北、辽宁、山东、河南、湖南和重庆在1998—2003年行政成本处于平稳上升型。在2000年左右，开始小幅度地上升。

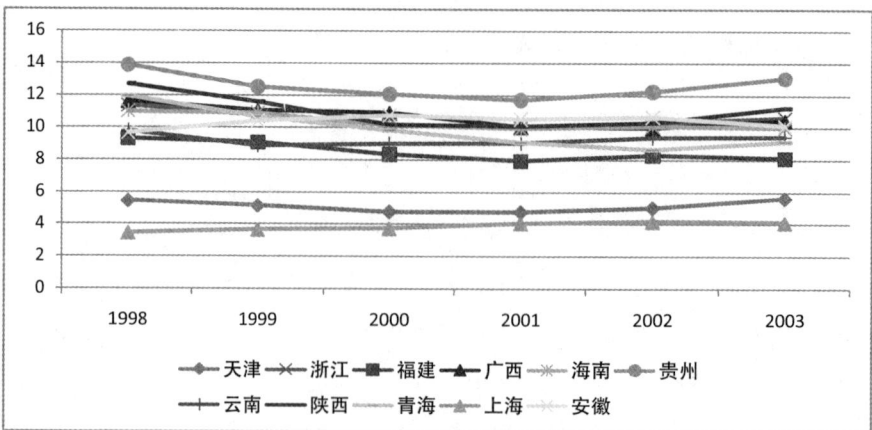

图6-4　行政成本相对支出规模"基本不变"型

图 6-4 表明，大部分省份的行政成本相对支出规模在改革过程中都处于基本稳定的状态，只有在 2000 年左右，有小幅度下降。

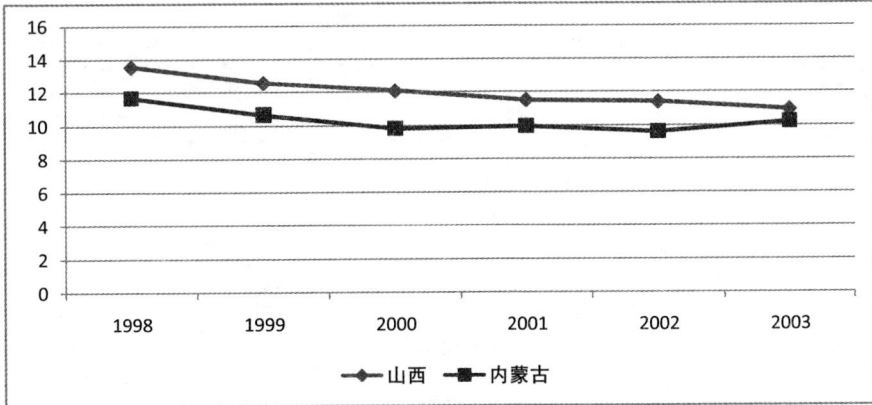

图 6-5　行政成本相对支出规模"稳定下降"型

图 6-5 描述了行政成本相对支出规模稳定下降的趋势。具有代表性的省份为山西和内蒙古。

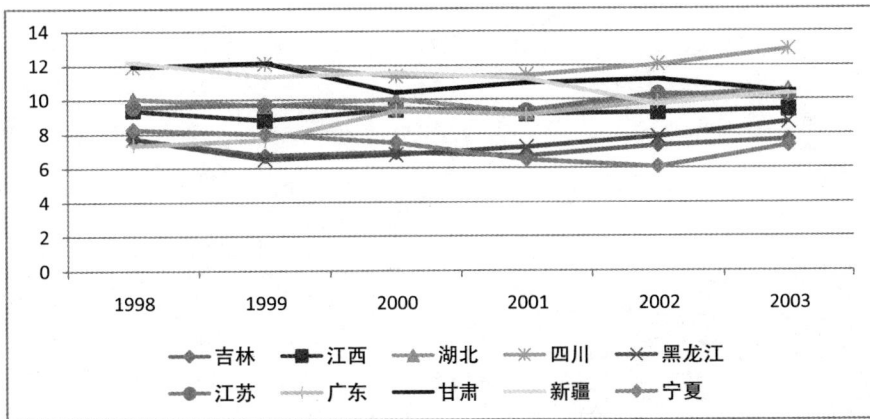

图 6-6　行政成本相对支出规模"波折上升"型

图 6-6 描述了行政成本相对支出规模在 1998—2003 年波折前进，有升有降。关键转折点主要在 1999 年和 2002 年，即改革的前期和后期。除了甘肃外，吉林、江西、湖北、四川、黑龙江、江苏、广东、新疆和宁夏的行政成本相对支出规模都在 2002 年，也就是改革进行四年后，有所反弹。

（三）东、中、西地区比较描述统计：年度趋势和省际差异

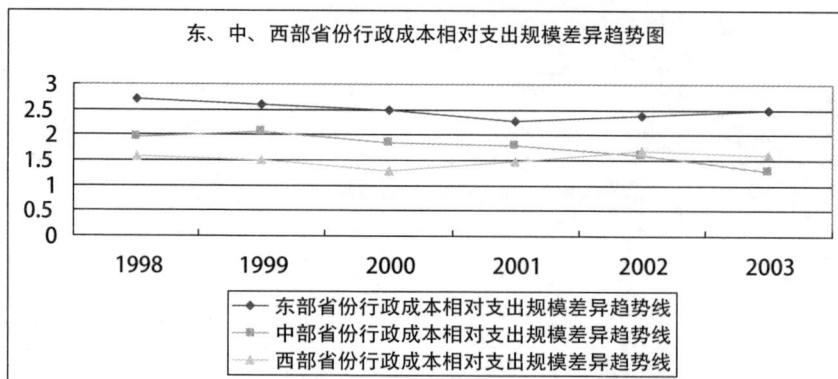

图 6-7　1998—2003 年东、中、西部地区行政成本相对支出规模差异趋势图

表 6-4　东、中、西部地区行政成本相对支出规模数值表

	地区	最大值		最小值		平均值
1998	西部	贵州	13.85	宁夏	8.25	11.39
	东部	浙江	11.34	上海	3.44	7.99
	中部	山西	13.56	黑龙江	7.72	9.97
1999	西部	贵州	12.49	宁夏	7.99	10.72
	东部	浙江	11.34	上海	3.44	7.99
	中部	山西	12.58	黑龙江	6.52	9.38
2000	西部	贵州	12.06	宁夏	7.48	10.22
	东部	浙江	10.2	上海	3.72	7.79
	中部	山西	12.08	黑龙江	6.79	9.51
2001	西部	贵州	11.7	宁夏	6.49	10.04
	东部	浙江	10.01	上海	4.06	9.42
	中部	山西	11.51	吉林	6.68	7.83
2002	西部	贵州	12.22	宁夏	6.07	9.97
	东部	山东	10.46	上海	4.17	8.36
	中部	河南	11.82	吉林	7.31	9.73
2003	西部	贵州	13.04	宁夏	7.31	10.48
	东部	山东	11.12	上海	4.11	8.52
	中部	河南	11.6	吉林	7.63	9.9

注：本样本剔出了极端值西藏，上述统计值只取了小数点后两位，其数据基于当年的通货膨胀率和价格指数。

资料来源：财政部，预算司，1998—2003 年。

从图 6-7 和表 6-4 可以看出，在行政成本相对支出规模上，1998—2003 年，东部省份之间的差异始终要高于中部和西部的省份。由此可见，五年间，东部地区各省之间行政成本相对支出规模差异始终最大。具体而言，东部地区在前四年中，浙江的行政成本相对支出规模最高。2002 年和 2003 年，山东的行政成本相对支出规模最高。上海在五年之中始终保持着最低规模的行政成本。西部地区中贵州和宁夏一直是行政成本相对支出规模最大和最小的省份。中部地区的黑龙江省在改革的前三年始终保持着行政成本规模最小，2001—2003 年被吉林省后来居上。同时，山西省在 1998—2002 年一直拥有最大行政成本相对支出规模，在 2002—2003 年时被河南省取代。图 6-7 和表 6-4 还告诉我们，在 1998—2001 年，中部省份行政成本相对支出规模差异要高于西部省份之间的差异。在 2002 年出现转折：中部省份之间的行政成本相对支出规模差异值和西部省份几乎一致。2002—2003 年，中部省份之间行政成本相对支出规模差异开始下降，低于西部各省之间行政成本相对支出规模的差异。从总体上看，较 1998 年，除了中部省份行政成本相对支出规模差异微量升高外，东部、西部各省之间的差异均有下降的趋势。

1. 西部地区行政成本相对支出规模

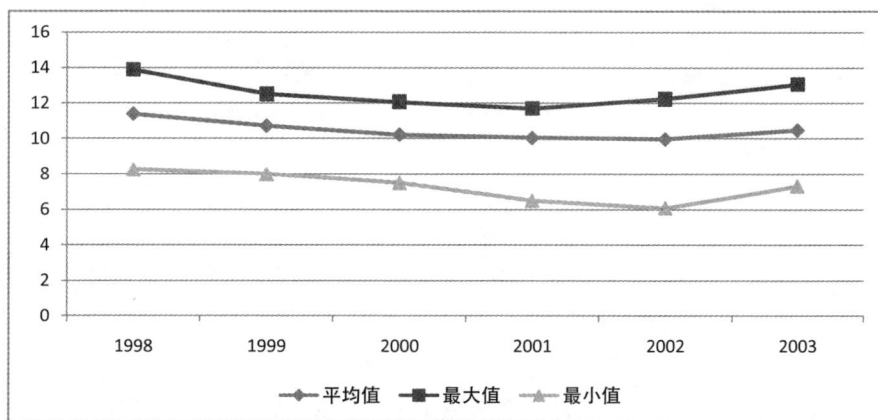

图 6-8　西部各省行政成本相对支出规模数值趋势图

图 6-8 表明西部各省行政成本相对支出规模的总体趋势。在 1998—2002 年，行政成本相对支出规模的平均水平呈现缓慢下降趋势，直到 2002 年改革后期才开始回升。通过观察最大值和最小值的曲线也可以看到西部各省行政成本相对支出规模的最低水平和最高水平在改革后受到了一定程度的遏制，即使 2002 年后回升也没有达到先前的水平。

2. 东部地区行政成本相对支出规模

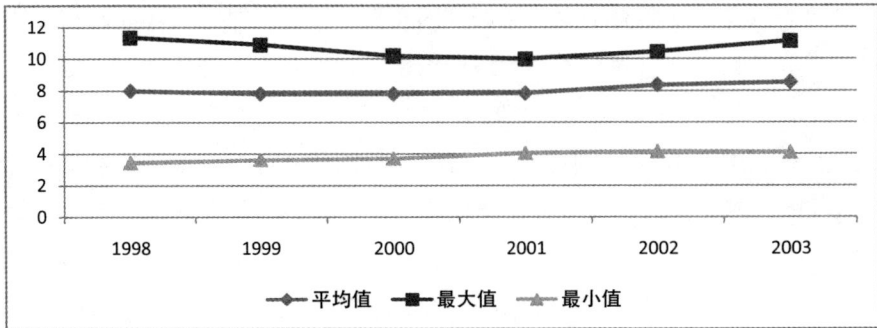

图 6-9　东部地区行政成本相对支出规模数值趋势图

图 6-9 表明东部地区行政成本相对支出规模呈现缓慢上升的趋势。在 1998—2003 年，东部地区行政成本相对支出规模水平控制力度不如西部地区，而且处于缓慢膨胀的状态，但是幅度都不是很大。虽然行政成本相对支出规模的最低水平在改革之后有所改善，但是在改革后期（2001 年）却回到 1998 年的水平，这表明，1998—2003 年的行政改革并没有很好地削减东部地区行政成本相对支出规模。

3. 中部地区行政成本相对支出规模

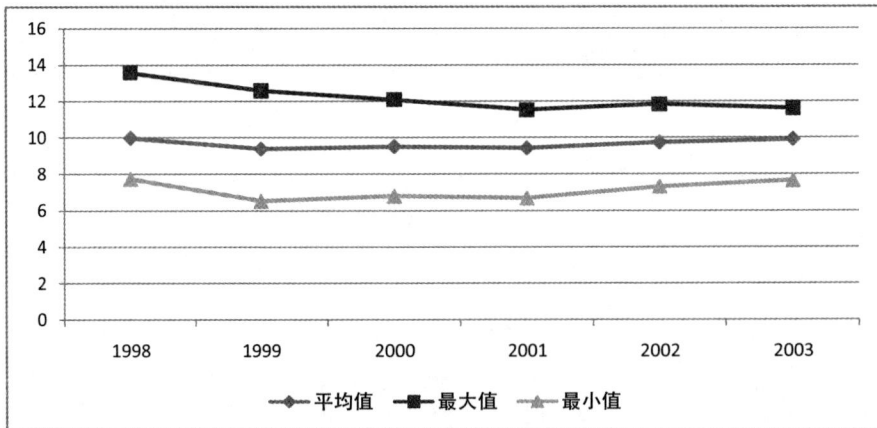

图 6-10　中部地区行政成本相对支出规模数值趋势图

图 6-10 揭示了中部地区行政成本相对支出规模平均水平基本处于稳定的趋势，大约在 10% 左右。行政成本相对支出规模最高水平在 5 年间也在大幅度下降，下降幅度达到 2% 左右（12%—14%），并在 2001 年之后基本保持稳定。其最低水平基本围绕在 8% 左右浮动。

二、人均行政成本差异描述统计

表 6-5　1998—2003 年各省人均行政成本负担数值总表
（行政管理费占各省人口，单位：元）

	1998	1999	2000	2001	2002	2003
北京	151.79	166.29	245.39	301.51	398.37	435.85
天津	102.50	111.01	123.22	149.75	192.50	228.63
河北	45.49	50.85	65.48	81.06	94.86	108.05
山西	77.20	80.51	93.52	114.44	144.46	157.62
内蒙古	93.57	99.13	116.94	149.24	175.77	213.06
辽宁	67.53	84.79	97.56	121.02	148.00	175.25
吉林	56.92	63.22	72.25	88.58	109.14	125.11
黑龙江	56.27	63.64	76.58	101.06	115.52	135.36
上海	156.99	184.47	210.49	275.57	324.17	426.37
江苏	77.66	90.00	131.73	151.76	190.04	221.94
浙江	113.90	130.94	176.82	222.96	269.60	324.95
安徽	45.52	57.50	70.36	84.09	93.46	100.83
福建	86.50	102.35	113.70	127.37	148.93	154.96
江西	47.73	55.50	75.16	99.32	101.99	111.45
山东	63.47	69.36	90.19	115.23	122.96	142.50
河南	44.89	49.63	61.20	73.29	90.27	96.63
湖北	56.03	70.51	80.43	101.58	118.96	121.21
湖南	50.24	60.98	73.62	91.57	108.50	120.12
广东	122.04	158.05	201.78	250.36	306.77	344.00
广西	59.11	62.12	71.35	89.50	112.12	121.22
海南	96.32	98.37	115.31	119.43	144.11	163.89
重庆	52.86	66.86	86.88	102.67	125.54	142.26
四川	53.85	66.53	74.61	99.08	120.41	132.57
贵州	60.26	66.11	78.04	97.88	113.56	126.23
云南	92.19	93.99	102.71	124.62	139.10	150.85

续表 6-5

	1998	1999	2000	2001	2002	2003
陕西	65.24	72.32	83.68	110.28	122.89	139.09
甘肃	64.57	83.25	84.91	108.00	123.90	128.58
青海	114.28	126.81	147.19	197.46	215.73	226.27
宁夏	74.15	78.96	93.44	120.20	132.43	153.01
新疆	109.17	115.92	193.42	178.85	210.18	223.12

注：本样本剔出了极端值西藏，上述统计值只取了小数点后两位，其数据基于当年的通货膨胀率和价格指数。

资料来源：财政部，预算司，1998—2003 年。

（一）分年描述统计

表 6-6　1998—2003 年分年各省人均行政成本描述统计一览表
（行政管理费 / 全省总人口，单位：元）

年份	最小值 Min		最大值 Max		极差	Max/Min	平均值	标准差
1998	河南	44.89	上海	156.99	112.10	3.49	78.61	30.79
1999	河南	49.63	上海	184.45	134.84	3.72	89.33	34.9
2000	河南	61.19	北京	245.39	184.19	4.01	110.27	48.79
2001	河南	61.19	北京	301.51	228.21	4.11	134.92	58.93
2002	河南	90.27	北京	398.37	308.09	4.41	160.47	75.24
2003	河南	96.63	北京	435.85	339.22	4.51	181.69	90.41

注：本样本剔出了极端值西藏。本样本的统计值只取了小数点后两位，其数据基于当年的通货膨胀率和价格指数。

资料来源：财政部，预算司，1998—2003 年。

从表 6-6 可以看出，1998—2003 年，各省人均行政成本负担平均水平在 150 元左右，随着改革推进，渐进增加，最高达到 181.69 元。同时，各省之间的人均行政成本差异日益扩大，从 30.79 元增加到了 90.41 元。这说明，改革拉大了各省之间的行政成本负担。具体而言，除 1998 年、1999 年外，人均行政成本负担最重的省份出现在北京，与三届政府数据一致。因为北京是首都政治中心，它除拥有地方机构外，还有设置了一系列的中央部委机构。反之，河南占据了五年人均行政成本负担最小的位置，这或许与我们的统计方法有关，河南是人口大省，每年的人口都将近 10 万左右，拉低了行政成本。我们还可以从表 6-6 看出，人均行政成本负担最大的地区和最小的地区之间差异也很大，并随着时间变化不断上升（112.10—339.22 元）。

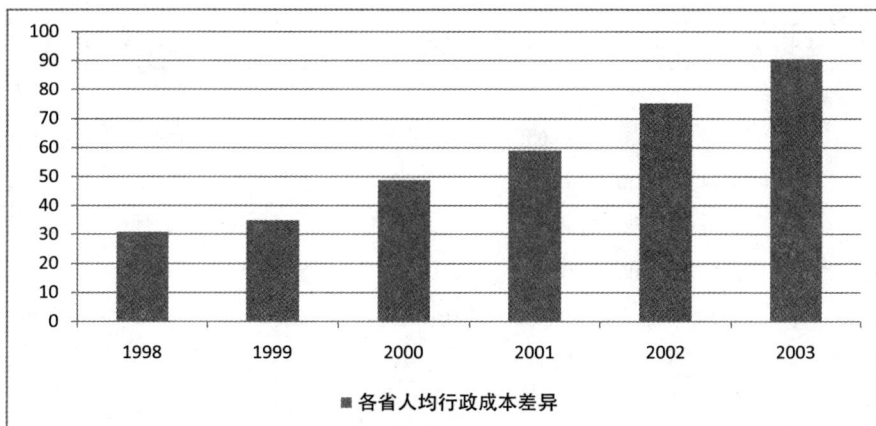

图 6-11　1998—2003 年各省人均行政成本差异趋势图

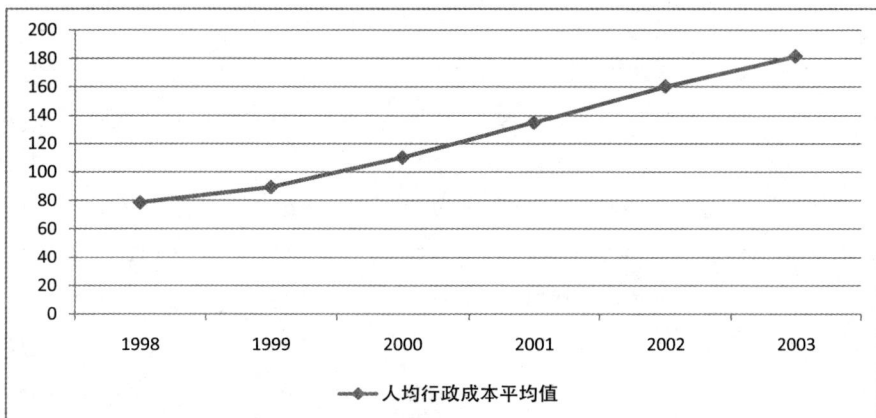

图 6-12　1998—2003 年各省人均行政成本水平图

图 6-11、图 6-12 表明，在 1998—2003 年，各省无论是平均人均行政成本支出水平，还是各省之间的人均行政成本差异都呈现上升的趋势。1998 年的改革并未抑制地区的人均行政成本负担，反而加重了。

（二）1998—2003年人均行政成本负担分省数值描述

表 6-7　1998—2003年人均行政成本负担分省描述统计一览表

（行政管理费/全省总人口，单位：元）

省份	最小值　Min	最大值　Max	极差	Max/Min	平均值	标准差
北京	1998　151.79	2003　435.85	284.06	2.87	283.20	117.70
天津	1998　102.50	2003　228.63	126.13	2.23	151.27	49.95
河北	1998　45.49	2003　108.05	62.56	2.38	74.30	24.76
山西	1998　77.20	2003　157.62	80.42	2.04	111.29	33.71
内蒙古	1998　93.57	2003　213.06	119.49	2.28	141.28	47.01
辽宁	1998　67.53	2003　175.25	107.72	2.60	115.69	40.55
吉林	1998　56.92	2003　125.11	68.19	2.20	85.87	26.93
黑龙江	1998　56.27	2003　135.36	79.09	2.41	91.40	31.09
上海	1998　156.99	2003　426.37	269.38	2.72	263.01	100.75
江苏	1998　77.66	2003　221.94	144.28	2.86	143.86	56.07
浙江	1998　113.90	2003　324.95	211.06	2.85	206.53	81.79
安徽	1998　45.52	2003　100.83	55.31	2.21	75.29	21.39
福建	1998　86.50	2003　154.96	68.46	1.79	122.30	26.67
江西	1998　47.73	2003　111.45	63.72	2.33	81.86	26.42
山东	1998　63.47	2003　142.50	79.04	2.25	100.62	31.41
河南	1998　44.89	2003　96.63	51.74	2.15	69.32	21.22
湖北	1998　56.03	2003　121.21	65.18	2.16	91.45	26.68
湖南	1998　50.24	2003　120.12	69.88	2.39	84.17	27.35
广东	1998　122.04	2003　343.99	221.96	2.82	230.50	85.94
广西	1998　59.11	2003　121.22	62.10	2.05	85.90	26.24
海南	1998　96.32	2003　163.89	67.58	1.70	122.90	26.49
重庆	1998　52.86	2003　142.26	89.40	2.69	96.18	34.21
四川	1998　53.85	2003　132.57	78.72	2.46	91.17	31.32
贵州	1998　60.26	2003　126.23	65.97	2.09	90.35	26.56
云南	1998　92.19	2003　150.85	58.66	1.64	117.24	24.66
陕西	1998　65.24	2003　139.09	73.85	2.13	98.92	29.64
甘肃	1998　64.57	2003　128.58	64.01	1.99	98.87	25.33

省份	最小值　Min	最大值　Max	极差	Max/Min	平均值	标准差
青海	1998　114.28	2003　226.27	112.00	1.98	171.29	47.94
宁夏	1998　74.15	2003　153.01	78.86	2.06	108.70	31.53
新疆	1998　109.17	2003　223.12	113.95	2.04	171.78	48.31

注：本样本剔出了极端值西藏，上述统计值只取了小数点后两位，其数据基于当年的通货膨胀率和价格指数。

资料来源：财政部，预算司，1998—2003 年。

表 6-7 表明，每个省的人均行政成本负担是随着时间的增加而增加的。各省在 1998—2003 年，差异也在不断地扩大。全国最发达的三个地区：北京、上海、广东在五年间差异最大，标准差分别达到了 117.7、100.75．85.95。通过观察这三个地方的极差，可以发现，这三个地方的人均行政成本负担均高于其他省份。这一现象进一步印证了：发达地区对改革的态度较之中西部地区要强烈一些，所以变化幅度要高于其他地区。而在五年间人均行政成本负担差异最小的地方出现在中部的河南和安徽，分别是 21.22 和 21.39。这表明，中部地区在改革过程中，行政成本变化幅度不大，说明持有观望的态度。

（三）东、中、西地区比较描述统计：年度趋势和省际差异

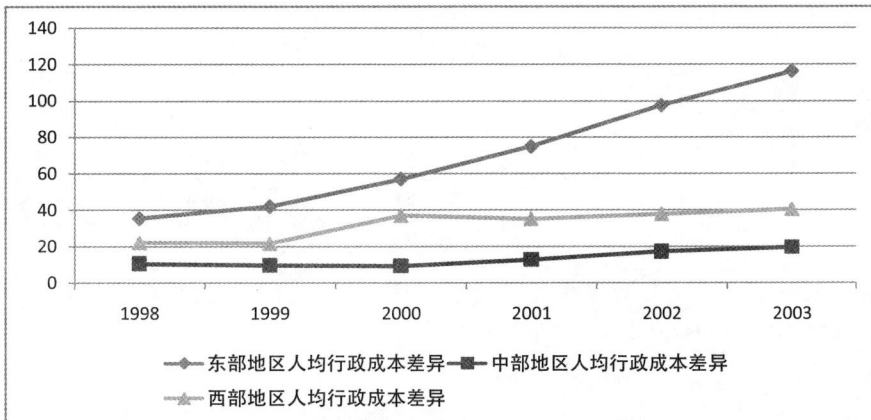

图 6-13　东、中、西部地区人均行政成本差异趋势比较图

图 6-13 表明，在 1998—2003 年，东、中、西部地区人均行政成本差异随着改革的推进都呈现上升的趋势。其中，东部地区各省之间的差异最大，且在五年间迅速蹿升。西部地区各省之间的差异在 1999 年，即改革的第二年有大幅度上升后略微下降，

基本维持在 40 左右。中部地区各省在 5 年之间的人均行政成本差异缓慢上升，基本不超过 20。整体而言，东部地区各省之间人均行政成本差异最大，其次是西部地区，中部地区人均行政成本差异最小。

表 6-8　东、中、西部地区行政成本相对支出规模数值表

	地区	最大值		最小值		平均值
1998	西部	青海	114.28	重庆	52.86	76.29
	东部	上海	156.99	河北	45.49	98.56
	中部	山西	77.2	河南	44.89	54.35
1999	西部	青海	126.81	广西	62.12	84.73
	东部	上海	184.86	河北	50.85	113.32
	中部	山西	80.91	河南	49.63	62.69
2000	西部	新疆	193.42	广西	71.35	103.02
	东部	北京	245.39	河北	65.48	142.88
	中部	山西	93.52	河南	61.20	75.39
2001	西部	青海	197.46	广西	89.49	125.25
	东部	北京	301.51	河北	81.06	174.18
	中部	山西	114.44	河南	73.29	94.24
2002	西部	青海	215.72	广西	112.12	144.69
	东部	北京	398.37	河北	94.86	212.75
	中部	山西	144.46	河南	90.27	110.29
2003	西部	青海	226.27	广西	121.12	159.66
	东部	北京	435.85	河北	108.05	247.85
	中部	山西	157.62	河南	96.63	121.04

注：本样本别出了极端值西藏，上述统计值只取了小数点后两位，其数据基于当年的通货膨胀率和价格指数。

资料来源：财政部，预算司，1998—2003 年。

表 6-8 揭示了 1998—2003 年东、中、西部地区的人均行政成本差异。其中，东部地区的人均行政成本水平始终最高，而中部地区最低。在改革的前两年，上海的人均行政成本始终占据最高位置，后被北京取代。河北在五年之间都是东部地区人均行政成本最低的省份。中部地区河南和山西分别是人均行政成本最低和最高的省份。西部地区中，除 1998 年外，青海和广西的人均行政成本分别是最高和最低的省份。

1. 东部地区人均行政成本基本数值描述

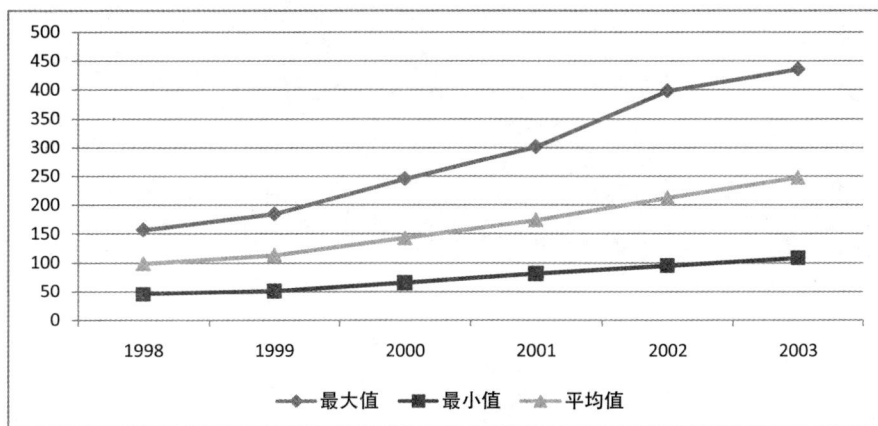

图 6-14　东部地区人均行政成本数值趋势图

图 6-14 表明，在 1998—2003 年，东部地区人均行政成本最高水平一直呈现急剧上升的态势，相反，人均行政成本的最小规模变化相对缓慢，一直渐进上升。东部地区人均行政成本平均水平变化要大于最小规模，小于最大规模。

2. 中部地区人均行政成本基本数值描述

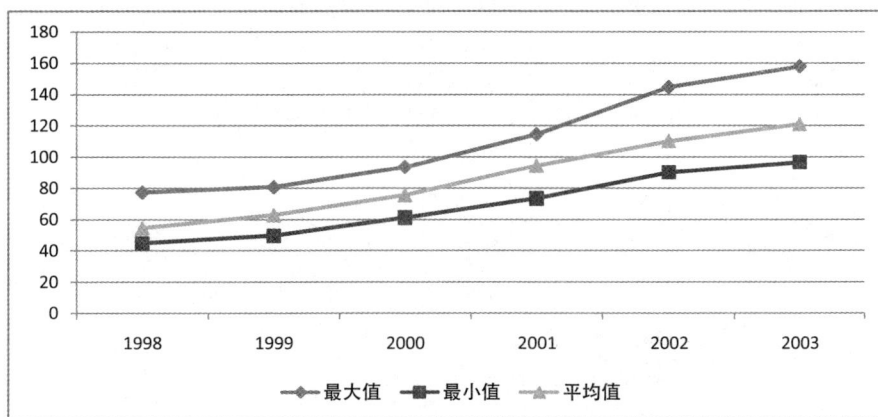

图 6-15　中部地区人均行政成本基本数值趋势图

图 6-15 表明，在 1998—2003 年，中部地区的人均行政成本的最大规模、最小规模以及平均水平变化趋势保持大致一致的幅度，即渐进上升。

3. 西部地区人均行政成本基本数值描述

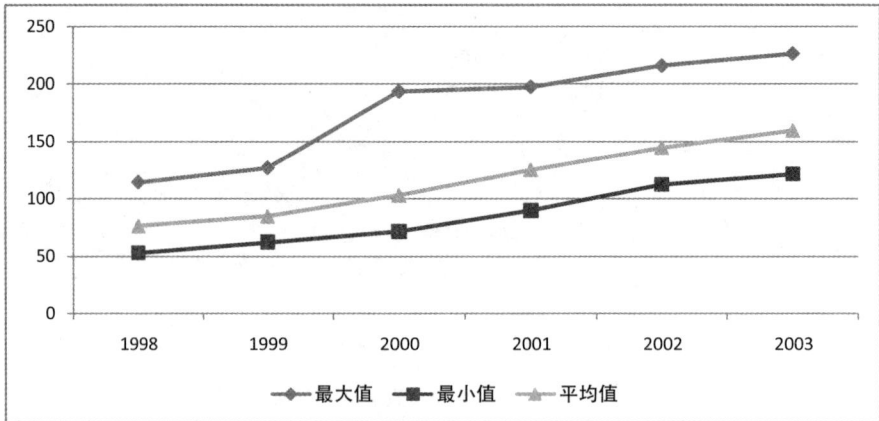

图 6-16　西部地区人均行政成本基本数值趋势图

图 6-16 表明，西部地区人均行政成本的最大值呈现波折上升的态势。在改革后的一年，即 1999 年人均行政成本最大值上升的幅度相当大，之后 4 年虽有上升，但幅度均不如改革那年。平均水平和最小规模处于渐进上升的趋势，并大致保持一致。

三、行政成本结构描述性统计：人员和公用

（一）人员支出

表 6-9　1993—2006 年各省人员支出数值总表
（人员支出，单位：万元）

	1998	1999	2000	2001	2002	2003
北京	80906	192446	127326	149751	175027	286716
天津	75752	127254	72085	89807	69024	88743
河北	168248	100864	232129	271289	284640	370248
山西	117447	173186	166170	197310	198987	262915
内蒙古	88881	77263	115938	156051	164803	290683
辽宁	133269	148760	196710	236849	245707	395963
吉林	69411	129014	86280	107761	126637	188740
黑龙江	121592	309065	167093	224630	172947	216735
上海	103650	251788	151897	195028	216123	259902
江苏	254741	176823	424539	481594	500560	851542

续表 6-9

	1998	1999	2000	2001	2002	2003
浙江	211193	140965	313830	430112	439680	780959
安徽	133060	125981	224071	284751	266024	312517
福建	128338	291331	156134	182275	185415	293625
江西	101292	236413	157039	189013	198672	241265
山东	260264	232102	344429	386321	386674	755931
河南	210702	181669	275823	310760	341052	545444
湖北	179185	442082	246666	308758	318251	356092
湖南	149520	124855	208179	255847	294772	422782
广东	320844	31504	562510	666631	804812	1598056
广西	110504	124855	143405	210834	213454	300136
海南	34850	31504	37788	41410	47584	67380
重庆	58788	75845	128653	128630	200600	289127
四川	217084	275421	442522	422922	411585	579548
贵州	96685	116282	136228	182464	170528	239429
云南	168098	181688	198077	245117	240684	325408
陕西	107837	127786	148345	198747	170008	253257
甘肃	84619	117318	114663	158354	111751	146849
青海	27152	33067	36764	53528	37177	47921
宁夏	102813	18605	22063	30784	33013	47929
新疆	62058	106530	124764	176810	145402	196868

注：本样本剔出了西藏，属极值。

资料来源：《地方财政统计资料》，财政部，预算司，1998—2003 年。

表 6-10 1993—2006 年各省行政成本人员相对支出规模数值总表
（人员支出占各省财政支出 %）

	1998	1999	2000	2001	2002	2003
北京	3.52	6.83	3.69	3.29	3.27	4.83
天津	7.47	11.28	5.39	5.48	4.01	4.33
河北	8.13	4.51	9.33	9.56	9.41	11.02
山西	11.27	15.86	14.51	14.86	13.19	14.13

续表 6-10

	1998	1999	2000	2001	2002	2003
内蒙古	11.44	8.92	12.19	15.69	14.6	20.95
辽宁	5.03	5.31	6.65	6.39	6.14	8.85
吉林	7.41	12.73	8.31	8.89	9.63	12.25
黑龙江	7.73	18.16	9.01	10.51	7.45	8.71
上海	2.72	5.99	3.12	3.19	3.04	2.93
江苏	8.58	5.14	9.46	8.41	7.77	10.66
浙江	10.66	5.74	9.15	8.59	7.75	11.05
安徽	8.35	7.22	12.53	14.81	13.28	14.15
福建	6.82	13.94	6.66	6.64	6.79	9.63
江西	10.42	22.48	14.07	14.32	14.13	14.34
山东	7.38	5.73	7.42	6.73	6.33	10.59
河南	10.12	8.13	11.19	11.61	11.49	16.13
湖北	10.60	22.73	11.51	13.31	13.07	13.71
湖南	9.53	7.49	11.75	12.45	12.75	15.73
广东	5	0.41	6.17	5.74	6.69	12.14
广西	9.23	9.34	9.75	11.80	11.43	14.73
海南	10.34	8.71	9.63	9.46	10.29	13.12
重庆	8.26	9.88	14.74	12.12	15.91	17.89
四川	11	13.02	18.92	15.59	14.1	17.21
贵州	14.79	15.65	15.98	18.29	15.74	19.22
云南	9.99	10.52	10.95	12.81	11.64	14.21
陕西	11.55	12.01	12.9	14.63	11.31	14.28
甘肃	15.66	20.10	18.71	22.63	14.65	16.75
青海	21.25	23.32	22.16	27	17.62	19.93
宁夏	57.91	9.87	10.59	11.16	12.47	15.95
新疆	9.49	14.93	15.77	18.59	12.48	15.35

注：本样本剔出了西藏，西藏行政管理费 / 财政支出属极值。

资料来源：《地方财政统计资料》，财政部，预算司，1998—2003 年。

1. 人员相对支出规模分年描述

表 6-11 1998—2003 年分年各省人员相对支出规模描述统计一览表
（人员支出占财政支出比率，%）

年份	最小值 Min	最大值 Max	极差	Max/Min	平均值	标准差
1998	上海 2.72	青海 21.26	18.54	7.81	9.6	3.7
1999	上海 3.1	青海 23.33	20.26	7.59	10.29	4.29
2000	上海 3.13	青海 22.17	19.04	7.08	10.82	4.21
2001	上海 3.2	青海 27	23.8	8.44	11.82	5.41
2002	上海 3.05	青海 26.44	23.69	8.67	11.17	5.11
2003	上海 3.24	青海 25.05	21.81	7.73	10.61	4.61

注：本样本剔出了极端值西藏。本样本的统计值只取了小数点后两位，其数据基于当年的通货膨胀率和价格指数。

资料来源：财政部，预算司，1998—2003 年。

表 6-11 揭示，在 1998—2003 年，全国的人员相对支出规模平均水平处于相对稳定的状态，基本保持在 10% 左右。最大规模出现在 2001 年，即改革的中段。上海和青海两地分别是人员相对支出规模最小和最大的地方。上海的人员相对支出规模基本维持在 3% 左右，而青海在五年内人员相对支出规模都达到了 20%，在 2001 年达到了最大值 27%。和上海的差距相当大。通过观察标准差，我们也可得知，在 2001 年和 2002 年人员相对支出规模差异上升较快。这说明，随着改革推进，各省之间人员成本控制承诺差距逐渐拉大，特别是西部地区改革人员成本较高。

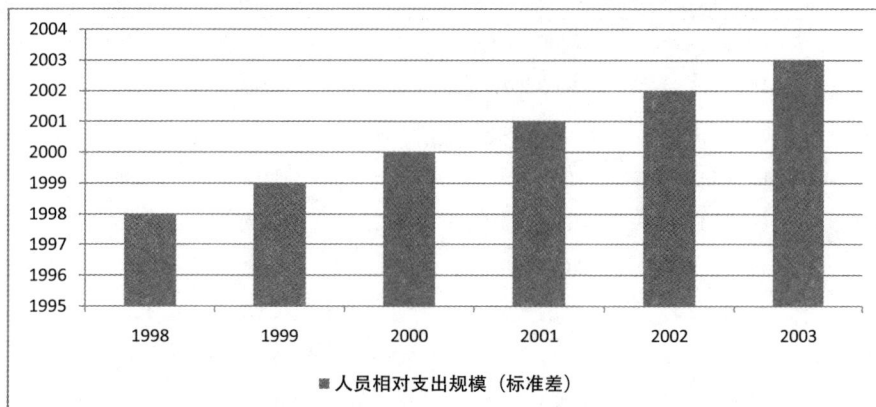

图 6-17 1998—2003 年人员相对支出规模差异趋势图

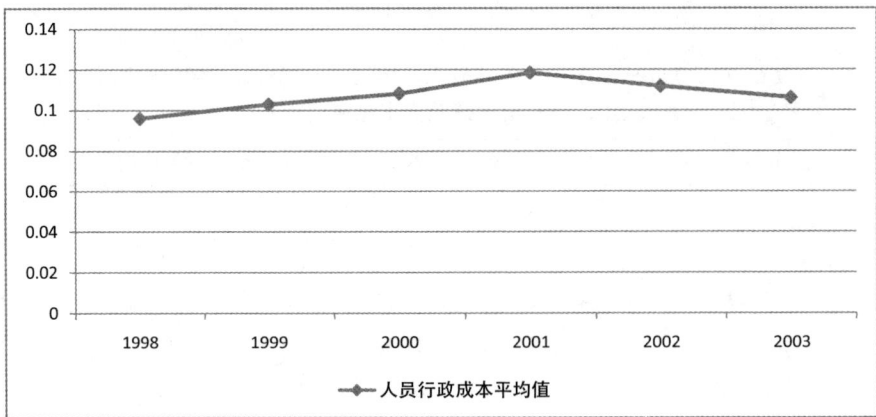

图 6-18　1998—2003 年人员相对支出规模平均水平趋势图

图 6-17 和图 6-18 可以看出，在 1998—2003 年，各省之间人员相对支出规模呈现上升的趋势，即随着改革的推进，各省之间的人员相对支出规模差异有不断加剧的态势，表明，各省在改革人员成本上的承诺日益南辕北辙。同时，人员相对支出规模的平均水平却缓慢上升，在 2001 年达到最高值，之后，人员相对支出规模水平开始缓慢下降。总体而言，改革对人员成本有抑制的作用，但是各省在控制人员成本上表现不一。这些现象更需要通过分省描述来进一步说明。

2．人员相对支出规模分省描述

表 6-12　1998—2003 年人员相对支出规模分省描述统计一览表

（人员支出／财政支出，%）

省份	最小值　Min	最大值　Max	极差	Max/Min	平均值	标准差
北京	2002　3.28	2000　3.69	0.41	1.13	3.46	0.19
天津	1998　3.94	2003　7.47	3.54	1.90	5.30	1.29
河北	1998　8.14	2001　9.57	1.43	1.18	9.06	0.56
山西	1998　11.27	2001　14.86	3.59	1.32	12.84	1.59
内蒙古	1998　11.44	2001　15.69	4.25	1.37	13.16	1.71
辽宁	1998　5.04	2000　6.65	1.62	1.32	6.13	0.57
吉林	1998　7.41	2002　9.63	2.22	1.30	8.45	0.84
黑龙江	1998　7.46	2001　10.51	3.06	1.41	8.63	1.09
上海	1998　2.72	2003　3.24	0.52	1.19	3.07	0.18
江苏	2000　7.56	2003　9.47	1.92	1.25	8.47	0.72

省份	最小值 Min	最大值 Max	极差	Max/Min	平均值	标准差
浙江	1998　7.26	2003　10.66	3.40	1.47	8.95	1.35
安徽	1998　8.36	2001　14.82	6.46	1.77	11.95	2.32
福建	1998　6.35	2003　6.83	0.48	1.08	6.67	0.17
河南	1998　10.12	2001　11.61	1.49	1.15	10.96	0.57
湖北	1998　10.61	2001　13.31	2.71	1.26	12.12	1.01
湖南	1998　9.54	2002　12.75	3.21	1.34	11.65	1.23
广东	1998　5.01	2003　7.22	2.21	1.44	6.10	0.78
广西	1998　9.23	2001　11.80	2.57	1.28	10.42	1.11
海南	1998　8.72	1999　10.35	1.63	1.19	9.78	0.64
重庆	1998　8.27	2000　12.41	4.14	1.50	10.31	1.66
四川	1998　11.00	2001　15.60	4.60	1.42	13.72	1.65
贵州	2001　12.46	2003　18.29	5.83	1.47	15.08	2.08
云南	1998　9.99	2001　12.81	2.82	1.28	11.57	1.23
陕西	1998　11.55	2001　14.63	3.08	1.27	12.72	1.11
甘肃	1998　15.66	2001　22.64	6.98	1.45	19.77	2.52
青海	1998　21.26	2001　27.00	5.74	1.27	24.21	2.33
宁夏	1998　9.21	2003　12.88	3.67	1.40	11.10	1.53
新疆	1998　14.47	2001　18.59	4.12	1.29	16.10	1.46

注：本样本剔出了极端值西藏，上述统计值只取了小数点后两位，其数据基于当年的通货膨胀率和价格指数。

资料来源：财政部，预算司，1998—2003 年。

表6-12表明，在1998—2003 年，各省在五年间的人员相对支出规模差异仍然很大。东部地区，北京、上海和福建的人员相对支出规模差异最小，分别是0.19%、0.18%和0.17%。而甘肃、青海和安徽的人员相对支出规模差异最大，分别是2.52%、2.33% 和2.32%。同时，人员相对支出规模平均水平最小的省份出现在上海和北京，分别是3.07% 和3.46%。而西部地区的青海省的人员相对支出规模平均水平达到了24.21%。这说明，东部地区的人员相对支出规模在改革中控制较为合理，且变化不大。而西部地区的人员相对支出规模在改革中变化较大。此外，大部分省份人员相对支出规模最小的年份出现在1998 年，即改革年，规模最小的年份出现在2001 年，

即改革中期。只有贵州、江苏、北京、山东四个地方的人员相对支出规模最小值出现在改革中期。这说明，随着改革的推进，大部分省份人员相对支出规模不降反升。

根据各地人员相对支出规模趋势梳理，一共有七种类型：先升后稳型、持续下降型、单峰型、M 型、波折型、基本稳定型、无规律型。

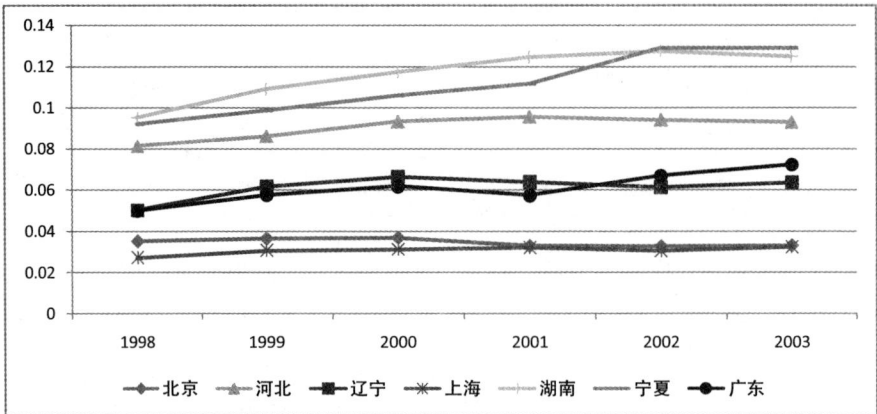

图 6-19　1998—2003 年人员相对支出规模"先升后稳"型

图 6-19 表明，在 1998—2003 年，各省人员相对支出规模呈现先渐进上升后稳定在一定水平上。表现为这一类型的主要集中在东部地区，中部有湖南，西部地区的宁夏也符合这一特征，且它们人员相对支出规模的整体水平均高于东部地区。

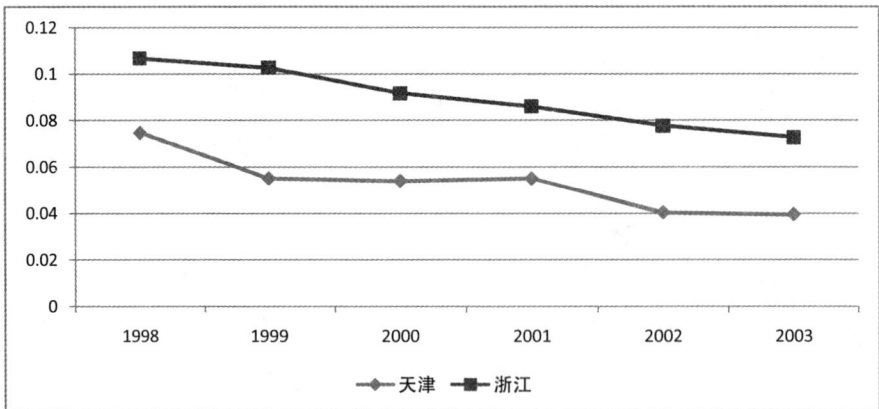

图 6-20　1998—2003 年人员相对支出规模"持续下降"型

图 6-20 表明，天津和浙江两地在五年间的人员相对支出规模呈现持续下降的趋势。这种现象也说明，在改革中，这两地的人员相对支出规模得到了有效的控制。

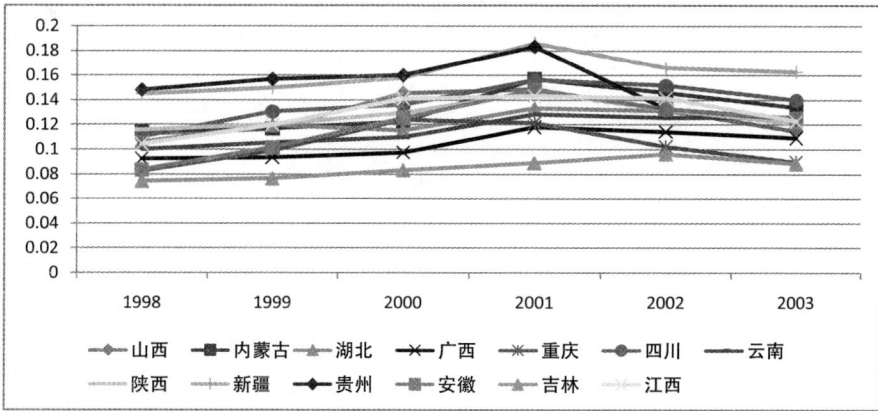

图 6-21　1998—2003 年人员相对支出规模"单峰"型

大部分省份的人员相对支出规模都属于单峰型。在 1998—2003 年，先表现出上升的趋势，之后在改革后期逐渐下降。这表明，1998 年的改革早期增加了各省人员相对支出规模的成本，随着改革的推进，人员相对支出规模得到了有效的控制。表现为这一特征的省份主要集中在中西部地区。

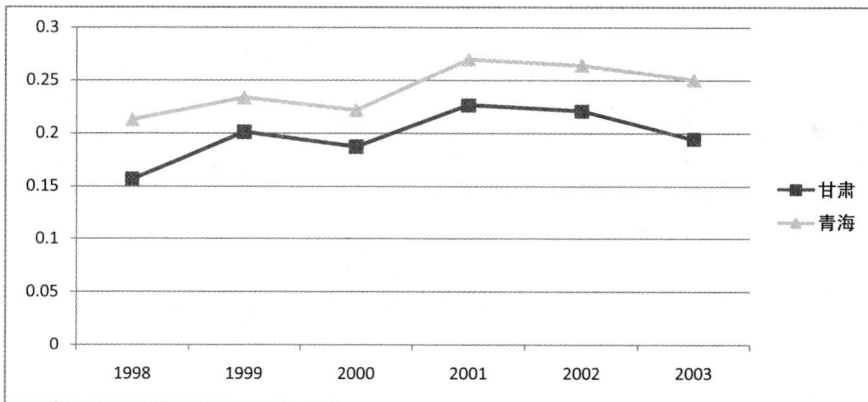

图 6-22　1998—2003 年人员相对支出规模"M"型

图 6-22 表明西部地区的两省甘肃和青海在刚开始改革时呈现上升趋势，后下降，在改革中期又开始上升再缓慢下降的态势。

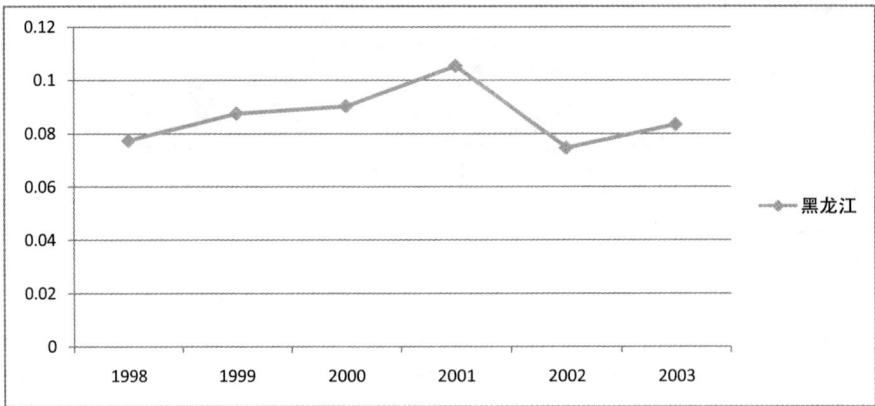

图 6-23　1998—2003 年人员相对支出规模"波折"型

图 6-23 表明黑龙江人员相对支出规模在 1998—2003 年之间，先急剧上升，后在 2001 年，改革中期，又急剧下降，在改革后期又开始急剧反弹。整个人员相对支出规模趋势表现出波折前进的现象。

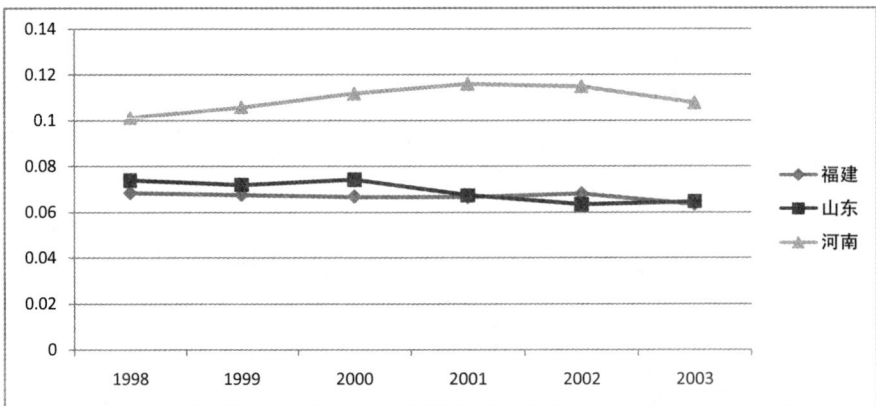

图 6-24　1998—2003 年人员相对支出规模"基本稳定"型

图 6-24 表明，在 1998—2003 年，福建、山东和河南三省的人员相对支出规模基本稳定，上升和下降的幅度并不大，基本在 2% 左右。

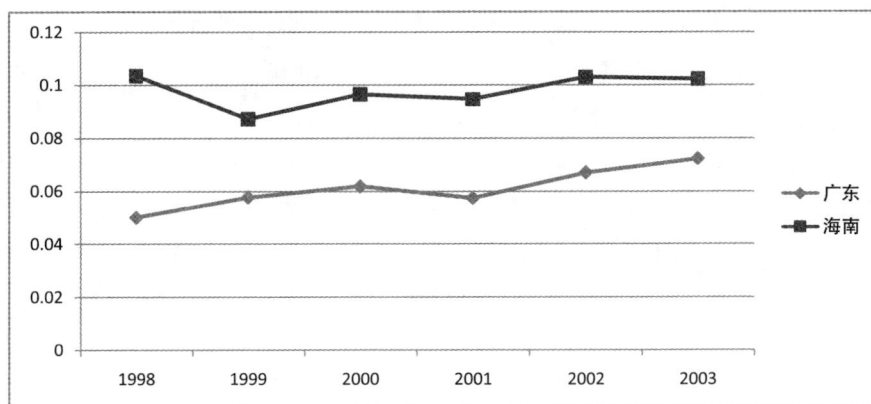

图 6-25　1998—2003 年人员相对支出规模"无规律"型

图 6-25 表明，在 1998—2003 年，广东和海南人员相对支出规模并不符合前几个模式，他们的变化和其他省份相比，并无特别明显的特征。但是单独观察发现，广东省的人员相对支出规模呈现缓慢上升的趋势，而海南省除 1999 年有大幅度缩小后上升之外，基本围绕着 10% 变化。

3. 东、中、西部地区人员相对支出规模描述：年度趋势和省际差异

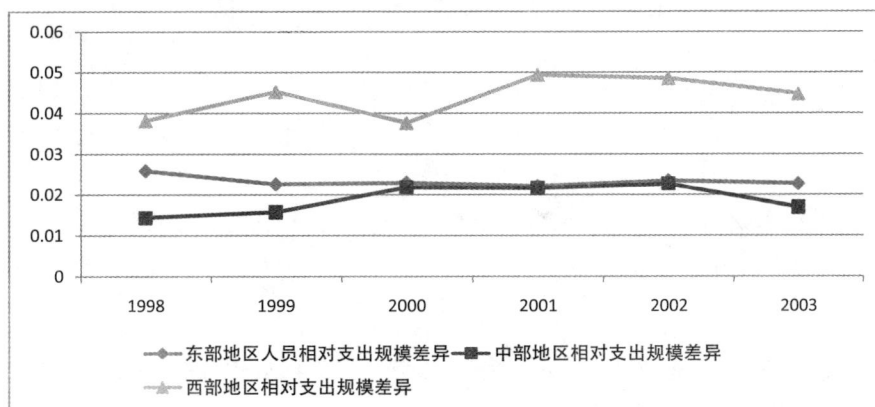

图 6-26　东、中、西部地区人员相对支出规模差异趋势图

图 6-26 表明，在 1998—2003 年，中部地区各省之间人员相对支出规模差异最小，其次是东部地区，西部地区各省之间人员相对支出规模差异最大。东部地区各省之间的差异基本稳定，中部地区各省人员相对支出规模差异在改革早期迅速上升，中期较为稳定，到了后期开始缩减。西部地区各省之间的人员相对支出规模差异一直呈现升高—下降—升高—下降的趋势。

表 6-13　东、中、西部地区人员相对支出规模数值表

	地区	最大值		最小值		平均值
	西部	青海	21.26	重庆	8.27	12.44
1998	东部	浙江	10.66	上海	2.72	6.88
	中部	山西	11.27	吉林	7.41	9.43
	西部	青海	23.33	广西	9.35	13.67
1999	东部	浙江	10.26	上海	3.07	6.79
	中部	江西	11.98	吉林	7.63	10.45
	西部	青海	22.17	广西	9.75	14.09
2000	东部	海南	9.64	上海	3.13	6.98
	中部	山西	14.52	吉林	8.31	11.61
	西部	青海	27.00	宁夏	11.16	16.40
2001	东部	河北	9.57	上海	3.20	6.69
	中部	山西	14.86	吉林	8.90	12.60
	西部	青海	26.44	重庆	10.21	15.31
2002	东部	海南	10.29	上海	3.05	6.51
	中部	江西	14.14	黑龙江	8.34	11.13
	西部	青海	25.05	重庆	8.97	14.36
2003	东部	海南	10.22	上海	3.24	6.48
	中部	安徽	12.54	黑龙江	8.34	11.13

注：本样本剔出了极端值西藏，上述统计值只取了小数点后两位，其数据基于当年的通货膨胀率和价格指数。

资料来源：财政部，预算司，1998—2003 年。

表 6-13 表明，东部地区的上海始终是人员相对支出规模最小的地区。在改革早期，浙江人员相对支出规模最大，除 2001 年外，中后期基本是海南占据了人员相对支出规模最大的位置。在西部地区，重庆在改革早期和后期人员相对支出规模最小，表明它的人员行政成本控制最好。改革中期广西和宁夏取代了这一位置。在中部地区，山西和江西在改革的早中期人员相对支出规模最小，吉林最大；在改革的后期，安徽和黑龙江分别占据了这一位置。

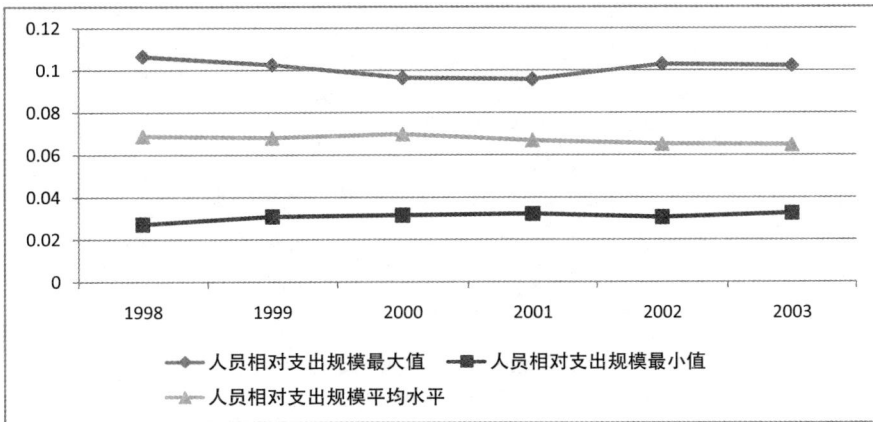

图 6-27　1998—2003 年东部地区人员相对支出规模基本数值趋势图

图 6-27 表明，在 1998—2003 年，东部地区人员相对支出规模水平和最小规模相对稳定。东部地区人员相对支出规模最高水平在改革中期有所下降，后又缓慢回升。

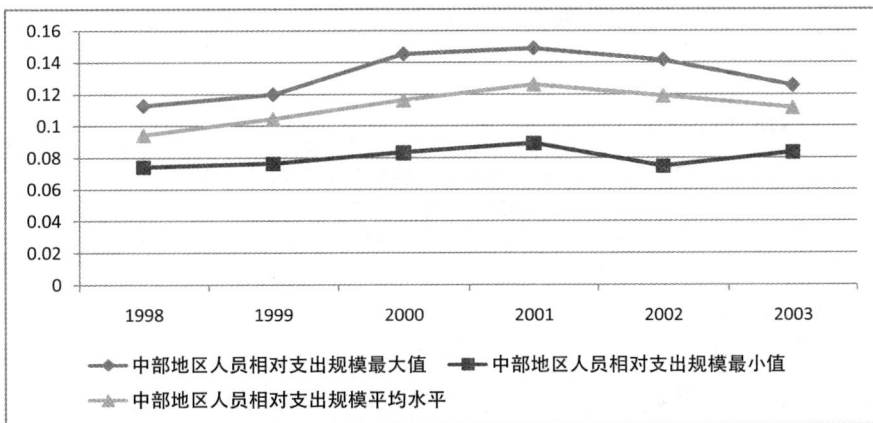

图 6-28　1998—2003 年中部地区人员相对支出规模基本数值趋势图

图 6-28 表明，在 1998—2003 年，中部地区人员相对支出规模在改革的早中期都呈现出缓慢上升的趋势，但在改革后期，开始下降。这一现象说明了中部地区的人员相对支出规模得到了有效的控制。

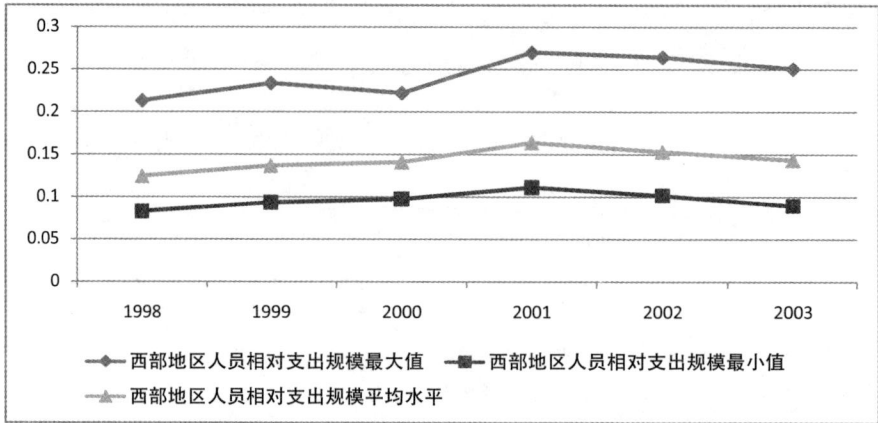

图 6-29　1998—2003 年西部地区人员相对支出规模基本数值趋势图

图 6-29 表明，和中部地区一样，在 1998—2003 年，西部地区人员相对支出规模最大值、最小值和平均水平呈现一种上升后下降的趋势。它表明，随着改革的推进，西部地区各省人员相对支出规模水平、最小规模和最大规模都都得到了一定程度的抑制。

（二）公用支出

表 6-14　1998—2003 年各省公用支出数值总表
（公用支出，单位：万元）

	1998	1999	2000	2001	2002	2003
北京	75943	69945	116209	134872	192043	286716
天津	17354	33723	34162	39897	57912	88743
河北	121236	131389	177911	229726	266181	370248
山西	108679	113486	118451	150661	176170	262915
内蒙古	114427	115972	137209	163986	177332	290683
辽宁	122207	152589	177094	224494	282825	395963
吉林	70982	74324	89953	102707	134571	188740
黑龙江	77338	76424	98400	128076	160933	216735
上海	81666	90287	100781	126565	161046	259902
江苏	242247	271617	378384	441069	614445	851542
浙江	238591	262834	336703	411387	511063	780959
安徽	118151	147963	172561	189118	249538	312517

	1998	1999	2000	2001	2002	2003
福建	133182	159304	171630	182474	247122	293625
江西	82468	87926	124020	152423	174016	241265
山东	271148	292497	393835	470579	549963	755931
河南	192165	212500	268389	329803	423599	545444
湖北	136118	160858	192665	232611	297273	356092
湖南	147405	172254	215241	265286	332348	422782
广东	439933	544201	698531	876061	1185412	1598056
广西	124372	128831	150554	166128	197284	300136
海南	28730	33720	48356	39108	47968	67380
重庆	91028	114762	135194	153071	200600	289127
四川	203206	239850	259140	331831	411585	579548
贵州	95514	97489	117991	132852	170528	239429
云南	171234	170344	188007	217113	240684	325408
陕西	110361	113444	132514	166711	170008	253257
甘肃	68325	79842	85950	104273	111751	146849
青海	23668	24665	29969	36893	37177	47921
宁夏	19852	19911	24925	28105	33013	47929
新疆	84773	87157	111030	131667	145402	196868

注：本样本剔出了西藏，属极值。

资料来源：《地方财政统计资料》，财政部，预算司，1998—2003 年。

表 6-15　1998—2003 年各省行政成本公用相对支出规模数值总表

（公用支出占各省财政支出 %）

	1998	1999	2000	2001	2002	2003
北京	3.31	2.48	3.36	2.96	3.59	4.83
天津	1.71	2.98	2.55	2.43	3.37	4.33
河北	5.86	5.88	7.15	8.1	8.8	11.02
山西	10.43	10.39	10.34	11.34	11.68	14.13
内蒙古	14.73	13.39	14.43	16.49	15.71	20.95
辽宁	4.62	5.45	5.99	6.06	7.07	8.85

续表 6-15

	1998	1999	2000	2001	2002	2003
吉林	7.58	7.33	8.66	8.48	10.23	12.25
黑龙江	4.91	4.49	5.309	5.99	6.94	8.71
上海	2.14	2.14	2.07	2.07	2.27	2.93
江苏	8.16	7.91	8.44	7.71	9.54	10.66
浙江	12.04	10.71	9.82	8.21	9.01	11.05
安徽	7.42	8.48	9.65	9.84	12.46	14.15
福建	7.08	7.62	7.33	6.65	9.05	9.63
江西	8.48	8.36	11.11	11.54	12.38	14.34
山东	7.69	7.23	8.49	8.21	9.01	10.59
河南	9.22	9.51	10.88	12.31	14.27	16.13
湖北	8.05	8.27	8.98	10.02	12.21	13.7
湖南	9.4	10.34	12.15	12.91	14.37	15.73
广东	6.86	7.1	7.67	7.54	9.86	12.14
广西	10.39	9.64	10.23	9.29	10.56	14.73
海南	8.53	9.32	12.33	8.93	10.37	13.12
重庆	12.79	14.95	15.49	14.42	0.74	17.89
四川	10.29	11.34	11.08	12.23	2.61	17.21
贵州	14.61	13.12	13.84	13.31	6.99	19.22
云南	10.17	9.86	10.4	11.35	0.74	14.21
陕西	11.82	10.66	11.52	12.27	2.16	14.28
甘肃	12.64	13.67	14.02	14.9	1.78	16.75
青海	18.53	17.4	18.07	18.61	0.91	19.93
宁夏	11.18	10.56	11.96	10.19	0.61	15.95
新疆	12.96	12.22	14.04	13.84	1.15	15.35

注：本样本剔出了西藏，西藏行政管理费/财政支出属极值。

资料来源：《地方财政统计资料》，财政部，预算司，1998—2003 年。

1. 公用相对支出规模分年描述

表 6-16　1998—2003 年分年各省公用相对支出规模描述统计一览表
（公用支出占财政支出比率，%）

年份	最小值　Min		最大值　Max		极差	Max/Min	平均值	标准差
1998	天津	1.71	青海	18.53	16.82	1082.76	9.12	3.82
1999	上海	2.15	青海	17.40	15.25	809.42	9.10	3.60
2000	上海	2.08	青海	18.07	15.99	870.31	9.92	3.76
2001	上海	2.08	青海	18.61	16.53	896.17	9.94	3.95
2002	上海	2.27	青海	17.62	15.35	775.77	10.96	3.76
2003	上海	2.93	内蒙古	20.96	18.02	714.55	13.16	4.39

注：本样本剔出了极端值西藏。本样本的统计值只取了小数点后两位，其数据基于当年的通货膨胀率和价格指数。

资料来源：财政部，预算司，1998—2003 年。

表 6-16 表明，在 1998—2003，各省公用相对支出规模水平呈现上升的趋势（9.12%—13.16%），且差异也略微拉大。除 1998 年、2003 年外，上海一直是公用相对支出规模最小的地方，青海是公用相对支出规模最大的省份。两者之间的差距非常之大。在 2003 年时，公用相对支出规模最大的省份和最小的省份之间的极差达到了 18.02%。

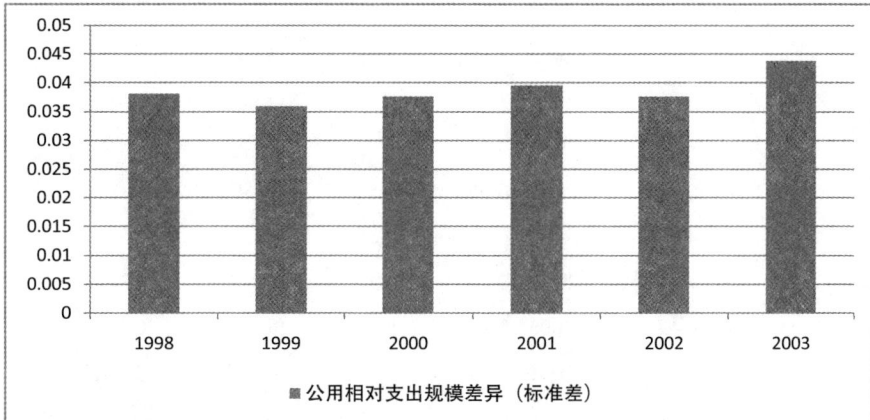

图 6-30　1998—2003 年公用相对支出规模差异趋势图

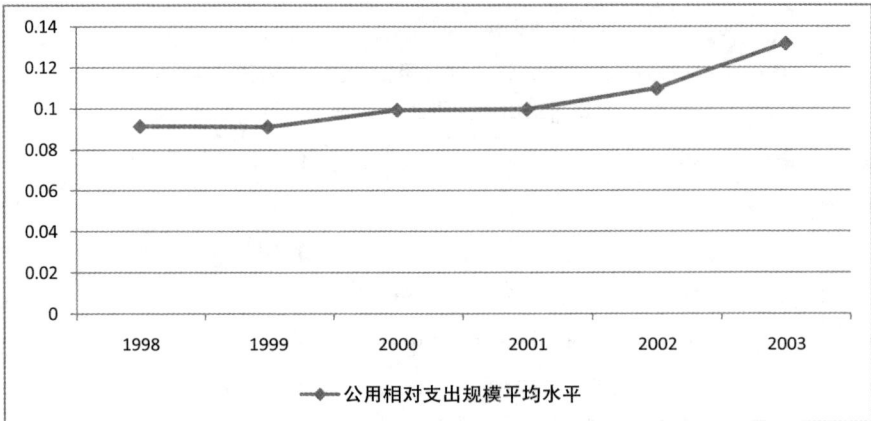

图 6-31　1998—2003 年公用相对支出规模水平趋势图

图 6-30 和图 6-31 表明，在 1998—2003 年，公用相对支出规模平均水平日益增加，特别是在 2001 年后，急剧上升。同时，各省之间的差距也很大，但是变化并不明显。这表明，改革并未很好地控制公用相对支出规模，但也未拉大各省之间的差距。

2. 公用相对支出规模分省描述

表 6-17　1998—2003 年公用相对支出规模分省描述统计一览表

（公用支出／财政支出，％）

省份	最小值　Min	最大值　Max	极差	Max/Min	平均值	标准差
北京	1999　2.49	2003　4.84	2.35	194.65	3.43	0.79
天津	1998　1.71	2003　4.34	2.63	253.51	2.90	0.90
河北	1998　5.86	2003　11.02	5.16	188.02	7.81	1.97
山西	2000　10.35	2003　14.13	3.78	136.57	11.39	1.46
内蒙古	1999　13.40	2003　20.96	7.56	156.43	15.95	2.67
辽宁	1998　4.62	2003　8.86	4.24	191.79	6.34	1.47
吉林	1999　7.34	2003　12.26	4.92	167.01	9.09	1.86
黑龙江	1999　4.49	2003　8.71	4.22	193.87	6.06	1.56
上海	2000　2.08	2003　2.93	0.86	141.24	2.28	0.33
江苏	2001　7.71	2003　10.67	2.96	138.40	8.74	1.14
浙江	2001　8.22	1998　12.04	3.83	146.58	10.14	1.40
安徽	1998　7.42	2003　14.16	6.73	190.74	10.34	2.52
福建	2001　6.65	2003　9.64	2.98	144.85	7.90	1.18

续表 6-17

省份	最小值　Min	最大值　Max	极差	Max/Min	平均值	标准差
江西	1998　8.36	2003　14.35	5.98	171.55	11.04	2.31
山东	1999　7.23	2003　10.59	3.36	146.45	8.54	1.18
河南	1998　9.23	2003　16.13	6.90	174.81	12.06	2.74
湖北	1998　8.06	2003　13.71	5.65	170.15	10.21	2.29
湖南	1998　9.40	2003　15.74	6.33	167.37	12.49	2.39
广东	1998　6.87	2003　12.15	5.28	176.93	8.53	2.07
广西	2001　9.30	2003　14.74	5.44	158.50	10.81	1.98
海南	1998　8.53	2003　13.13	4.60	153.88	10.44	1.90
重庆	1998　12.80	2003　17.90	5.10	139.84	15.25	1.69
四川	1998　10.30	2003　17.22	6.92	167.17	12.71	2.56
贵州	1999　13.13	2003　19.22	6.09	146.43	14.98	2.29
云南	1999　9.87	2003　14.21	4.34	144.04	11.27	1.59
陕西	1999　10.66	2003　14.28	3.62	133.95	11.98	1.25
甘肃	1998　12.65	2003　16.75	4.11	132.47	14.44	1.38
青海	1999　17.40	2003　19.93	2.53	114.54	18.36	0.91
宁夏	2001　10.19	2003　15.96	5.77	156.59	12.06	2.09
新疆	1999　12.22	2003　15.35	3.13	125.62	13.49	1.17

注：本样本剔出了极端值西藏，上述统计值只取了小数点后两位，其数据基于当年的通货膨胀率和价格指数。

资料来源：财政部，预算司，1998—2003 年。

表 6-17 表明，在 1998—2003 年，大部分省份的最小公用相对支出规模都出现在1998 年，到 2003 年时，公用相对支出规模增加了。有些省份最小公用相对支出规模出现在 1999 年，即改革后一年有减少，但是在 2003 年均有所增加。只有浙江一个省和其他省份呈现相反趋势，即改革前期公用相对支出规模较大，最小值出现在改革后期。这证明浙江在行政改革中，公用相对支出规模控制得较好。此外，上海是公用相对支出规模差异最小的地方，差异值达到了 0.33%。相反，河南是公用相对支出规模变动最大的省份，达到了 2.74%。

3. 东、中、西部公用相对支出规模描述

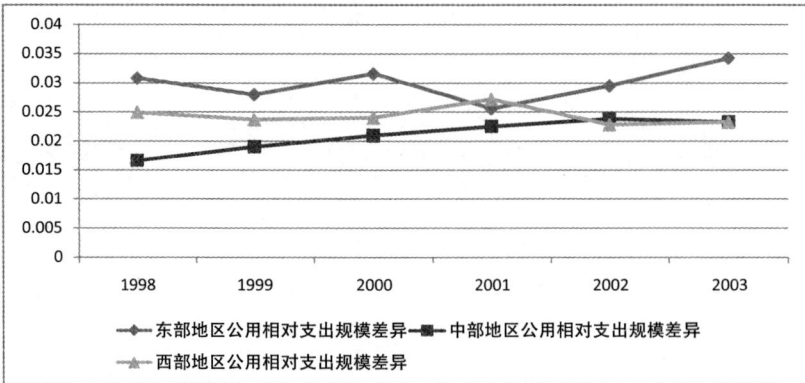

图 6-32 　东、中、西部地区公用相对支出规模差异趋势图

图 6-32 表明，在 1998—2003 年，东部地区和中部地区各省之间公用相对支出规模差异呈现出逐渐上升的趋势。但是，东部地区各省之间的公用相对支出规模在 2001 年，即改革中期下降后上升，而中部地区各省之间的差异一直保持着持续上升的态势。西部地区在改革前期（1998—2001 年）都呈现出平缓趋势并伴随略微上升，直至 2001 年开始下降并保持稳定。这表明，东部地区各省之间的公用相对支出规模差异受到改革的变动较大，波动式上升。

表 6-18 　东、中、西部地区公用相对支出规模数值表

地区		最大值		最小值		平均值
1998	西部	青海	18.53	广西	10.18	12.74
	东部	浙江	12.04	天津	1.71	6.19
	中部	山西	10.43	黑龙江	10.43	8.19
1999	西部	青海	17.40	广西	9.65	12.44
	东部	浙江	10.71	上海	2.15	6.26
	中部	山西	10.39	黑龙江	4.49	8.40
2000	西部	青海	18.07	广西	10.24	13.19
	东部	海南	12.34	上海	2.08	6.84
	中部	湖南	12.16	黑龙江	5.99	10.31
2001	西部	青海	18.61	广西	9.30	13.36
	东部	海南	8.94	上海	2.08	6.27
	中部	湖南	12.92	黑龙江	5.99	10.31

续表 6-18

	地区	最大值		最小值		平均值
	西部	青海	17.62	广西	10.57	13.84
2002	东部	海南	10.37	上海	2.27	7.45
	中部	湖南	14.38	黑龙江	6.94	11.82
	西部	内蒙古	20.96	云南	14.21	16.96
2003	东部	海南	13.13	上海	2.93	9.02
	中部	河南	16.13	黑龙江	8.71	13.65

注：本样本剔出了极端值西藏，上述统计值只取了小数点后两位，其数据基于当年的通货膨胀率和价格指数。

资料来源：财政部，预算司，1998—2003年。

表 6-18 表明，除 1998 年外，上海是东部地区公用相对支出规模最小的地方。中部地区公用相对支出规模最小的省份是黑龙江。西部地区除 2003 年外，广西是公用相对支出规模最小的省份。相反，在 1998—2002 年，青海一直是西部地区公用相对支出规模最大的省份，2003 年内蒙古取而代之。在改革的前两年，浙江一直是东部地区公用相对支出规模最大的省份，改革中后期，海南后来居上。在中部地区，湖南、山西和河南是公用相对支出规模最大的省份。

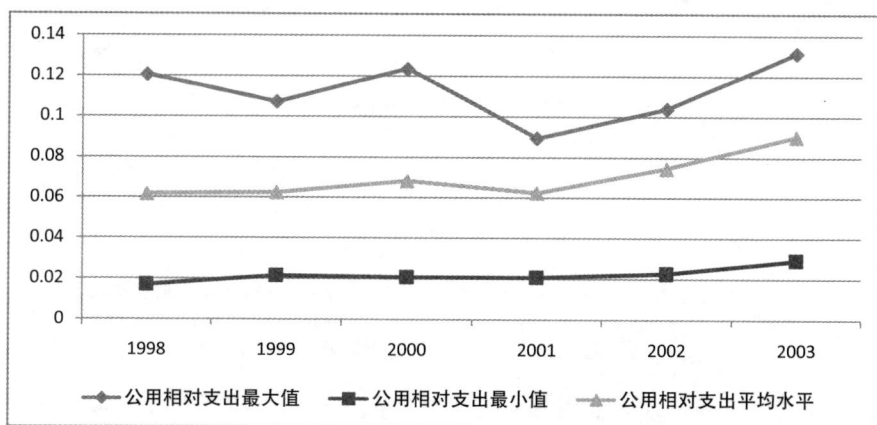

图 6-33　东部地区公用相对支出规模数值趋势图

在 1998—2003 年，东部地区公用相对支出规模最低水平变化不大，在 2002 年后有缓慢的上升。相反，最高水平却大幅度波折上升，在 2000 年达到了一个小高峰后于 2001 年降入谷底，之后在 2003 年反弹超过以前的最高水平。东部地区的公用相对支出规模平均水平在 2001 年后急剧上升。

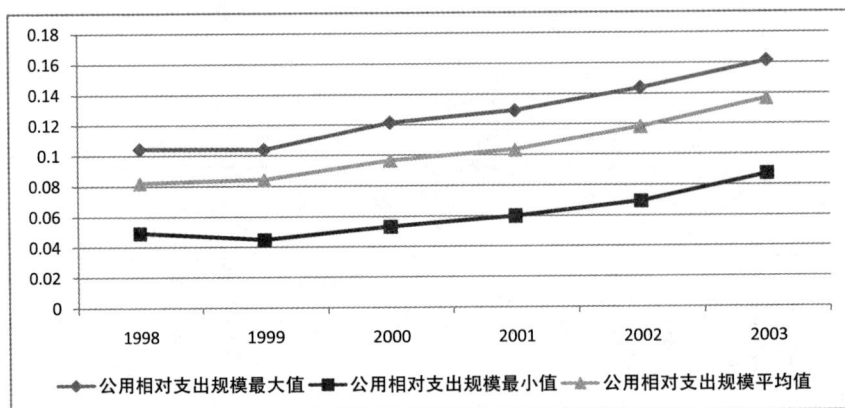

图 6-34　中部地区公用相对支出规模数值趋势图

　　图 6-34 表明，中部地区公用相对支出规模最大值、最小值和平均水平都呈现出上升的趋势。这一现象说，改革并没有控制中部地区的公用相对支出规模，反而进一步推高了。

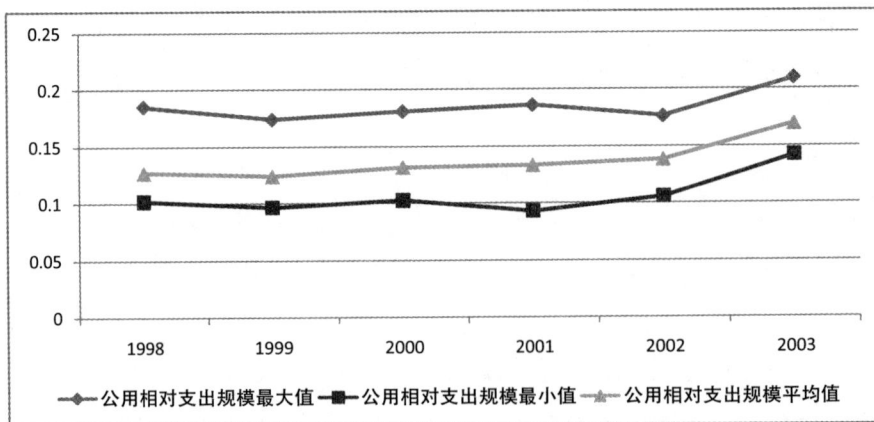

图 6-35　西部地区公用相对支出规模数值趋势图

　　图 6-35 表明，西部地区公用相对支出规模在改革的早中期并没有很大地变动，在 2001 年、2002 年后才开始逐渐地增加。

（三）人员相对支出规模和公用相对支出规模比较

1. 人员相对支出规模和公用相对支出规模分年比较

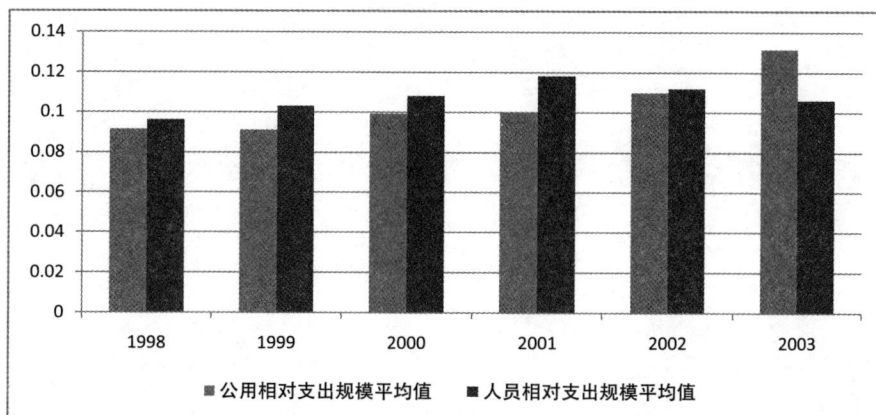

图 6-36　公用相对支出规模和人员相对支出规模水平比较图

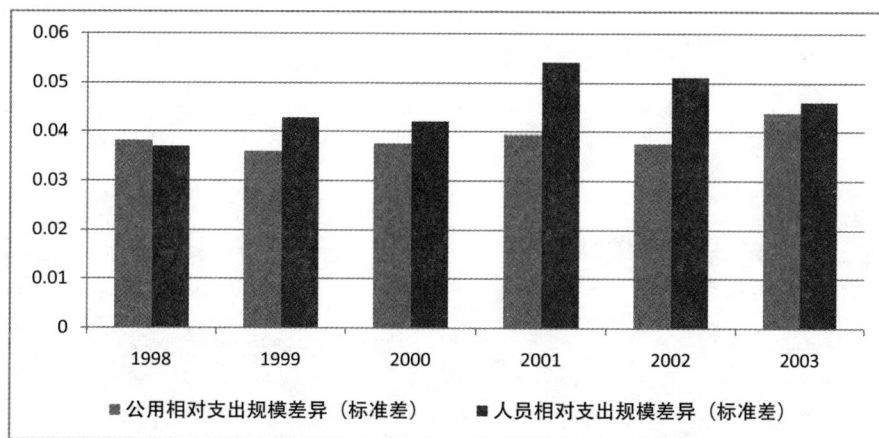

图 6-37　公用相对支出规模和人员相对支出规模差异趋势比较图

图 6-36 和图 6-37 表明，在 1998—2002 年，人员相对支出规模平均水平要高于公用相对支出规模，但在 2003 年，公用相对支出规模反超人员相对支出规模。在差异方面，五年间，公用相对支出规模差异要低于人员相对支出规模差异，但是变化并不明显。在 2001 年，人员相对支出规模差异有大幅度变化，远高于公用相对支出规模。在 2003 年后两者差异值基本平衡。

表 6-19　1998 -2003 年各省人员公用相对支出规模比较（％）

省份	人员相对支出规模	排序	公用相对支出规模	排序
北京	3.46%	2	3.43%	3
天津	5.30%	3	2.90%	2
河北	9.06%	12	7.81%	6
山西	12.84%	23	11.39%	19
内蒙古	13.16%	24	15.95%	29
辽宁	6.13%	5	6.34%	5
吉林	8.45%	8	9.09%	11
黑龙江	8.63%	10	6.06%	4
上海	3.07%	1	2.28%	1
江苏	8.47%	9	8.74%	10
浙江	8.95%	11	10.14%	12
安徽	11.95%	20	10.34%	14
福建	6.67%	6	7.90%	7
江西	12.87%	19	11.04%	17
山东	6.93%	7	8.54%	9
河南	10.96%	16	12.06%	21
湖北	12.12%	21	10.21%	13
湖南	11.65%	19	12.49%	23
广东	6.10%	4	8.53%	8
广西	10.42%	15	10.81%	16
海南	9.78%	13	10.44%	15
重庆	10.31%	14	15.25%	28
四川	13.72%	26	12.71%	24
贵州	15.08%	27	14.98%	27
云南	11.57%	18	11.27%	18
陕西	12.72%	22	11.98%	20
甘肃	19.77%	29	14.44%	26
青海	24.21%	30	18.36%	30
宁夏	11.10%	17	12.06%	21
新疆	16.10%	28	13.49%	25

　　注：上述统计值为各省在 14 年间的标准差，其数值均按当年的通货膨胀率和价格指数进行计算。笔者对东、中、西部省份进行了颜色划分，深色为西部各省，浅

色为东部各省，白色为中部各省。

资料来源：《地方财政统计资料》，财政部预算司，1998—2003 年。

表 6-19 说明，西部地区无论是公用相对支出规模还是人员相对支出规模都处于最高水平（名次靠后，＞15）。东部地区的行政成本结构更为合理，人员相对支出规模和公用相对支出规模前三名主要集中在北京、上海和天津。上海是行政成本控制最好的地方，人员相对支出规模和公用相对支出规模都是最小（排序第一）。东部地区占据了人员、公用相对支出规模的前 12 名。中部地区的省份，无论在人员相对支出规模上，还是公用相对支出规模上都处于中间位置。

第二节　市场与行政成本：数据分析及其结果

除市场化变量采用樊纲指数外，其他变量沿用之前章节的设定。和第五章模型一样，所有模型数据采用横截面加时间序列的方式来进行面板分析。样本量为 150，剔除了西藏（无论是行政成本负担还是行政成本相对支出规模远远高于平均水平，属于特异值）。在进行统计分析时，要消除自变量之间的多重共线性的影响。如果预测变量之间存在完全多元共线性，即存在线性关系，回归方程则会无解（汉密尔顿，2008：182），并导致系数估计有偏差。于是，先对各个自变量进行相关性测量发现，城镇就业化水平和人均 GDP 具有较强的共线性（皮尔森系数达到 0.754 ＞ 0.7 的标准）。经过模型调整，在行政成本相对支出模型和行政成本结构模型（人员相对支出模型和公用相对支出模型）中排除了城镇就业化水平这个变量，只保留人均 GDP 对经济发展水平予以测量。在人均行政成本模型中，由于人口密度分布（城市化进程）较 GDP 水平而言，对人均行政成本负担的影响比较直接。因为，城市化进程主要由政府主导，而城市化水平高、人口密集的东部地区所承担的公共服务供给也要多于西部城市化水平低的地区。所以，公共部门运作的费用和成本负担都会随着人口密度和城市化程度而变化。据此，在此模型中将城镇就业水平而非人均 GDP 变量加入模型进行验证。此外，本节根据数据特征，对混合 OLS 模型、固定效应模型和随机效应模型进行验证选择，以更好地对行政成本相对支出模型、人均行政成本模型和行政成本结构模型（人员相对支出模型和公用相对支出模型）进行检验。表 6-20 报告了数据模型的分析结果。

表6-20 1998—2003年行政成本省际差异解释模型统计结果

	行政成本相对支出模型	人均行政成本模型	人员相对支出规模模型	公用相对支出规模模型
需求类变量				
人均GDP	0.000547		0.0109	0.02391
	（0.993）		（0.761）	（0.42）
城镇就业人口规模		111.9		
		（0.235）		
人均面积	3.895***	-688	5.783	2.02***
	（0.000）	（0.774）	（0.285）	（0.000）
市场化水平	0.00256*	40.87***	-0.01132	-0.0157*
	（0.0595）	（0.000）	（0.251）	（0.0557）
自治区省份	Dropped	Dropped	Dropped	Dropped
拥有自治区省份	Dropped	Dropped	Dropped	Dropped
供给类变量				
官民比	-0.35	3,005***	-1.577	-0.3343
	（0.177）	（0.00015）	（0.368）	（0.817）
工资规模	-0.0812	1,078***	1.167***	0.1596
	（0.144）	（0.000）	（0.00435）	（0.632）
预算外收入	0.00431	-264.4	-2.184***	1.658**
	（0.97）	-0.479	（0.00941）	（0.017）
转移支付规模	0.238	1,106*	-0.162	-1.588
	（0.188）	（0.0615）	（0.902）	（0.145）
常数	0.0412	-283.1	0.146	-0.156
	（0.0105）	（0.000）	（0.21）	（0.106）
R-sq	0.289	0.846	0.095	0.336
F值	21.38***	6.76***	1.66***	2.04***
LM	118.87***	80.42***	0.35	0.4942
Hausman	50.84***	-30.22***	23.27***	53.69***
数据模型	FE	FE	FE	FE

注：1. 括号内为P值，*表示在0.1水平上显著，**表示在0.05水平上显著，***表示在0.01水平上显著。2. Hausman检验中的卡方值为负是原假设被拒绝的先兆（连玉君，2011）。

表 6-20 表明，F 值在 0.01 的水平上显著，行政成本相对支出模型、人均行政成本模型、人员相对支出模型和公用相对支出模型采用固定效应模型（FE）要优于OLS 模型。LM 检验结果发现，卡方值只有在行政成本相对支出模型和人均行政成本模型中显著。数据结果表明，选择随机效应模型要优于 OLS 模型；而在行政成本结构模型中，OLS 模型要优于随机效应模型。在对固定效应和随机效应进行检验的Hausman 检验中，卡方值对应的概率均小于 0.01，表明，拒绝原假设，选择固定效应模型。综合三项检验结果，行政成本相对支出模型、人均行政成本模型、人员相对支出模型和公用相对支出模型选择固定效应模型结果最为准确。

一、行政成本相对支出模型

在控制了其他变量的情况下，只有人均面积和市场化水平对行政成本相对支出规模产生影响。其中，人均面积通过了 0.01 的显著水平，对行政成本相对支出规模产生正影响。人均面积越大的省份，行政成本相对支出规模越大。即每 100 人增加 1平方千米导致行政成本相对支出规模上升 389.5%，和理论假设一致。这证明了，地广人稀的西部省份，比人口密度大、地域狭隘的东部地区（如上海、北京）都要耗费更多的成本和费用来提供信息、服务和交通，运作的盘子比较大。这一结果也说明了行政区划对行政成本产生影响。市场化水平在 0.1 的水平上显著，表明，市场化值升高 1 分会导致行政成本相对支出规模增长 0.26% 左右。这一结果和理论预期不符。但是，和第五章 1993—2006 年的模型结果相符。这也进一步论证了之前的结论：随着市场化的推进，即使在大刀阔斧的行政改革时期，由于计划市场双轨制，公共部门运作仍将呈现一个较大的规模，持续扩张。换言之，市场化体制改革的深入进一步地推动了地方政府持续扮演一个强势的角色。特别是在缺乏宏观管理工具和具有控制取向的预算体系情况下，1998 年的理性化改革并未达到效果。这种局部化的行政改革只能使得行政成本规模不断走向膨胀。在整个模型中，只有需求类变量对行政成本相对支出规模产生影响，这说明，行政成本相对支出规模还是受到需求的驱动而非供给。人均面积是行政成本相对支出规模的主要影响，其次是市场化水平。和 1993—2006 年的历史时间段模型相比，经济因素（人均 GDP）、财政因素（预算外规模和转移支付规模）以及公共部门因素（工资相对支出规模和官民比）并不发挥作用。此外，行政成本相对支出模型的 R-sq 值达到 28.9%，在四个模型中，解释力较低。

表 6-21 列出了行政成本相对支出模型回归后 VIF 的检验结果。其中，人均 GDP 的 VIF 值最大 6.57 小于 10，方差膨胀并未超过标准，该模型不存在多元共线性。

表 6-21 VIF 检验统计结果表

变量	VIF 统计值	1/VIF
人均 GDP	6.57	0.152292
人均面积	1.98	0.505914
市场化水平	4.46	0.224244
自治区省份	2.43	0.412212
拥有自治区省份	1.53	0.651619
官民比	4.58	0.218534
工资规模	2.13	0.469681
预算外收入	1.14	0.881021
转移支付规模	1.16	0.865314

二、人均行政成本负担模型

表 6-20 的结果表明，在 1998—2003 年，市场化水平、工资规模、官民比和转移支付规模都对人均行政成本产生显著影响。需求类变量中，只有市场化水平在 0.01 的水平上显著，即市场化指数增加 1 分，人均行政成本增加 40.87 元。这个结论和第五章的结论一致，并与行政成本相对支出规模的结论一致。而且较之于这些模型，市场化化水平对人均行政成本负担的影响更加强烈，再一次说明了市场化体制建立对地方政府扩张的激励。供给类变量基本和理论预期一致。在控制了其他变量的情况下，官民比例和公务员工资相对规模增加 1% 会导致人均行政成本分别增加 3 005 元、1 078 元，在 0.01 的水平上显著。这说明，公共部门人员和财政规模会引致人均行政成本负担加重。这也反映出削减机构和人员编制可以有效地抑制人均行政成本负担。特别是公共部门人员规模和工资规模比较大的省份。除人员和财政供养因素之外，转移支付规模也对人均行政成本负担产生正向显著影响，并在 0.1 的水平上显著。具体而言，转移支付规模增长 1%，会导致人均行政成本负担增加 1 106 元。也就是说，转移支付规模高的西部省份的人均行政成本负担要比转移支付规模低的东部省份重。在预算软约束的情况下，"预算饥饿"的西部省份倾向于"花别人的钱"办"自己的事情"。这与描述性分析基本一致。在人均行政成本负担模型中，供给类变量占主导作用。市场化水平、官民比和工资规模是影响人均行政成本负担的主

要变量，其次是转移支付规模。这也说明了人均行政成本负担主要是由计划供给驱动的，而非需求。和 1993—2003 年人均行政成本负担模型不一样的是，经济类变量在朱镕基执政时期并未发挥影响，城镇就业人口比例 P 值为 0.235 > 0.1，0.05，0.01。这是因为：在一个较短的时间范围内，经济类变量对人均行政成本负担还是具有影响，可能是太微弱了，所以被其他变量的强影响所掩盖了。最后，整个模型的解释力是四个模型中最高的，R-sq 值达到了 84.6%。即城镇就业人口比例、人均面积、市场化水平、民族地区、官民比、工资规模、预算外收入规模和转移支付规模可以解释 84.6% 的公用相对支出规模。

表 6-22 列出了人均行政成本负担模型回归后 VIF 检验的结果。城镇就业人口比例 VIF 值最高，为 6.53 < 10。于是，该模型变量方差膨胀并未超过标准，并不存在多重共线性。

表 6-22　VIF 检验统计结果表

变量	VIF 统计值	1/VIF
城镇就业人口比例	6.53	0.153206
官民比	5.36	0.186593
转移支付规模	3.00	0.333314
工资规模	2.80	0.356634
自治区省份	2.45	0.408062
人均面积	1.98	0.505309
市场化水平	1.85	0.539472
拥有自治区省份	1.54	0.649124
预算外收入	1.18	0.848435

三、行政成本结构模型：削减人员还是公用

（一）人员相对支出规模模型

根据表 6-20，在控制了其他变量的情况下，需求类变量对人员相对支出规模不产生影响，主要由供给类变量主导。工资规模和预算外收入规模对人员相对支出规模产生显著影响。工资规模和人员相对支出呈现正关系，前者增长 1%，会导致人员相对支出规模增长 116.7%，在 0.01 的水平上显著。这一结果符合理论预期。预算外收入规模在 0.01 的水平上显著，和人员相对支出规模呈现负关系，和理论预期相反。预算外收入规模增加 1% 会导致人员相对支出规模减少约 218% 左右。换言之，预算

收入规模小的地方比预算外收入规模大的地方，人员相对支出规模要高。这一结果也可以帮助我们理解预算外收入较少的东部地区的工资水平要高于西部地区。但是，预算外收入规模与人员相对支出规模呈现负关系与 1993—2006 年的人员相对支出规模模型中呈现正关系存在着矛盾。这说明，预算外变量对人员相对支出规模的影响不能确定，还需要考察其他因素和更大的时间维度。在整个人员相对支出规模模型中，供给类变量的强势影响表明，在 1998—2003 年，人员相对支出规模受到计划的导向要多于需求的导向，即地方政府在财政供养上并没有过多地考虑当地服务需求的合理性，而是按照计划和偏好来进行公务人员的扩张，机构改革的作用似乎并不明显。不过，人员相对支出规模模型的 R-sq 值在四个模型中最低，达到 9.5%，即人均 GDP、人均面积、市场化水平、民族地区、官民比、工资规模、预算外收入规模和转移支付规模只可以解释 9.5% 的人员相对支出规模，解释力最差。

表 6-23 列出了人均行政成本负担模型回归后 VIF 检验的结果。人均 GDP 的 VIF 值最高，为 6.57 ＜ 10。于是，该模型变量方差膨胀并未超过标准，并不存在多重共线性。

表 6-23　VIF 检验统计结果表

变量	VIF 统计值	1/VIF
人均 GDP	6.57	0.152292
官民比	4.58	0.218534
市场化水平	4.46	0.224244
转移支付规模	2.93	0.340909
自治区省份	2.43	0.412212
工资规模	2.13	0.469681
人均面积	1.98	0.505914
预算外收入	1.53	0.651619
拥有自治区省份	1.16	0.865314

（二）公用相对支出规模模型

由表 6-20 可知，在 1998—2003 年，人均面积、市场化水平和预算外收入规模对公用相对支出规模产生影响。具体而言，人均面积变量在 0.01 的水平上显著，对公用相对支出规模产生正影响。当人均面积每 100 人增加 1 000 平方米，会导致公用相对支出规模上升约 202%。和理论假设一致。这证明，地域的辽阔不会增加人员相对支出规模，反而会增加公用相对支出规模。在人口密度小，地域广的西部地区所耗费的信息成本、公车成本、文件传达等会远高于人口稠密、信息发达的直辖市或者沿海省份。在需求类变量中，除人均面积之外，市场化水平也在 0.1 的水平上显著，对公用相对支出规模产生负影响。这一结论和行政成本相对支出规模模型以及人均行政成本模型相反，即市场化指数每增加 1 分，会导致公用相对支出规模下降 1.57%。换言之，东部市场发达的省份比西部市场欠缺的省份的公用相对支出规模要小。随着市场化的推进，并不会抑制人员相对支出规模，反而会缩减公用相对支出规模。在朱镕基总理大规模"瘦身"改革的背景下，市场化的推进在一定程度上对公用相对支出规模产生了些许效果，但是这种效果并不强烈，难以抵消市场化所带来的公共服务需求和政府责任，以至于推高了整个行政成本相对支出规模和人均行政成本负担。除需求类变量对公用相对支出规模产生影响之外，供给类变量也对公用相对支出规模产生影响。和人员相对支出规模模型不同，预算外收入规模对公用相对支出规模产生正影响，和 1993—2006 年的所有解释模型相同。这表明，在预算约束尚未硬化的情况下，地方政府官员不断地攫取预算外收入，以进行财政收入扩张。而这种扩张主要用于公用而非人员。在整个模型中，人均面积是第一影响因素，预算外收入规模时第二影响因素，最后是市场化水平。需求和供给共同对公用相对支出规模产生影响。公用相对支出模型的 R-sq 值达到 33.6%，即人均 GDP、人均面积、市场化水平、民族地区、官民比、工资规模、预算外收入规模和转移支付规模可以解释 33.6% 的公用相对支出规模。

　　表 6-24 列出了行政成本相对支出模型回归后 VIF 的检验结果。其中，人均 GDP 的 VIF 值最大 6.57 小于 10，方差膨胀并未超过标准，不存在多元共线性。

表 6-24　VIF 检验统计结果表

变量	VIF 统计值	1/VIF
人均 GDP	6.57	0.152292
人均面积	1.98	0.505914
市场化水平	4.46	0.224244
自治区省份	2.43	0.412212
拥有自治区省份	1.53	0.651619
官民比	4.58	0.218534
工资规模	2.13	0.469681
预算外收入	1.14	0.881021
转移支付规模	1.16	0.865314

第三节　本章小结

1998—2003 年的行政成本相对支出模型、人均行政成本模型、行政成本结构模型（人员相对支出模型和公用相对支出模型）均在不同程度上对行政成本省际差异和市场化之间的关系进行回答。结果表明，即使在中国最为声势浩大、也被普遍认为是最有成效的行政改革中，地方政府的计划供给主导、行政区划和市场化仍然会影响行政成本规模。具体而言，在综合考虑供给与需求影响的基础上，供给层面的因素，官员规模大小、工资规模高低都会对人均行政成本负担和人员相对支出规模产生影响。转移支付规模对人均行政成本负担影响较大，预算外收入规模对人员相对支出规模和公用相对支出规模产生影响。对于需求层面的因素而言，经济发展水平的高低对行政成本模型并不产生影响。而人均面积，即行政区划大小影响了行政成本相对支出规模、公用相对支出规模。市场化水平对行政成本相对支出规模、人均行政成本负担和公用相对支出规模均产生影响。这证明政府发展规模存在着对当地需求的理性思考，同时也有一定的供给导向。四个解释模型的结果表明，供给和需求同时发挥影响。

针对 1993—2003 年解释模型中的市场化变量设计的缺陷，本章的解释模型采用樊纲指数予以校正。但是，市场化变量与行政成本相对支出规模和人均行政成本负担之间的关系并没有改变，仍然是显著正影响；而对人员相对支出规模和公用相对支出规模产生负影响，和理论预期一致。这说明，市场体制建立在一定程度上抑制了人员和公用支出，对行政成本控制产生了积极的影响。可是，这种影响微乎其微，在人员相对支出规模模型中并不显著，而在公用相对支出规模模型中，也只在 0.1 的水平上显著。所以，在转轨的中国，即使市场化水平对公用支出规模有一定的抑制作用，但是，这种作用也相当有限。在市场化的进程中，地方政府一直扮演着强势的角色，为了更好地满足市场的需求和监管，建立了许多的监管机构，并颁布了各项法规政策，从而产生了大量的行政成本，致使政府规模持续扩张。此外，与西方民主体制不同，中国的公共部门运作蕴含了大量的政治成本，而且里面涉及党政事业费，这些费用呈现出刚性的特征，难以区分剥离，也不会随着市场化的推进而降低。于是，市场化发展的不平衡对行政成本省际差异造成正影响，并非理论预期所假设的负影响。总之，至少在 1998—2003 年这段时期内，市场化和政治控制是紧密相连的。

第七章　结论与讨论

本研究观察、描述和回答了以往前人没有深入下去的问题：行政成本省际差异情况及其原因。通过分析探讨，各省行政成本上首先考虑了需求层面的影响，并非计划主导一蹴而就，其次，供给也发挥一定的影响。所以，行政成本省际差异的原因主要是供需双方面驱动的，经济发展水平、行政区划、市场化、财政供养规模（官民比和工资规模）、预算外和转移支付、行政改革都对行政成本产生了影响。具体而言，第一，经济发展水平较高以及行政区划较大的省市会拥有更大的政府规模来适应这些需求。第二，财政供养规模，预算外收入以及转移支付的增加也促进了政府规模的扩张。其中，预算外收入和行政成本间的正关系表明公共部门运营并不规范，预算软约束仍然普遍存在，各省只有合理地控制预算外收入才能有效地控制行政成本的增长。而转移支付规模会导致行政成本升高，表明，越穷的地方越希望并越能争取到中央补助来维持机构的运营，这样会鼓励这些省去跑关系而非发展经济，最终陷入恶性循环。第三，市场化和行政改革并没有带来预期所达到的效果，伴随市场化和行政改革的双管齐下，最终推高了行政成本并增加了各省之间的差异。除此之外，本研究也进一步剖析了行政成本省际差异问题，对行政成本结构进行了分解，探讨人员支出和公用支出在分省分年的情况，并使用相同的变量对结构因素模型化，以细致探究行政成本省际差异影响。其结果表明，行政改革抑制了人员相对支出规模，但推高了公用相对支出规模。这和行政成本相对支出模型以及人均行政成本负担模型的分析结果并不一致。那么，行政改革和市场化改革应该何去何从呢？

第一节　市场化和行政成本理性化：历史与未来

1978 年，中国实施改革开放政策，使得国家工作重点从政治转向了经济建设。

直到 1992 年，江泽民在中国共产党第 14 次全国人民代表大会上提出建设"社会主义市场经济"，中国才开始正式拥抱市场经济并进入经济高速增长时代。从 1993 年开始，中国共产党宣布将建立社会主义市场经济作为经济改革的最终目标，市场化运动席卷整个中国（Ma & Zhang，2008）。社会主义经济中市场改革的任务包括市场引入，同时还需要促进了国家重建，使中央政府重塑机构、改造自身能力以治理市场，各级政府改变自己的行为提供多样的公共产品，并促使政府职能在经济活动中逐渐缩减，而非计划经济所强调的一手包办。中国领导层虽然也意识到如何转变行政机构以适应市场经济（Zheng，2008：106）。但是，中国的改革并没有按照一定的设计、完整的、完善的理论模型或效仿某一国家模式来进行。于是，在 20 世纪 90 年代，其政府治理以及机构运作并没有伴随着以市场为导向的经济改革的进步而进步。由于长时间的计划经济体制给公共部门打上了深刻的烙印，刚开始的市场经济改革也没有清晰的方向，最终，公共部门改革在双轨的体制中艰难运行。在"摸着石头过河"的倡导下，模糊的改革目标，加上国家领导人对经济放权的恐惧，使得刚开始实行的市场经济政策趋向于保守，政府重构也没有取得理想的效果，反而使得三个问题更加凸现出来：第一，国家和企业之间的关系在各方面联系越来越紧密；第二，政府规模稳定扩张（Yang，2004：25）；第三，预算外资金在各级政府层面迅速膨胀。最终表现为行政成本膨胀，政府效率低下。尤其在地方政府层面，这些现象尤为严重。

首先，在引入了市场经济以后，早期开始实行的双轨制的改革使得中国不但承袭了计划经济的某些特征，而且还使得国有企业、集体企业以及他们监督部门（公共部门）之间形成了一种讨价还价的谈判关系，这种谈判关系主要表现为政府和企业之间的相互依赖。结果，经济改革和行政改革陷入了"谁先行"这样一个困境中。因为，只要政府计划作为市场的辅助，国有企业就会寻求政府保护。企业对行政保护，协调和决策的需求的存在，使得政府攫取企业利益作为收入用作自身利益变得顺理成章。中国的企业和政府不是对手或者竞争者而是合作伙伴（Dickson & Chao，2001：8）。于是，在经济增长的年代，行政改革并没有取得成效，而是这种在局部改革之中，政府和企业的相互依赖关系导致了政府规模的持续膨胀（Yang，2004：10）。杨大利（2004：10）观察到，虽然在 1978—1995 年，中国政府的收益增长了 5.1 倍，但是，它却伴随着 17.8 倍的行政成本增长。这都可以归结为政企不分的相互牵绊所导致的地方行政成本无序的增长。由此看来，只有设定了清晰的经济改革目标，行政改革目标才会清晰（Ma & Zhang，2008）。1998年，朱镕基任职国务院总理，开始全面掌管经济改革，从而促使了国家理性重构（Zheng，2004：106）。他开始实行行政机构理性化改革，削减政府规模，进一步转变政企关系，减少政府对经济的干预。这一系列的政府理性化改革使得行政成本得到了一定程度的控制。私有化（政府放弃了国有企业的产权）使得政府无法保护国有企业，因此，也很难产生为保护国有企业而造成的较高的协调、管理等行政成本。同时，由于和国有企业联系的减少，地方政府在面对强大的财政压力的情况下，为了履行其日益增长的社会义务，倾向于抑制行政成本的增长（Yang，2004：33-34）。可是，这个效果并不显著。虽然政府部门在经济行业的和社会的控制规模减少了，但是，国家还是持续控制着大量的企业资产，而从政府中所裁的人员大多转到了事业单位以及与政府关系密切的非营利部门，于是，政府仍然有机会利用管制的真空来加强企业和政府之间的联系。此外，1998—2002年，在政府规模持续缩减的同时，朱镕基总理将政府公务员以及退休人员的工资水平提高了两倍，以补偿人员，并缓冲政府削减所带来的压力。于是，这些改革的措施的最终结果是公共部门在帕金森苑囿中不断徘徊。

其次，虽然改革持续进行，但是屡次改革只能达到暂时性的压制行政成本的效果，难以持续。单纯地、计划性地削减行政机构数量难以抵消市场化发展所带来的长期需求，经济改革和行政改革并没有凸性结合起来，从而导致了更多的问题。在市场经济引入后，日益增长的市场活动也导致了新机构诞生以便协调、管理并规制市场（Yang，2004：29）。在市场经济改革的大环境下，行政改革中的部门削减和消除恰恰又为新的管制机构的诞生创造了空间（Chen，2002）。于是，在经济改革和行政改革的双重作用下，机构迅速繁殖，其势必造成协调成本的增加、财政供养人数的上升，地方公共部门财政压力骤增。同时，在1978—1999年，公共部门缺乏部门预算体系并且过度分权，尤其在1994年分税制改革后，财政收入上移，而支出责任下放，地方政府财政负担加剧，为了应付日益增长的市场化的需求和发展，地方政府不得不大力寻求预算外有效资源以保证机构运作。在这种情况下，预算外资金迅速在各级政府层面扩展开来以用作其雇员的福利和奖金（Ma & Chen，2009）、工资等，从而导致行政成本迅速膨胀。在财政资源极其有限以及预算尚未硬化的情况下，地方政府盲目地追求预算外收入，开始出现一种新的现象：向下摊派。出于追求组织目标以及受到组织能力的驱使，地方政府官员不断向下摊派，旨在攫取和动员资源，为其提供超出财政预算计划的财政收入和扩张（周雪光，2005），在不发达地区省份此行为极为常见。这种持续的摊派行为虽然为公共部门的运作提供了资源，但是却使得行政成本问题更加恶化。针对上述弊端，1999年开始进行财政改革，其旨在创造一个预算控制体系，并要求部门预算编制以部门为基础。具体而言，它要求各个支出部门在部门预算里巩固所有的收益和支出，致使预算外收入得到了有效的控制。可是，还是有很大一块的资金仍然游离于预算之外（Ma & Chen，2009）。在自我利益的驱动下，这些资金仍然有可能被用来弥补或增加人员和公用支出，以维持整个机构的运作。于是，行政成本控制得根本问题并没有得到很好的解决。由此看来，无战略性的经济改革和行政改革相互牵绊，最终导致了政府规模的扩张。

总之，经济改革和行政改革渐行渐远，地方政府并未如期缩减反而增大了。自1993年开始的市场化运动到2006年为止，市场化变量对于公共部门规模影响始终为正。伴随着市场化的推进，公共部门的行政成本相对支出规模和人均行政成本负担不断攀高。换言之，在中国转轨期，为了适应日益扩大的市场化需求政府规模越来越大。而且，市场化程度高的省份其行政成本也要高于市场化程度低的省份。这一切都表明，市场化的发展无形中带动了机构需求，除管制和协调成本的增高之外，相关市场规制机构也逐渐发展起来。而行政改革所产生的机构削减并不能抵消这种需求，反而为机构迅速繁殖提供了空间，这种市场需求的增长和地方机构的增长相得益彰，不断膨胀。

王永钦（2010）认为，中国经济转型迄今为止的成功很大程度上与具有较高程度的自主性和国家能力的政府对经济的干预和推动有很大的关系。市场化渗透到生活的各个方面，它的迅速扩张致使政府官员则变成了政治企业家（political entrepreneur)，广泛地参与到经济活动中去。在中央和地方财政分权的格局下，地方政府官员的政治绩效与地方的财政收入都与本地的经济发展水平息息相关，这也在政治上保证了地方官员有激励来促进经济增长（王永钦，2010）。为了追求经济增长，在体制并不健全的情况下，官员和企业相结合，互相牵绊，其副产品就是政府规模的扩张。也许正如王绍光（1997）所言，在放弃行政指令等旧式政策工具的同时，中国政府并没能力及时发展出一套间接管理千千万万个自主经济实体的宏观政策工具，即使有，运用得也不得心应手，这大概需要一个漫长的学习过程。于是，在这段时间内，行政成本膨胀问题无法得到解决。政治与市场结合的最终结果则是行政成本高涨，政府规模的不断扩大。

此外，本研究证明行政改革对于行政成本而言并没有产生实际效果。总之，中央政府所发动的行政改革在其意图上甚是谨慎，在其结果也只取得了些许效果。虽然，邓小平在经济改革中的目标是加强和复苏国家能力，特别是在地方层面，政府的改革目标一度被改变以促进改革进程（Dickson & Chao，2001：6）。如果说几次行政改革完全没有削减政府规模，却也不尽然。虽然地方政府为了适应市场化改革，极力削减人员和机构规模，并将其削减数量作为其地方政绩。但屡次改革只能达到暂时性的压制行政成本的效果，难以持续。甚至在1998—2002年大刀阔斧改革期间，在促进政府规模持续缩减的同时，朱镕基总理将政府公务员以及退休人员的工资水平提高了两倍，以补偿人员，并缓冲政府削减所带来的压力。在1998年的行政改革中，中国利用买断、特殊津贴来鼓励人员离岗，缩减政府规模，但是其薪水在促进政府对雇员更具有道德感的同时也提高了政府人事削减和维持的行政成本（Yang，2004：53-54）。可以看来，这些改革的措施的最终结果是公共部门在帕金森苑圃中不断徘徊。当官僚机构被废止，就会有其他的功能性机构或者附属组织被建立起来（比如事业单位）为官员提供雇佣机会。最后，政府规模，行政成本持续扩大。本研究的结果验证了此点，行政改革并没有缓解行政成本的压力，而是加剧了。如此看来，市场化和行政改革均没有达到效果，都推高了行政成本。

第二节　局　　限

综观整个研究，主要存在五个局限。

第一，在研究内容上，本研究只能解决一个问题：1993—2006年行政成本省际差异的现状及其背后的原因。不在这个时间范围内的不会做讨论。1993年以前，以及2007—2009年的行政成本分省情况没有涉及，因此，不能一概而论地将本研究的结论推广到这两个时间段。

第二，在因变量衡量上，由于数据的局限（无法分离用于机构运作目的的预算外资金），本研究所采用的因变量没有包含预算外的数据，但这一因素是行政成本的重要因素，于是，本研究在自变量中对预算外进行操作化以测量其对行政成本的影响。

第三，在自变量设置上，市场化和行政成本之间的关系本来就纷繁复杂，单一采用私有化比重进行衡量势必对两者关系的衡量产生偏差，且不能全面说明问题。由于市场化影响因素众多，操作化困难，标准不一，笔者虽然抽出1998—2003年的数据，采用樊纲市场化指数对其进行验证，但是其背后的逻辑还需要在其他数据和变量的基础上进行再验证。

第三，在研究对象上，本研究是对整个省总的行政成本进行研究，并没有具体到市县。

第四，在研究方法上，面板分析是用来反映一段时间内自变量的变动是否造成了因变量的变化，可以利用统计的方法确定一种因果关系。然而社会经济现象是一种非常复杂的现象，对它的研究，不能脱离具体的政策环境以及当时的社会经济环境及影响，现象变化的内部、外部因素，人的行为和心理。特别是经济改革和行政改革，以及官员行为背后的逻辑及其蕴含的理论。但是，鉴于这些因素量化的复杂性和难度，本定量研究也只能把其他可操作化的因素进行量化，这样势必会忽略其他同类的影响因素。所以，本研究只能解决本研究所定义的范围内问题。对于行政成本省际差异更为深层次的原因，如经济改革和行政改革对其的影响可以在往后的研究中深入探讨。

参考文献

OECD．中国公共支出面临的挑战 [M]．北京：清华大学出版社，2006．

［美］巴比．社会研究方法 [M]．邱泽奇，译．北京：中国人民大学出版社，2005．

［美］唐斯．官僚制内幕 [M]．郭小聪，译．北京：中国人民大学出版社，2007．

［美］萨巴蒂尔．政策过程理论 [M]．彭宗超，译．北京：生活读书新知三联出版社，2006．

［美］缪勒．公共选择理论 [M]．韩旭，杨春学等，译．北京：中国社会科学出版社，1999．

［美］尼斯坎南．官僚制与公共经济学 [M]．王浦劬，译．北京：中国青年出版社，2004．

甘阳，崔之元．中国改革的政治经济学 [C]．牛津大学出版社，1997．

何翔舟，周镇宏．政府成本论 [M]．北京：人民出版社，2001．

黄佩华．中国：国家发展与地方财政 [M]．北京：中信出版社，2003．

［美］贾恩弗朗哥·波齐．国家：本质、发展与前景 [M]．陈尧，译．上海：上海人民出版社，2007．

［英］简·莱恩．新公共管理 [M]．赵成根，译．北京：中国青年出版社，2004．

［美］杰伊·D·怀特，［美］盖·B·亚当斯．公共行政研究—对理论与实践的反思 [C]．刘亚平，高洁，译．北京：清华大学出版社，2005．

［美］汉密尔顿．应用 STATA 做统计分析 [M]．郭志刚等，译．重庆：重庆大学出版社，2008．

［美］弗朗茨．X 效率：理论、论据和应用 [M]．费方域，译．上海：上海译文出版社，1993．

马骏 . 中国公共预算改革理性化与民主化 [C]. 北京：中央编译出版社，2004.

马骏 . 西方公共行政学理论前沿 [M]. 北京：社会科学出版社，2004.

［美］纽曼 . 社会研究方法—定量和定性的取向 [M]. 郝大海，译 . 北京：中国人民大学出版社，2007.

［英］诺尔曼·吉麦尔 . 公共部门增长理论与国际经验比较 [C]. 贺军，杨冠琼，译 . 北京：经济管理出版社，2004.

［英］敦利威 . 民主、官僚制与公共选择 [M]. 张庆东，译 . 北京：中国青年出版社，2004.

乔宝云 . 增长与均等的取舍—中国财政分权政策研究 [M]. 北京：人民出版社，2002.

桑贾伊·普拉丹 . 公共支出分析的基本方法 [M]. 蒋洪等，译 . 北京：中国财政经济出版社，1996.

上海财经大学课题组 . 公共支出评价 [M]. 北京：经济科学出版社，2008.

王绍光 . 安邦之道—国家转型的目标与途径 [M]. 北京：生活·读书·新知三联出版社，2007.

［美］威廉·格林 . 计量经济分析 [M]. 张成思，译 . 北京中国人民大学出版社，1996.

［美］维托·坦齐，［德］卢德格尔·舒克内西特 . 20 世纪的公共支出：全球视野 [M]. 胡家勇，译 . 北京：商务印书馆，2005.

肖毅敏 . 地方财政公共支出分析 [M]. 中央文献出版社，2007.

阎坤，王进杰 . 公共支出理论前沿 [M]. 北京：中国人民大学出版社，2004.

［美］威尔逊 . 官僚机构—政府机构的作为及其原因 [M]. 孙艳，译 . 北京：生活·读书·新知三联出版社，2006.

周黎安 . 转型中的地方政府 [M]. 上海：格致出版社／上海人民出版社，2008.

周庆智 . 中国县级行政结构及其运行—对 W 县的社会学考察 [M]. 贵州：贵州人民出版社，2004.

［美］阿伦·威尔达夫斯基，［美］布莱登·斯瓦德洛 . 预算与治理 [M]. 苟燕楠，译 . 上海：上海财经大学出版社，2010.

［美］诺曼·K·邓肯，［美］伊冯娜·S·林肯 . 定性研究：方法论基础 [M]. 风笑天，译 . 重庆：重庆大学出版社，2007.

［美］肯尼斯·J·迈耶，［美］杰弗里·L·布鲁德尼，公共管理中的应用统计学 [M].李静萍等，译．北京：中国人民大学出版社，2001.

Bentley A F. 1908. The Process of Government: A Study of Social Pressures[M]. Chicago: Chicago University Press.

Byrd W A，Lin Q.(eds). 1991．China's Rural Industry: Structure, Development, and Reform[M]. Oxford University Press.

Chao chien-min, Dickson B J.. 2001．Remaking the Chinese State[M]. Taylor & Francis Book LTD.

Grindle M S．1997．Getting Good Government: Capacity Building in the Public Sectors of Developing Countrie[M].Harvard University Press.

Lindert P H. 2004．Growing Public[M]. Cambridge University Press.

Muller D．1989．Public Chioce Ⅱ [M]. Cambridge University Press.

Niskanen W Jr.. 1971．Bureaucracy and Representative Government[M]. Chicago: Aldine.

Runyon R P．1980．Audry Haber. Fundamentals of Behavioral Statistics[M]. MA:Addison-Wesley.

Saich T．2004．Governance and Politics of China[M], New York: Palgrave Macmillan,.

Tulloch G．1977．'what Is to Be Done?' in Budgets and Bureaucrats: The Sources of Government Growth[M], ed. Thomas E. Borcherding (Durham, NC: Duke University Press), 285.

Yang Dali．2004．Remaking the Chinese Leviathan[M]. Stanford University Press.

Zheng yongnian．2004．Globalization and State Transformation in China[M]，Cambridge University Press.

特里·L·安德森，托马斯·斯特曼．美国公共部门增长的政治经济学 [C]//［英］诺尔曼·吉麦尔．公共部门增长理论与国际经验比较．北京：经济管理出版社，2004：245-258.

诺尔曼·吉麦尔．瓦格纳法则和马斯格雷夫假定 [C]//［英］诺尔曼·吉麦尔．公共部门增长理论与国际经验比较．北京：经济管理出版社，2004：131-150.

阿兰·哈姆林.公共开支与政治过程 [C]// ［英］诺尔曼·吉麦尔.公共部门增长理论与国际经验比较.北京：经济管理出版社，2004：87-104.

弗朗兹·汉寇，福瑞克·斯凯内德，格伦.威瑟斯.澳大利亚的公共部门：数量分析 [C]// ［英］诺尔曼·吉麦尔.公共部门增长理论与国际经验比较.北京：经济管理出版社，2004：259-281.

Im Tobin. 时序、分权与发展 [J]. 公共行政评论，2008，5：41-56.

杰克逊.公共支出增长的模型化：一种综合的方法 [C]// ［英］诺尔曼·吉麦尔.公共部门增长理论与国际经验比较.北京：经济管理出版社，2004：151-166.

安秀梅，徐静.关注"官民比"探索降低政府行政成本新路 [J]. 当代财经，2008，4：34-37.

曾明，张光.规模经济、转移支付与政府规模—以江西为例 [J]. 江西省社会科学，2008，9：213-218.

陈诗一，张军.中国地方财政支出效率研究：1978-2005[J]. 中国社会科学，20008，4：65-78.

褚燕.青海省行政成本现状及成因分析 [J]. 时代经贸，2007，5：37-38.

戴慕珍 Jean.C.Oi（1997）.中国地方政府公司化的制度基础 [C]// 甘阳，崔之元主编.中国改革的政治经济学.牛津大学出版社，1997：99-132.

戴扬，杨龙.国内政府成本问题研究综述—缘起、现状与问题 [J]. 理论与改革，2005，4：157-159.

戴扬，杨龙，吴晓文.政府成本问题研究述论 [J]. 四川师范大学学报，2005，5：35-39.

杜晓燕，李景平，尚虎平.乡镇政府行政成本测算模型 [J]. 统计与决策．2006，20：38-40.

郭婕.行政成本研究的理论前提 [J]. 公共行政．2006，6：22-24.

郭婕.我国政府行政成本变动趋势实证分析 [J]. 辽宁行政学院学报，2007，6：21-25.

郭婕.我国政府行政成本现状、成因及对策 [J]. 河南大学学报，2008，1：71-77.

郭俊华.我国东西部地区政府行政成本比较研究 [J]. 上海经济研究，2008，6：47-50.

郭俊华，肖林.我国政府行政成本省际比较的经济学分析 [J]. 上海经济研究，

2008，1：24-30.

何翔舟 . 论政府成本 [J]. 中国行政管理，2001，7：53-56.

何翔舟 . 中国行政管理成本问题实证研究 [J]. 政治学研究，2006，2：77-86.

胡德仁 . 财政转移支付与中国地区间财力均等化分配模型 [J]. 公共行政评论，2008，5：81-99.

姜鑫 . 中国公共支出及其影响因素的协整分析 [J]. 东南大学学报，2008，5：30-35.

焦建国，许正中 . 推行行政改革降低行政成本 [J]. 国家行政学院学报，2002，1：52-55.

金玉国，张伟 . 基于协整方法和 VAR 模型的中国行政管理成本变动分析 [J]. 统计研究，2008，8：57-62.

李景平，赵永辉 . 我国乡镇政府行政成本的思考—基于陕西省某县部分乡镇的调查 [J]. 西北大学学报，2005，2：42-47.

李树林，田瑞华 . 内蒙古自治区行政成本现状分析与总体评价 [C]. 落实科学发展观与推进行政改革研讨会会议论文，2006.

廖雄军 . 中国政府成本增长趋势与横向比较研究 [J]. 广西青年干部学院学报，2006，6：55-58.

连玉君 . 面板数据模型讲义 [M]. 中山大学岭南学院计量经济学课程讲义，2012.

刘华富 . 行政成本评估研究 [J]. 天府新论，2006，1：52-54.

刘华富 . 论行政成本 [J]. 四川行政学院学报，2004，6：9-11.

刘俊英 . 公共支出结构与经济增长关系的实证分析 [J]. 经济问题，2008，1：35-37.

刘俊英 . 公共支出转型及其经济发展效应研究 [J]. 经济经纬，2008，4：20-23.

刘泰洪 . 地方政府的自身利益及其实现方式 [J]. 黑龙江社会科学,2007，2：121-137.

罗辉 . 公共部门基本支出预算与运行成本控制 [J]. 会计研究，2008，7：73-80.

罗振宇，幸宇 . 地方政府行政成本规模及其增长测度的指标设计 [J]. 四川行政学院学报 . 2008，4：5-8.

倪海东,安秀梅 . 政府组织规模与行政成本的财政思考[J]. 中国行政管理,2008,1：17-20.

潘卫杰 . 对省级地方政府规模影响因素定量研究 [J]. 公共管理学报，2007，1：33-41.

平新乔 . 中国地方政府公共支出的膨胀趋势 [J]. 经济社会体制比较，2007，1：50-58.

钱颖一，许成钢（1997）. 中国非国有制经济出现和成长的制度背景 [C]// 甘阳，崔之元主编 . 中国改革的政治经济学 . 牛津大学出版社，1997：41-78.

桑玉成 . 政府成本论 [J]. 上海行政学院学报 . 2000，2：24-32.

谭桔华 . 降低县级政府行政成本 [J]. 国家行政学院学报，2005，2：26-29.

陶然，杨大利 . 财政收入需要与地方政府在中国转轨和增长中的作用 [J]. 公共行政评论，2008，5：6-40.

王利 . 西部民族地区行政成本现状理性分析 [J]. 中西部发展论坛，2006，1：13-15。

王庆仁 . 应该重视对行政成本问题的研究 [J]. 中国行政管理，1999，10：11-13.

王绍光 . 中国国家财政能力的下降及其后果 [C]// 甘阳，崔之元主编 . 中国改革的政治经济学 . 牛津大学出版社，1997：253-297.

王义 . 青岛与半岛城市群行政成本比较研究 [J]. 青岛职业技术学院学报，2007，1：1-4.

王义 . 我国地方政府行政成本增长规律的实证分析—以"十五"期间广东、山东、江苏和浙江四省为例 [J]. 行政论坛，2007，6：91-93.

王永钦 . 市场、政府与适宜的制度：对经济转型和制度变革的理论反思 [J]. 学习与探索，2010，5：145-147.

徐双敏，梅继霞 . 降低乡镇行政成本的体制性制约因素研究 [J]，2005，8：64-68.

叶战备，姚鹏 . 论政府成本过高的原因及其控制—以安徽省 Z 市为例 [J]. 中国行政管理，2007，2：45-48.

张光 . "官民比"省际差异原因研究 [J]. 公共行政评论，2008，1：89-199.

张光 . 财政分权省际差异、原因和影响初探 [J]. 公共行政评论，2009，1：133-158.

张光 . 中国行政管理成本决定因素实证分析—兼论"缩省论"的合理性 [J]. 天津行政学院学报，2007，2：16-20.

张振卿 . 行政管理支出规模与资源配置效率分析 [J]. 河南财政税务高等专科学校学报，2002，1：18-28.

赵小燕 . 我国地方政府行政成本比较分析—以东西部省份的比较为例 [J]. 湖北社会科学，2008，9：31-33.

周雪光 . "逆向软预算约束"：一个政府行为的组织分析 [J]. 中国社会科学，2005，2：132-43.

朱光磊，张志红. 职责同构批判 [J]. 北京大学学报，2005，1：101-112.

朱慧涛，王辉. 行政成本概念鉴别与重构 [J]. 中国行政管理，2008，1：27-29.

朱文兴，朱咏涛. 对行政成本居高的经济学分析与对策 [J]. 国家行政学院学报，2004，3：50-53.

卓越. 行政成本的制度分析 [J]. 中国行政管理，2001，3：50-54.

何达基，张岌. 美国财政挑战以及对中国的启示 [J]. 公共行政评论，2012，2:100-119.

Atkinson M M，Gerald B. 'Is There Convergence in Provincial Spending Priorities?' [J]. Canadian Public Policy / Analyse de Politiques，1998，24（1）：71-89.

Blau P M. 'A Formal Theory of Differentiation in Organization' [J]. American Sociological Review，1972，135：201-218.

Chen H S，MA J. How Are They Paid? A Study of Civil Service Pay in China. International Association of Schools and Institutes of Administration (IASIA) Annual Conference 2009, Rio de Janeiro, Brazil, 3-8 August 2009.

Chen S Y. 'Economic Reform and Social Change in China: Past, Present, and Future of the Economic State' [J]. International Journal of Politics, Culture, and Society. 2002，15（4）：569-589.

Dawson R E，ROBINSON J A. 'Inter-Party Competition, Economic Variables, and Welfare Policies in the American States' [J]. Journal of Politics，1963，25(2)：265-289.

Dolan J. 'The Budget-Minimizing Bureaucrat? Empirical Evidence from the Senior Executive Service' [J]. Public Administration Review，2002，62（1）：42-50.

Goodman S G. 'The interdependence of state and society: the political sociology of local leadership' [C]//Chao chien-min，DICKSON B J D. Remaking the Chinese State. Taylor & Francis Book LTD，2001：132-156.

Imbeau L M，Francois P，CRETE J et al. 'Measuring Government Growth in the Canadian Provinces: Decomposing Real Growth and Deflator Effects' [J]. Canadian Public Policy / Analyse de Politiques，2001,27（1）：39-52.

Wilson K D. 'Control of Social Spending: Gates and Gatekeepers' [J]. Public Administration Review,1989，49（4）：353-361.

Lewis-beck M S，Rice T W. 'Government Growth in the United States' [J]. The

Journal of Politics. 1985，47（1）：2-30.

Lin Teh-chang. The Reform of State-owned Enterprises in Mainland China: A Societal Perspective[C]//CHIEN-MIN CHAO，DISKSON B J. Remaking the Chinese State. Taylor & Francis Book LTD，2001：157-168.

Lindauer D L，VELENCHIK A D.'Government Spending in Developing Countries: Trends, Causes, and Consequences'[C]// The World Bank Research Observe. Oxford University Press，1992,7（1）：59-78.

Lowery，Berry W.'The Growth of Government in the United States: An Empirical Assessment of Competing Explanations'[J]. American Journal of Political Science，1983，27：665-94.

Ma Jun，Zhang zhibin. Remaking the Chinese Administrative State since the 1978 Economic Reform: the Perspective of"Double Movement", The International Conference on Remaking the Chinese Administrative State Since the 1978 Reform (Guangzhou, 2008)

Mitchell W C.'Fiscal Behaviour of the Modern Fiscal State: Public Choice Perspectives and Contributions,'in Wade, L.(ed.).1983：69-122.

North D C.'The Growth of Government in the United State: An Economic Historian Perspective'[J]. Journal of Public Economic，1985，28：383-399.

Olso，Mancur.'Dictatorship,Democracy and Development'[J], American Political Since Review. 1993，567：567-576.

Ostrom，Vincent，Ostrom E.'Public Choice: A Different Approach to the Study of Public Administration'[J]. Public Administration Review，1971，31：203-216.

Payne J L(1991)..'Why Government Spending Grows: The"Socialization"Hypothesis'[J]. The Western Political Quarterly，1991，44（2）：487-508.

Richard R.'What If Anything Is Wrong with Big Government?'[J]. Journal of Public Policy，1981，1（1）：5-36.

Stenberg C W.'Recent Trends in State Spending: Patterns, Problems, Prospects'[J]. The State of American Federalism，1994，24（3）：135-152.

Tullock G. Some problems of majority voting[J], Journal of Political Economy,1959，67：571-9.

Yang dali.'Rationalizing the Chinese State'[C]//CHIEN-MIN CHAO，DICKSON

B J. Remaking the Chinese State. Taylor & Francis Book LTD，2001：19-45.

财政部，预算司 . 地方财政统计资料 [S]. 中国财政经济出版社，1993-2006.

中国财政年鉴编委会 . 中国财政年鉴 [S]. 中国财政出版社，1993-2006.

国家统计局 . 中国统计年鉴 [S]. 中国统计出版社，1993-2006.

后　记

　　整个博士论文的创作跨越了差不多两年。读博期间，才迟迟明白高处不胜寒的道理，数据、理论整得我欲几度乘风归去。在经历过标准化工人式的数据输入，以及反复的理论推敲，无数次的自我纠结以及与他人讨论后，我的博士论文终于从酝酿到成稿了。以前，我设想过多次完成这篇拙文后，按捺不住内心的狂喜而高歌一曲的场景，可当下，却感觉内心深处犹如大海退潮多次，有的也尽是平静。

　　我非常感谢我的导师——马骏先生。

　　中大三年的成果——这篇博士论文也是受先生的引导和启发，开始并完成。他曾经说过做学术的过程就像是不断爬山的过程，看书则是在上坡，在自己看书到了一定程度，就爬到了一个平原，这时就会发现很多的帐篷，每个学术流派就是一个帐篷，这时的你就需要都进去看看，但是进去看有个前提，即进去后听得懂每个帐篷里的人在讲些什么，然后出来开始做各种选择：加入哪个帐篷？还是另起一个帐篷？但后者往往很难。中大三年是先生领我爬坡，带我见识平原，享受知识的繁华与魅力，当然，我小心翼翼，步步珍惜。我十分宝贵和先生在一起的每分每秒，除了学术，先生的言行也让我看到了一个肃然起敬的灵魂。马骏先生常说做学问必先做人，修身养性才能做学问。就犹如《论语》开篇，学而时习之，不亦乐乎；有朋自远方来，不亦乐乎；人不知而不愠，不亦君子乎？先生常讲这有三个层次：第一层次就是第一句，表明做学问明事理，才能真正获得内心的高兴，当经常学习，内心充实愉悦，做学问小有名气之后，便会产生第二个层次，即有志同道合的人慕名而来互相切磋请教，这时学问又开始提高，人的心境又会上升一个层次，快乐也会随之增加，而最后一个层次是最难做到的，即自己掌握了一定知识，小有名气了之后，看到别人对于知识的不了解，内心也要保持谦逊的态度，不要生气，不要觉得人很愚笨，不要高姿态。要做到以上这三条必须要保持高尚健全的人格，正人君子，才能做出好学问。我一直谨记此点，永生难忘。唯一觉得惭愧的是在和先生攀谈中，很多很有启发的思想火花没能及时记下，研究成文。

先生忠于读书踏实做人，不出差的日子就在办公室看书，有时看得拍案而起，有时写文章写得兴奋难抑，但他并非只是"躲进小楼成一统，管他春夏与秋冬"。先生至情至性至真，他常常教导我们学人文社科的人需要有激情，需要对社会有应有的关怀和理解。读文学可以增加想象力，看科学可以训练逻辑能力，而人文社会则可以增加社会的责任感，任何学问都不能和社会脱节，按部就班，墨守成规，我们行政管理更需要得到政府实践部门的理解和应用，我们才能更有意义，才能促进知识的增长和中国的进步，每个学者身上担当的更是社会的重任。周恩来曾经立誓："为中华之崛起而读书"，而现阶段更是如此。

马老师，您这几年来的教导，字字珠玑，丝丝入扣，学生我时刻铭记，身体力行。梁漱溟曾说："生有涯愿无尽。"是先生教导学生在这有限的生命里须实现自己无限的理想，承担起各种责任。

除了马老师，这篇拙文的完成还有其他各位老师同学的影响和帮助。在此我要感谢远在美国的何达基（Alfred Tat-kei Ho）教授。我在美国的一年，Alfred 经常关心照顾我，在各种节假日总会邀请我去他们家一起享受家庭的温暖，同时也介绍朋友给我，让孤独的我在异国他乡也拥有了各种感动，以及无限的回忆。此外，在学校，他经常指导我各种学术问题，安排我学习各种课程，耐心跟我讲解我的论文，赠送我各种学术书籍。虽然现在回国，联系甚少，但何老师在学术上的帮助还有生活上的照顾，永存于心。我还要感谢我在武汉大学时的硕士导师倪星老师，如果不是他当年对我学术上的启发也不会有今天的我，是倪老师的影响让我迈上了行政管理的学术之路。此外，我还要感谢陈立齐（James L. Chan）教授。在芝加哥期间，他们全家悉心地照顾我，接待我，陈老师 60 多岁的高龄仍然开着车带我走遍芝加哥，还参观了芝加哥大学公共管理的发源地，增进了我对这个学科的崇拜与激情。他经常饶有兴致地跟我谈学术谈理想，赠送我各种书籍，在陈老师家的"图书馆"工作是一种学习与震撼。我同样感谢牛美丽老师，孜孜不倦地回答我各种学术问题，带我去政府调研，告知我如何做项目，还与我亲切地攀谈，在美国时，考虑到我的经济问题，还赠送了各种家具于我。美丽老师的恩情，我倍感温暖。

在此，谢谢导师组的范永茂老师，预答辩组的何艳玲老师、岳经纶老师。范老师对于我的邮件一一认真回复，对我的论文提出细致的意见和真诚的看法。而何老师和岳老师在预答辩时对我的论文提出中肯的意见均让我受益匪浅。

我还要郑重感谢为我操劳，并日益年迈的外婆和父母，是他们无怨无悔地支持和鼓励，才能造就如今的我。从小我跟随外婆长大，她经常照顾我生活的方方面面，监督教导我作业，培养我读书的兴趣。她分享她传奇的一生，告诉我对与错，如何正直地做人做事。我的外婆也是一位教师，从小对我的严格管教和对知识的追求埋下了我如今追求真理的种子，她老人家对我的影响至今无人替代。而我的父母养育两个女儿实属不易，长女不孝，二十多岁，至今还未工作赚钱回报家庭，心存愧疚，但他们对我的选择默默支持，勤劳坚忍，博大宽宏。今年过年回家，猛然发现，万般青丝转瞬为丝丝白发，圆润的面庞已经纹路了然，内心骤然涌入诸多情绪，欲语泪先流。爸爸曾经是位文学青年，从小教导我背书写字，树立理想，为今天在学术上一路向前的我打下了良好的基础；妈妈温柔善良，理性真诚，总是鼓励我自由地思考，正直地做人。此生此情，岂可忘乎？同时，也感谢我的妹妹张琛，表弟吴秀山，表妹陈明晓，人生无常，一路有你，从小相伴。

我感谢我的朋友朱琳，何煦。我们谈天说地，说学逗唱，不亦乐乎。我们坚信我们与众不同，我们坚信我们可以改变一切，我们挥霍，我们学习，点点滴滴，也是因为纯粹，所以我们执着。你们对于我学术的交流，感情的慰藉，都犹如夏日清风，冬日暖阳，让我的单调的生活闪闪发光，清新亮丽。在这里也感谢我的同学周伊，邹文君，周俊君和陆婷，在我难过伤心时，电话的那头永远都是问候和耐心。感谢在中大与王惠娜，赵彩霞，温明月，宋琳，石慧，林琳，周雨，吴彦，陈泽涛，史永跃，武玉坤，马晓鹏，牟治平，周美多师姐，林慕华师姐的相处，此乐无限，一谢难书。同时，特别感谢复旦大学的杨国超硕士对本文定量模型的帮助和建议。此外，还要谢谢远在美国的李红阁，邹月，屈恒，周羃，叶俊，李明宗，孙莎琪，林晓群，姜芳，正是你们偶然参与了我的生命，才使得我在创作之余也尽展欢颜。

珍重！

张岌

2011 年于康乐园